METROPOLIS
METROPOLIS
METROPOLIS
METROPOLIS

Burroughs beim Kaffeekochen in der Franklin Street, New York City, 1974. Foto: Gerard Malanga

VICTOR BOCKRIS

William S. Burroughs
BERICHT AUS
DEM BUNKER

INTERVIEWS, GESPRÄCHE UND GEDANKEN

Aus dem Amerikanischen von Esther Breger
und Udo Breger

ULLSTEIN

Ullstein Buchverlage GmbH & Co. KG,
Berlin
Taschenbuchnummer 31208
Titel der Originalausgabe:
With William Burroughs
Aus dem Amerikanischen von
Esther Breger und Udo Breger

Deutsche Erstausgabe
2. Auflage März 1999

© 1981, 1996 (Revised Edition) by Viktor Bockris
and William Burroughs
published by St. Martin's Press, New York 1996
© der deutschen Übersetzung 1998 by
Ullstein Buchverlage GmbH & Co. KG, Berlin
Printed in Germany 1999
Satz: hanseatenSatz-bremen, bremen
Druck und Verarbeitung: Clausen & Bosse, Leck
ISBN 3 548 31208 X

Gedruckt auf alterungsbeständigem
Papier mit chlorfrei
gebleichtem Zellstoff

Das Interview auf den Seiten 362–375 ist
erstmals im *Inerview*-Magazin veröffentlicht
worden, Vol. XXII, No. 4, April 1991.
© 1991 by Victor Bockris und
William Burroughs.

Die Deutsche Bibliothek – CIP-Einheitsaufnahme
Bockris, Victor:
Bericht aus dem Bunker: Interviews, Gespräche und
Gedanken / Victor Bockris, William S. Burroughs.
Aus dem Amerikan. von Udo und Esther Breger. –
dt. Erstausg. 2. Aufl. – Berlin: Ullstein, 1999
(Ullstein Buch; Nr. 31208)
Einheitssacht.: With William Burroughs <dt.>
ISBN 3-548-31208-X

»Während ich dies niederschreibe, habe ich mich vor dem Leutnant in der Offiziersmesse verbarrikadiert, der behauptet, ›Gottes kleiner Henkersbursche‹ zu sein, speziell nach mir ausgesandt‹, verdammter frischgebackener Leutnant, der er ist, ich kann ihn draußen rumwimmern und schlabbern hören, und der Oberst holt sich vorm Fenster einen runter und zeigt auf eine Gemini Sex Skin. Der Leichnam des Hauptmanns hängt am Flaggenmast, ich bin der einzige in der Garnison, der sie noch alle hat. Ich weiß jetzt, wann es zu spät ist für das, gegen das wir angehen.«

The Ticket That Exploded, *William S. Burroughs, 1967*

»Wir müssen den Bunker um jeden Preis halten.«
William S. Burroughs im Gespräch, New York, 1977

»Ich bin ein Mann von Welt. Ich komme viel herum, und mich kann so leicht nichts erschüttern.«
Die Städte der Roten Nacht, *William S. Burroughs, 1981*

Dieses Buch ist James Grauerholz gewidmet, ohne den ich *William S. Burroughs. Bericht aus dem Bunker* nie hätte schreiben können.

INHALT

Einleitung zur überarbeiteten Ausgabe	9
Ein Paß für William Burroughs: Einleitung	19
Übers Schreiben	30
Über Träume	73
Über Frauen	87
Über Männer	103
Burroughs in London	123
Burroughs in New York	141
Über Drogen	161
Burroughs in Hollywood	192
Burroughs in Colorado	209
Burroughs in Italien	220
New York City – Nahaufnahmen	231
Über Politik	261
Über psychischen Sex	283
Über Interviews	297
Auf der Suche nach Ian	305
Bei Beckett in Berlin	318
Nichts Denkwürdiges: William Burroughs und die Rolling Stones	331
Über alle Berge und weit ab vom Schuß	350
Die beste Dinnerparty, die ich jemals gab, 1986	357
William Burroughs: Cool Cats, Kuschelige Katzen und Außerirdische, aber kein Schnurren, Lawrence, Kansas, 1991	362
Die Personen im Buch	376

| Dank | 383 |
| Register | 385 |

EINLEITUNG ZUR ÜBERARBEITETEN AUSGABE

Zu diesem Buch, das sich mit Burroughs' New Yorker Leben zwischen 1974 und 1980 beschäftigt, sollte vorab einiges klargestellt werden.

Nach 25 Jahren selbstauferlegten Exils kehrte Burroughs 1974 aus London in die Vereinigten Staaten zurück. Wie alle bedeutsamen Ortswechsel, die er im Laufe seiner Karriere unternahm – 1953 von Mexiko nach Tanger, 1958 von Tanger nach Paris, 1962 von Paris nach London –, signalisierte auch dieser einen Neubeginn in seinem Werk. Und auch für jene Kulturbereiche, auf die er einen nicht zu unterschätzenden Einfluß ausübt, läutete seine New Yorker Zeit eine neue Phase ein.

1974 kam die New Yorker Punk-Rock-Bewegung mit Ach und Krach auf die Beine. Tatsächlich war es Patti Smith, die mir als erste mitteilte, daß Burroughs zurückgekehrt sei. Sie gab die Nachricht von der Bühne des St. Marks Poetry Project herab bekannt, als handelte es sich um eine Meldung von militärischer Relevanz. »Mr. Burroughs ist wieder da«, jubelte sie. »Ist das nicht toll!« Patti begriff seine weitreichende Bedeutung mehr als die meisten anderen. Nicht nur, daß Burroughs die prophetische Vision der sechziger Jahre als einer »Love generation« träumte, er lieferte, absichtlich oder unabsichtlich, der Punk-Rock-Bewegung ihr Credo: Nichts ist wahr, alles ist erlaubt. Soweit ich weiß, ist er der einzige Schriftsteller, der den Sex Pistols ein Unterstützungsschreiben sandte, als sie »God Save the Queen« herausbrachten. Sein eigener Text: »Bugger the Queen« (»Pimpert die Queen«) war drei Jahre zuvor entstanden. Zwischen den Punks und William Burroughs bestand eine sehr enge Verbindung: Sie waren seine Kinder.

Williams Ankunft in der Szene von downtown New York wurde erst richtig wahrgenommen, als 1978 die Nova Convention stattfand, eine dreitägige internationale Konferenz, organisiert, um Burroughs zu würdigen.

Mein Buch und meine Rolle in Burroughs' Leben nahmen 1974 mit Gesprächen ihren Anfang, die wir über mehrere Abende in seinem – von Bill als Bunker bezeichneten – Domizil an der Bowery und in meiner Wohnung, Perry Street Nummer 106, im West Village führten. Diese Gespräche wurden für ein Autorenporträt für das *People*-Magazin mitgeschnitten, aber nie veröffentlicht. Zu einem unserer ersten Essen war Bill Wyman von den Rolling Stones eingeladen, der mit dreistündiger Verspätung eintraf und bei Burroughs, einem Mann, dessen untadelige Manieren aus einer völlig anderen Epoche stammten, einen denkbar schlechten Eindruck hinterließ. Allerdings sollte es bis 1978 dauern, bis ich soweit war, richtig bei Burroughs einzusteigen. Während der Nova Convention hatte ich zunächst als Helfer gearbeitet und stieg dann allmählich von einem Interviewer zu einem Kollegen auf. Nach und nach wurde ich Mitglied seines engsten Kreises, der sich, halb im Scherz, als die Bunkermafia bezeichnen läßt.

Der Bunker war eine große, in drei Räume unterteilte Wohnfläche, die ursprünglich der Umkleideraum einer Turnhalle im zweiten Stock des Gebäudes Nummer 222, Bowery, im Herzen der Lower East Side gewesen war. Die fensterlose, gänzlich weiß gestrichene, grell beleuchtete und höhlenartige Wohnstatt war drei Häuserblocks südlich des CBGB auf der anderen Straßenseite eines Heroin-Supermarkts gelegen, der sich über einen ganzen Häuserblock erstreckte und in dem es einen Dealer gab, der sich, in Anlehnung an den 1964 erschienenen Burroughs-Roman *Nova Express*, »Dr. Nova« nannte. Um ins Bunkerinnere zu gelangen, galt es, ein abschließbares Metallgitter, zwei Haus-

10

türen und eine graue, kugelsichere Metalltür zu passieren. Um überhaupt Einlaß zu erhalten, mußte man von einer nahe gelegenen Telefonzelle aus anrufen, damit jemand herunterkam und ein Schloß nach dem anderen auf- und wieder zuschloß und den Besucher eine Treppenflucht mit grauen Steinstufen hinauf an die ominöse Eingangstür zum Hauptquartier von William S. Burroughs führte. Häufig war das Telefon besetzt, und dann stand man bibbernd an einem kalten, nassen Abend auf der Bowery, fror sich, im verzweifelten Versuch durchzukommen, den Arsch ab und blickte immer wieder verstohlen über die Schulter, um potentielle Bösewichte auszumachen.

Doch hat sich das Warten immer wieder mehr als gelohnt – mochte man auch noch so durchgefroren sein –, betrat man, erst einmal eingelassen, eine Welt, die so hermetisch, individuell und knisternd wie auch von Liebe und Spannung erfüllt war wie Elvis Presleys Graceland.

So wie Elvis hatte auch William sich stets mit einer kleinen, fürsorglichen Gruppe von Männern umgeben, die in jeder Hinsicht für ihn sorgten, damit er sich voll und ganz seiner Arbeit widmen konnte. Der Kern der Bunkermafia gruppierte sich um ihren Obmann, James Grauerholz. James stammt aus Kansas und wurde Burroughs, einundzwanzigjährig, von Allen Ginsberg vorgestellt. Auf den ersten Blick entdeckte William all jene Qualitäten – Ausdauer, Energie, Geduld und einen ausgesprochenen Sinn für Humor –, die ihn zu Burroughs' tüchtigstem und ausdauerndstem Mitarbeiter machten. An zweiter Stelle kam John Giorno, Dichter und Performer – der das Giorno Poetry Systems und später das AIDS Treatment Project ins Leben rief –, der über Burroughs wohnte und, gemeinsam mit James, zahlreiche Burroughs-Events entwickelte. Als nächstes kamen: Stewart Meyer, der seinen Roman *The Lotus Crew* während seiner Lehrzeit bei Burroughs schrieb; Howard Brookner, dessen Dokumentarfilm *Burroughs* zur selben Zeit entstand wie dieses Buch; und Ted Morgan, ein langjähriger Freund, der der erste Burroughs-Biograph werden sollte. Ich war der sechste im Team. Darüber hinaus gab es eine bunt zusammengewürfelte Besetzung von Leuten, die mit der Regelmäßigkeit kamen und gingen, wie eine stetig wachsende Organisation es verlangt.

In der Anfangsphase meiner Beziehung zu Burroughs fiel mir der bemerkenswerte Unterschied zwischen dem Privatmann und der öffentlichen Person Burroughs auf. Privat offenbarte sich William als ein klassischer Raconteur und als jemand, der über eine erfrischende und gewinnende Intelligenz verfügte, wie ich ihr, außer bei Andy Warhol, mit dem Bill vieles gemeinsam hatte, nirgendwo sonst begegnet bin. In der Öffentlichkeit erlebte ich allerdings ein gänzlich anderes Wesen. Es war nicht so, daß Burroughs selbst sich geändert hätte. Tatsächlich machte es, wie bei Keith Richards, kaum einen Unterschied, ob William im Rampenlicht stand oder nicht – er war stets der, der er zu sein schien. Es waren die Fans. Jeder, der sich ihm näherte, tat das mit einer solchen Mischung aus Ehrfurcht und blanker Angst, daß er häufig zitterte und kein Wort über die Lippen brachte. So kam es immer wieder vor, daß Leute mich bedrängten, William zu bitten, ein Buch für sie zu signieren. Ermutigte ich sie dann, ihn doch selber zu fragen, und beeilte ich mich hinzuzufügen, daß er schon nicht beißen würde, wurden sie aschfahl im Gesicht, zitterten nur noch mehr und murmelten: »Nein ... nein!« – als würden sie sich, in dem Moment, da sie in Kontakt mit ihm gerieten, sogleich in Luft auflösen.

Bei einer solchen Gelegenheit wurde mir blitzartig klar: Ein Buch mußte her, das William seinem Publikum als humorvollen, scharfsinnigen Menschen vorstellte und nicht als einen Heavymetal-Typen wie den gefürchteten Dr. Benway höchstpersönlich. Ich stellte mir vor, daß ein solches Buch den Leuten ermöglichen würde, beim Lesen den Klang seiner Stimme zu hören und auf diese Weise den Autor und seine Bücher weniger bedrohlich zu finden. Um dies zu bewerkstelligen, hörte ich auf den fundierten Rat von Andy Warhol, für dessen Zeitschrift *Interview* – für die Bob Colacello als Herausgeber fungierte – ich damals arbeitete. Vom ersten Augenblick an erlebte ich William als einen großartigen kooperationsbereiten Künstler. Ich hatte immer das Gefühl, daß seine Art des Gesprächs – intellektuell, aber mit einer großzügigen Dosis Humor versetzt – schon in sich eine Form der Kooperation darstellte. Andy war der Meinung, daß es, statt jemanden mit einer ganzen Reihe von Fragen in einem Interview zu konfrontieren, besser wäre, den Gesprächspartner einem anderen, gleichermaßen berühmten und intelligenten Gegenüber vorzustellen und diese Unterhaltung per Tonband aufzuzeichnen. Schließlich wandte ich diese Strategie an und brachte Bill mit einigen *der* Koryphäen jener Zeit zusammen: mit Warhol selbst, mit Lou Reed, Joe Strummer, Susan Sontag, David Bowie, Terry Southern, Jean-Michel Basquiat, Patti Smith, Nicholas Roeg, Christopher Isherwood, Tennessee Williams, Debbie Harry und Mick Jagger.

Es war die amüsanteste Tätigkeit, auf die ich zurückblicken kann. Schrieb ich am Morgen darauf die Tonbänder ab oder hämmerte meine Notizen in die Schreibmaschine, kam es häufig vor, daß ich vor lauter Lachen vom Stuhl fiel und mich auf dem Fußboden kugelte. Diese manischen Erinnerungen hätte ich ebenso mit »Geheime Gedanken über Bill« überschreiben können, hätte sich nicht schon Jack Kerouac diesen Titel für sein geplantes *Secret Mullings About Bill* ausgedacht.

Rückblickend hoffe ich, daß das vorliegende Buch heute noch mehr Sinn machen möge als zur Zeit seines ersten Erscheinens, 1981 in New York, London, Paris, Tokio und Mailand. Beispielsweise bietet es eine Art Chronik der Entstehung des Romans

Die Städte der Roten Nacht, den Burroughs von 1974 bis 1980 schrieb. Dieser Roman, erster Band einer Trilogie, die *The Place of Dead Roads* und *The Western Lands* umfassen sollte, markiert einen entscheidenden Punkt in seiner Karriere.

1974 nach New York zurückgekehrt, vertraute Burroughs Grauerholz seine Zweifel darüber an, ob er überhaupt noch fähig wäre, Prosaliteratur zu verfassen. James erwiderte: »Mann, sag doch nicht so was.« Genau dieses Detail beschreibt das Verhältnis Burroughs-Grauerholz. Grauerholz, der die bei weitem wichtigste Rolle in Burroughs' Leben und Werk jener Jahre spielte, ermutigte Burroughs, mit dem Schreiben fortzufahren. Nicht nur, daß er ihn durch die sechs Jahre des Schreibens an *Städte* begleitete, er eröffnete Burroughs eine gänzlich neue Welt, indem er ihn ermutigte, zum ersten Mal in seinem Leben öffentliche Lesungen abzuhalten. Davon abgesehen, daß diese Auftritte sein Bankkonto mit den dringend benötigten Dollars auffüllten, brachten sie Burroughs mit einem großen internationalen Publikum in Kontakt, von dem er nicht die geringste Ahnung gehabt hatte, daß es existierte. Dieses Publikum gab William – vielleicht mehr als alles andere – die Energie, ein weiteres Mal seinen »Wort-Hort« abzuladen. Und was für ein Wort-Hort das war. In den nächsten gut 20 Jahren sollten weltweit 37 Burroughs-Bücher veröffentlicht werden.

Burroughs' aktive Präsenz in New York spielte überdies eine wesentliche Rolle, den Beats zu neuerlicher Prominenz zu verhelfen. Er unterstützte die Punk-Rock-Bewegung und knüpfte Beziehungen zu Künstlern der unterschiedlichsten Genres: Frank Zappa, Joe Strummer und David Bowie auf dem Musiksektor; Keith Haring, Warhol und Jean-Michel Basquiat in der bildenden Kunst; Lester Bangs und Robert Palmer in der Rockmusikkritikerszene; und Allen Ginsberg, John Giorno und Anne Waldman aus der Dichtkunst. Diverse neue Beziehungen eröffneten William zusätzliche Möglichkeiten, in den achtziger und neunziger Jahren ein stetig wachsendes Publikum zu erreichen. Er hatte eine kleine Rolle in Gus Van Sants *Drugstore Cowboy*, und David Cronenberg verfilmte seinen Roman *Naked Lunch*. Er machte vermehrt Plattenaufnahmen und produzierte mehr als zehn Alben mit Lesungen, häufig von gleichgesinnten Musikern begleitet. Schließlich startete er, nach dem Ableben seines bedeutendsten Kollaborateurs der fünfziger und sechziger Jahre, Brion Gysin, eine Laufbahn als Maler. Gemeinsam mit Robert Wilson und Tom Waits schrieb er ein Opernlibretto.

Es ist erstaunlich zu sehen, wie es der ursprünglichen Besetzung von *William S. Burroughs. Bericht aus dem Bunker* erging. Viele, jeder für sich ein Genie, haben das Zeitliche gesegnet: Brion Gysin, Terry Southern, Andy Warhol, Keith Haring, Jean-Michel Basquiat, Allen Ginsberg, um nur einige wenige zu nennen. Verschiedene andere schienen in Vergessenheit zu geraten und erlebten unglaubliche Comebacks, wie etwa Patti Smith. Wieder andere fuhren fort, außerordentlich produktiv zu sein: Lou Reed und John Giorno. Was aber läßt sich zur *éminence grise* selbst sagen?

Zehn Jahre nach Erscheinen von *William S. Burroughs* besuchte ich William zu einem Gespräch in Kansas, wohin er sich 1981 zurückgezogen hatte. Seit unserem letzten gemeinsamen Essen im Bunker hatte Bill eine beachtliche Anzahl Bücher, Schallplatten, Filme und Gemälde produziert, die einen nur halb so alten Mann, wie er es war, völlig erschöpft hätte. Er hatte aber immer noch mehr Energie als beispielsweise ich. Obendrein verblüffte mich, wie sein internationales Publikum gewachsen war. Als ich Bill 1974 zum ersten Mal begegnete, hatte so mancher ihn bereits abgeschrieben. Während ich jetzt, im Frühjahr 1996, diese Zeilen niederschreibe, wird er mehr denn je international gefeiert, aber immer noch ist er der Bill, den ich aus Bunker-Tagen kenne: aufmerksam, begeisterungsfähig, offen, hilfreich und voller Geschichten. Trotzdem ist Burroughs – Allen Ginsberg wies erst kürzlich darauf hin –, nach wie vor von tiefer Trauer erfüllt.

Am 5. April 1997 verstarb Allen Ginsberg in NYC überraschend und schnell an Leberkrebs. Ginsbergs und Burroughs' Agent und literarischem Testamentsvollstrecker, Andrew Wylie, fiel die Aufgabe zu, Burroughs diese Nachricht telefonisch zu übermitteln. Wylie hatte das Gefühl, William ein Messer ins Herz zu bohren.

Man braucht nur ein wenig in Burroughs' Briefen, in Morgans Burrouhgs-Biographie und Miles' Ginsberg-Biographie zu blättern, um immer wieder auf Bemerkungen wie diese zu stoßen: »Ich wüßte nicht, was ich ohne Allen machen sollte.« Hier und da zog man daraus den Schluß, dies bedeute, daß Burroughs Ginsberg in jenen Tagen am dringsten brauchte, als er die Veröffentlichung von *Naked Lunch* vorbereitete. Tatsächlich verhält es sich aber so, daß Bill Allen eigentlich immerzu brauchte; sein Verhältnis zu ihm war die anhaltendste Liebesbeziehung in seinem Leben. Wenn man sich seine letzte Tagebucheintragung vom 1. August ansieht: *Liebe? Was ist das? Das natürlichste Schmerzmittel, das es gibt. LOVE,* so hatte seine Liebe zu Allen mit den Jahren eher an Bedeutung zu- denn abgenommen. Nachdem ich den ersten tiefen Schmerz über Allens Tod überwunden hatte, wurde mir klar, daß William das Jahr nicht überleben würde.

Am Freitag, den 1. August 1997, spätnachmittags, verspürte Burroughs in seinem Häuschen in Lawrence, Kansas, heftige Schmerzen in der Brust. Zufällig kam ein langjähriger Freund, Steven Lowe, vorbei, bevor es schlimmer wurde. Er rief sofort einen Krankenwagen und benachrichtigte Williams Sekretär,

James Grauerholz. Wenige Minuten später trafen beide gleichzeitig ein, und James begeitete Bill ins Lawrence Memorial Hospital. Kurz nachdem sie dort angekommen waren, erlitt William Burroughs einen Herzanfall und fiel ins Koma. Die ganze Nacht über warf er sich im Bett hin und her, als würde er sich gegen ein unsägliches Monster wehren, aber nach Auskunft seiner Ärzte war er die ganze Zeit über bewußtlos und hatte keine Schmerzen.

Am Samstag, den 2. August 1997, um 7 Uhr 55 New Yorker Zeit – in Kansas ist es eine Stunde früher –, starb William Seward Burroughs, ohne das Bewußtsein wiedererlangt zu haben. Am Mittwoch, den 6. August, fand in Lawrence ein Trauerfeier statt. Am Donnerstag wurden seine sterblichen Überreste von Lawrence aus an seinen Geburtsort, St. Louis, überführt, wo William neben seiner Mutter im Familiengrab beigesetzt wurde.

Was den Zeitpunkt von Williams Tod und seine letzten, ins Tagebuch eingetragenen Worte angeht, gibt es einen ergreifenden Zusammenhang. »Die neunziger Jahre«, hatte er mir gegenüber 1991 erklärt, »sind ein Jahrzehnt, das überhaupt nicht komisch ist, ein knallhartes Jahrzehnt. Knallhart und widerwärtig.« Im selben Gespräch behauptete er: »Ich glaube, daß ich einer der wichtigsten Leute auf dieser verdammten Welt bin.« Sechs Jahre später, am 26. Mai 1997, schrieb er in sein Tagebuch: »Wo bleiben die Kavallerie, das Raumschiff, die Rettungsmannschaft? Wir sind auf diesem, von verlogenen und beschränkten Scheißern beherrschten Planeten uns selbst überlassen worden. Absolut sinnlos. Nicht das geringste Quentchen guter Absichten. Billiges verlogenes Pack.«

Was die neunziger Jahre betrifft, hatte Burroughs absolut recht. Es ist überdies ein langweiliges Jahrzehnt. Für mich persönlich ist der Tod von Ginsberg und Burroughs das einschneidenste Ereignis der neunziger Jahre in Amerika. Die Ironie der Geschichte ist, daß, während seine internationale Leserschaft von obigen, am 4. April 1991 in der Zeitschrift *Interview* veröffentlichten Bemerkungen nicht sonderlich überrascht sein wird, seine Tagebucheintragung und die Tatsache, daß er die Liebe letztlich akzeptierte, ein Phänomen, das er stets für »einen Schwindel« gehalten hatte, diese Statements – sofern sie überhaupt zur Kenntnis genommen werden – in den US-Medien kaum ein angemessenes Echo finden werden. Meiner Ansicht nach ist dem Tod von Burroughs und Ginsberg erschreckend wenig Aufmerksamkeit geschenkt worden, wenn man bedenkt, daß diese zwei zu den wichtigsten Leuten auf dem Planeten gehörten.

Als ich mich 1980 daran machte, *William S. Burroughs* zu schreiben, war ich überzeugt, eine Persönlichkeit zu feiern. 17 Jahre danach, nun da William, mit den Worten Jack Kerouacs, »sicher im Himmel tot« ist, bin ich mehr denn je überzeugt, daß sein Leben es verdient, gefeiert zu werden, und jetzt vielleicht sogar mehr als irgendein anderes Leben.

In derselben Zeit wie William Burroughs zu leben ist in meiner Vorstellung so, als wäre ich Zeitgenosse von Dickens oder Shakespeare, auch wenn William immer wieder darauf bestand, daß er »in der Shakespeare-Schwadron nur Oberfeldwebel« sei. Sollte es mit diesem Buch gelingen, seinem zumeist jungen, wachsenden Publikum von Burroughsianern – Leuten, die seine aufklärerischen Visionen, wie das Leben zu leben sei, teilen – das Gefühl zu vermitteln, einfach mit Bill am Tisch zu sitzen, dann hätte es seinen Zweck voll und ganz erfüllt.

Victor Bockris
106 Perry Street
New York City
1996

EIN PASS FÜR WILLIAM BURROUGHS: EINLEITUNG

»Schon als Kind wollte ich Schriftsteller werden, weil Schriftsteller reich und berühmt sind«, setzt Burroughs an. »Sie lungern in Singapur und Rangun herum und rauchen Opium in gelben Rohseideanzügen. Sie schnupfen Kokain in Mayfair und dringen mit einem treuergebenen Eingeborenen-Boy in verbotene Sümpfe vor, wohnen im Eingeborenenviertel von Tanger, rauchen Haschisch und streicheln träge eine zahme Gazelle.

Mein erster literarischer Versuch war überschrieben mit ›The Autobiography of a Wolf‹. Die Leute lachten darüber und sagten: ›Du meinst die *Biographie* eines Wolfs.‹ Nein, ich meine die *Autobiographie* eines Wolfs, und dabei bleibe ich. Ich war mir ziemlich sicher, daß ich Schriftsteller werden wollte, als ich acht war. Es gab da etwas, das hieß ›Carl Cranbury in Egypt‹, das niemals recht von der Stelle kam ... Carl Cranbury auf gelbem liniiertem Papier erstarrt, seine Hand keine 3 Zentimeter von seiner stahlblauen Automatischen entfernt. In dieser Art verfaßte ich auch Western, Gangsterstorys und Geschichten um verwunschene Häuser. Ich war mir ziemlich sicher, daß ich Schriftsteller werden wollte.«

Burroughs wurde am 5. Februar 1914 geboren. Seine Kindheit verbrachte er in einem soliden zweistöckigen Backsteinhaus in St. Louis in, wie er später schrieb, »einer bösartigen matriarchalischen Gesellschaft«. Er war der Enkel des Erfinders der Addiermaschine, und seine Eltern, Mr. und Mrs. Mortimer Burroughs, waren gut situiert. »Mein Vater besaß und betrieb eine Glashandlung.« Er hat einen Bruder, Mortimer Burroughs jr. Die vierköpfige Familie wohnte bis zu Williams zwölftem Lebensjahr mit ihrem englischen Kindermädchen,

19

Mary Evans – sie ging ziemlich überstürzt nach England zurück, als Bill fünf Jahre alt war –, in der Pershing Avenue Nummer 4664. Als Kind hatte er blondes Haar.

»Das Wesen meiner Mutter war rätselhaft und komplex. Manchmal alt und wissend, zumeist mit dem ängstlichen Ausdruck nahenden Unheils und Traurigkeit, litt sie an Kopf- und Rückenschmerzen, besaß extreme übersinnliche Kräfte und war an Magie interessiert. Eines Nachts träumte sie, mein Bruder Mort stünde an der Tür, sein Gesicht blutüberströmt, und sagte: ›Mutter, wir haben einen Unfall gehabt.‹ Genau in diesem Augenblick war Mort in einen Autounfall verwickelt und trug ein paar harmlose Schnittwunden davon. ›Wie ein Tier‹, so beschrieb sie es selbst, konnte sie sich, was andere Menschen betraf, auf ihre Intuition verlassen. Sie fällte ein direktes Urteil über Leute und warnte meinen Vater beispielsweise vor einem neuen Geschäftspartner: ›Ich glaube, der ist durch und durch ein Schuft.‹ Sie war keine Dame besonderer Zurückhaltung und des Raffinements des 19. Jahrhunderts; ihre streng religiöse Erziehung, die in ihr einen Abscheu vor körperlichen Funktionen festigte, hatte bleibende Spuren hinterlassen. In der Tat war sie eine Frau voller Selbstsicherheit und Charme und leitete viele Jahre lang ein Geschäft für Geschenkartikel und Kunsthandwerk und schrieb ein Buch über Blumengestecke für die Coca-Cola-Company. Für jene Schicht eiskalter, unnahbarer, reicher Matronen, der sie tagtäglich in ihrem Laden begegnete, war sie eine total Fremde ... ›Wir sollten uns wirklich mal treffen‹, sagten sie hin und wieder, aber das geschah dann doch eher selten. Sie gehörte einfach nicht zur ›in‹-Gruppe. Meinem Vater, der, was die Herkunft anging, nichts Besonderes aufzuweisen hatte, ging es ebenso. Er, der Sohn eines ursprünglich mittellosen Bankangestellten aus Massachusetts – kein Mensch wußte, woher er kam oder wer er war.

Somit war die Familie niemals ›in‹. Dieses Gefühl erlebte ich von frühester Kindheit an; in einer Welt zu leben, in der ich nicht akzeptiert wurde, veranlaßte mich, eine Reihe unangenehmer Charaktermerkmale zu entwickeln. Ich war scheu und verlegen, gleichzeitig aber auch durchtrieben und zielstrebig. Ein alter St.-Louis-Aristokrat mit kalten blauen Augen kaut auf seinem Pfeifenstiel ... ›Ich will diesen Jungen nie wieder in unserem Hause haben. Er sieht aus wie ein Hund, der Schafe reißt.‹ Und eine St.-Louis-Matrone meinte: ›Er ist ein wandelnder Leichnam.‹ Nein, ich versuchte meiner elitären Erziehung nicht durch Straftaten zu entrinnen: Ich machte mich nicht auf die Suche nach einer Identität, die mir von der WASP-Elite, die mich häufig hat wissen lassen, wo genau ich stand, verweigert worden war.

Meine frühesten Erinnerungen waren von der Angst vor Alpträumen geprägt. Ich hatte Angst, allein zu sein, hatte Angst vor Dunkelheit und hatte Angst vorm Schlafengehen, wegen der Träume, in denen ein übernatürlicher Horror immer kurz davor zu sein schien, leibhaftig zu werden. Ich hatte Angst, daß, eines Tages, wenn ich aufwachte, der Traum immer noch da sein würde. Ich erinnere mich daran, wie ich ein Dienstmädchen über Opium reden hörte, wie einem das Opiumrauchen süße Träume schenkte, und ich sagte mir: ›Wenn ich groß bin, werde ich Opium rauchen.‹

Als Kind war ich anfällig für Halluzinationen. Einst wachte ich im Morgendämmern auf und sah kleine Männchen in einem Blockhaus spielen, das ich gebaut hatte. Ich verspürte keine Angst, nur ein Gefühl der Ruhe und der Verwunderung. Eine andere wiederkehrende Halluzination oder Alptraum handelte von ›Tieren in der Wand‹ und setzte mit dem Delirium einer unerkannten Fiebererkrankung ein, die ich im Alter von vier oder fünf hatte.

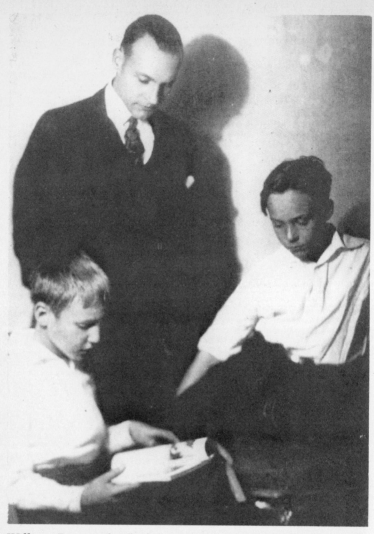

William Burroughs (links) mit seinem Vater, Mortimer Burroughs, und Bruder Mortimer jr. Fotograf unbekannt

Anderen Kindern gegenüber war ich schüchtern, und ich hatte Angst vor körperlicher Gewalt. Eine aggressive kleine Lesbe zog mich jedesmal, wenn sie mich sah, an den Haaren. Ich würde ihr heute am liebsten die Fresse polieren, aber sie fiel vor ein paar Jahren vom Pferd und brach sich das Genick.«

Als William zwölf Jahre alt war, entschieden seine Eltern, in die Price Road umzuziehen, in ein Haus in der Vorstadt mit fünf Morgen Land. »Meine Eltern beschlossen, ›von den Leuten wegzukommen‹. Sie kauften ein geräumiges Haus mit Land und Wald und einem Fischteich, wo es Eichhörnchen statt Ratten gab. Dort lebten sie wie in einer komfortablen Kapsel mit einem wunderschönen Garten und ohne jeden Kontakt zum Leben in der Stadt.« William besuchte die private John Burroughs (keine Verwandtschaft) High-School. »Ich war nicht besonders gut oder schlecht in Sport. Für alles, was mit körperlicher Ertüchtigung zu tun hatte, war ich absolut unbegabt. Ich habe niemals Wettkampfspiele gemocht und sie gemieden, wann immer möglich. Tatsächlich wurde ich ein chronischer Simulant. Meine Lieblingsbeschäftigungen waren Angeln, Jagen und Wandern.« Auch las er Wilde, Anatole France, Baudelaire und Gide.

Mit 15 wurde Bill aus Gesundheitsgründen auf die Los Alamos Ranch School in New Mexico geschickt. Er litt unter ernsten Nebenhöhlenbeschwerden. »Ich entwickelte eine romantische Zuneigung zu einem der Jungen in Los Alamos, und wir verbrachten viel Zeit gemeinsam mit Radfahren, Angeln und dem Erkunden verlassener Steinbrüche. Ich schrieb Tagebuch über ›unsere Beziehung‹. Ich war 16 und hatte gerade ›Dorian Gray‹ gelesen ... Sogar heute noch werde ich rot, wenn ich mich an den Inhalt dieses *grimoire* erinnere; es hat mich jahrelang vom Schreiben abgehalten. Während der Osterferien meines zweiten Jahres überredete ich meine Familie, mich in St. Louis bleiben zu lassen. Also wurden meine Sachen gepackt und zugeschickt, und mir lief es kalt den Rücken hinunter beim Gedanken, daß sich die Jungs mein Tagebuch vielleicht gegenseitig vorlesen könnten. Als die Kiste endlich eintraf, stemmte ich sie sofort auf und kramte alles heraus, bis ich das Tagebuch fand und auf der Stelle vernichtete, ohne auch nur einen Blick auf seine widerwärtigen Seiten zu werfen.«

In jener Zeit las Burroughs die Autobiographie eines Einbrechers, *You Can't Win* von Jack Black. »Verglichen mit der Trostlosigkeit eines Vororts im Mittleren Westen, wo jeder Kontakt zum Leben gekappt worden war, hörte sich das gut an für mich.« Burroughs und sein Freund stießen auf eine verlassene Fabrik, warfen alle Fensterscheiben ein und ließen einen Meißel mitgehen. Sie wurden erwischt, und ihre Väter mußten für den Schaden aufkommen. »Danach zog mein Freund den Schwanz ein, weil unsere Beziehung seinen Stand innerhalb der Gruppe gefährdete. Ich erkannte, daß es keinen Kompromiß gab mit der Gruppe, und so war ich im großen und ganzen mir selbst überlassen. Ich driftete ab in Solo-Abenteuer. Meine kriminellen Unternehmungen waren bloße Gesten, unrentabel und blieben zum großen Teil unbestraft. Ich pflegte in Häuser einzudringen und darin herumzuwandern, ohne etwas mitgehen zu lassen ... Manchmal fuhr ich auf dem Land herum und schoß mit einem Kleinkalibergewehr auf Hühner. Mit meinem rücksichtslosen Fahrstil machte ich die Straßen unsicher, bis ich einen Unfall baute, aus dem ich auf wundersame Weise unverletzt und ohne jeden Kratzer hervorging, was mich fortan vorsichtiger werden ließ.«

Schließlich ging Burroughs nach Harvard und wohnte zunächst im Adams House und später in Claverly Hall. »Ich studierte Englisch als Hauptfach, weil mir das Interesse für irgendein anderes Fach fehlte. Ich haßte die Universität, und ich haßte die Stadt, in der sie war. Alles dort war einfach nur tot. Die Universität war englischen Vorbildern nachempfunden und wurde von Absolventen imitierter englischer Eliteschulen geleitet. Ich war einsam. Ich kannte niemanden, und Fremde wurden vom geschlossenen Kreis der Erwünschten mit Widerwillen betrachtet. Kein Mensch in Harvard lud mich ein, einem Club beizutreten. Sie konnten mich nicht ausstehen. Und als ich versuchte, mit einem Schreiben meines Onkels dem OSS [Office of Strategic Services, militärischer Geheimdienst und Vorläufer des CIA] unter Bill Donovan beizutreten, begegnete ich, als dem Entscheidungsträger, einem Professor, der dem Haus vorstand, in dem ich in Harvard gewohnt hatte, und der mich erst recht nicht ausstehen konnte. Und als ich später dem American Field Service beizutreten versuchte, sagt doch diese Rotznase von einem jungen englischen Schulkrawattentypen: ›Oh, äh, übrigens, Burroughs, welches waren doch gleich Ihre Clubs in Harvard? Was, keine Clubs?‹ Er wird weiß wie die Wand. ›Und welches war Ihr Haus?‹ Ich nenne ein wenig populäres Haus. ›Wir werden Ihre Bewerbung prüfen ...‹

Und die ärztliche Untersuchung, als ich mich um einen Posten bei der Marine bewarb ... Der Arzt sagte rundheraus: ›Er hat Plattfüße, schlechte Augen, und halten Sie fest, daß er körperlich ein sehr armseliges Exemplar ist.‹ Und ganz beiläufig setzte er noch ordentlich eins drauf: ›Sie könnten den Posten schon kriegen, wenn Sie irgendwelchen Einfluß geltend machen könnten.‹ Es erübrigt sich zu sagen, daß es keinen Einfluß gab, den ich hätte geltend machen können. Ich hätte welchen gebraucht. Und so kam es, daß ich ein bißchen kriminell wurde.«

»Das einzig mögliche ist, das zu tun, was man will«, schrieb Burroughs Jahre später in einem Brief an Kerouac, der ein Buch mit dem Titel *Secret Mullings About Bill* zu schreiben plante. *William S. Burroughs. Bericht aus dem Bunker* hätte ebensogut *Geheime Gedanken über Bill, auf den neusten Stand gebracht* heißen können – wäre der Titel nicht zu kerouacianisch gewesen, um ihn stehlen zu können –, denn ich machte mir, indem ich ihn kennenlernte, mehr und mehr meine Gedanken über Bills Denken und Handeln. Mit 67 ist er der erfahrene alte Wolf geworden, der am Ende seines ersten literarischen Versuchs, *The Autobiography of a Wolf*, einem Waldbrand entrinnt. Mit den Worten eines seiner jüngeren Freunde, Stewart Meyer: »Ich sah, daß William nicht nur authentisch ist, sondern daß, wenn er's nicht ist, er sich verändert. Dieser Typ ist all das, was er vorgibt zu sein. Und eigentlich gibt er überhaupt nichts vor. Er verstellt sich nicht. Ist das nicht eine Seltenheit bei berühmten Leuten?« In diesem Sinne gleichen sich Burroughs – und das ist aufschlußreich – und Muhammad Ali und Andy Warhol, zwei weitere Stars, deren Porträts ich verfaßte. Alle drei sind genau das, was sie zu sein scheinen. Sie sind, wie Burroughs über Genet sagt: »einfach da«. Und sie sind willens, andere an ihren Erfahrungen teilhaben zu lassen.

William Burroughs ist, wie Patti Smith es häufig ausgedrückt hat, »der Vater des Heavymetal«, der half, die Gegenwart zu ermöglichen, indem er schreibend ein Territorium kartografierte, das zu betreten bis dahin als verboten galt. »Es braucht sich lediglich jemand diesem ganzen Scheiß zu widersetzen«, stellt er unumwunden fest, »und schon ist er für alle erledigt.«

»Burroughs ist ein richtiger Mann«, hörte ich Norman Mailer zu Legs McNeil sagen.

»Aber ... aber«, stotterte Legs, selbst ein Schriftsteller und passionierter Verfechter der Heterosexualität.

»Nein, nicht was du meinst«, insistierte Norman. »Das ist ein Mann. Ich weiß noch, als wir die ersten Kapitel von *Naked Lunch* lasen, wie erleichtert wir waren. Wir wußten, ein großer Mann hatte gesprochen.«

Burroughs und Mailer beim Dinner im The Gramercy Arts Club anläßlich der Verleihung des Gold Medal Award an Allen Ginsberg. Man beachte das Burroughs-Foto von Peter Hujar über Mailer. Foto: Marcia Resnick

»Jeder Schriftsteller, der das Schreiben nicht als seine einzige Erlösung betrachtet, ich – ›Ich trau ihm nicht recht im Geschäft mit der Seele‹«, sagt Burroughs.

Das schwierigste in der Laufbahn eines Schriftstellers ist, am Schreiben dranzubleiben. Die Chancen stehen schlecht, daß ein Schriftsteller sein ganzes Leben lang zu seiner eigenen Zufriedenheit schreiben kann. Er muß intuitiv immer auf Reisen gehen. Er muß mit Schiffen und Flugzeugen fahren, stets auf der Suche nach neuen Bildern, die er 20 Jahre später fürs Schreiben brauchen wird. Vielleicht wird er sich in die Träume anderer einschalten müssen. Vielleicht wird er, mit über den Kopf gezogener Decke, wochenlang im Bett liegen müssen. Allein durch Einsatz unaufhaltsamer Courage wird es diesem Schriftsteller gelingen, sein unerläßliches Schriftsteller-Visum zu verlängern. Denn – wie Burroughs seine Studenten unablässig erinnert – »ein Schriftsteller muß schreiben«. Wo Kerouac (der sich nicht veränderte) von seinem inneren Schriftsteller umgebracht wurde, fand Burroughs seine Erlösung in den Vehikeln, die ihm das Schreiben zur Verfügung stellte, um damit zur Venus und an andere Orte reisen zu können.

Der Zeitraum, auf den sich *William S. Burroughs. Bericht aus dem Bunker* konzentriert (1974-1980), war für Burroughs außerordentlich aufregend und produktiv und bezeichnet einen wichtigen Abschnitt in seiner Laufbahn. Anfang der achtziger Jahre brachte er *Die Städte der Roten Nacht* zum Abschluß, jenen Roman, der ihn seit 1974, seit seiner Rückkehr aus London, beschäftigt hatte, indem er *The Place of Dead Roads*, seinen lange erwarteten Wildwestroman begann und indem er sich nach einem Grundstück auf dem Lande umsah, auf dem er, der auf die 70 zuging, ein Haus zu kaufen oder zu bauen plante. Dort wollte er zwischen dem Schreiben Holz hacken, Spaziergänge unternehmen und sich in seinen Schießkünsten üben und ein Landbesitzerleben führen.

Schriftsteller zu sein wird mehr und mehr zu einer Frage des Charakters. Es sind die Persönlichkeit eines Schriftstellers und seine Einstellung, die es ihm erlauben, neue Wege zu finden oder auch abrupt zu verstummen. *William S. Burroughs. Bericht aus dem Bunker* ist eine Annäherung an Burroughs' Charakter, wie er in den Gesprächen mit den Persönlichkeiten widergespiegelt wird, die in dieses Buch hinein- und herausspazieren. Es ist das Rundum-Porträt eines Mannes, dessen Schriften und Meinungen die literarische Welt der vergangenen 20 Jahre ganz wesentlich beeinflußt haben und dessen Werk auch weiterhin für all diejenigen von großer Bedeutung sein wird, die sich mit Sprache und der Frage des Überlebens befassen. Indem er fortfährt zu reisen, wird deutlich, daß sein Schriftsteller-Paß niemals ablaufen wird. Ich hoffe, daß dieses Buch auch dazu geeignet ist, William Burroughs zu feiern.

ÜBERS SCHREIBEN

Ein Essen mit Susan Sonntag, Stewart Meyer und Gerald Malanga: New York, 1980

BOCKRIS: Was ist Schreiben?

BURROUGHS: Ich glaube nicht, daß es irgendeine Definition gibt. *Mektoub: Es steht geschrieben.* Genet wurde einmal gefragt, wann er zu schreiben begonnen hätte, und er antwortete: »Bei meiner Geburt.« Ein Schriftsteller schreibt über seine gesamte Erfahrung, und die beginnt mit seiner Geburt. Der Prozeß setzt ein, lange bevor der Schriftsteller zu Bleistift und Papier oder zur Schreibmaschine greift.

SUSAN SONNTAG: Schreibst du jeden Tag?

BURROUGHS: Ich fühle mich entsetzlich, wenn ich es nicht tue; die reinste Qual. Ich bin geradezu süchtig nach Schreiben. Du auch?

SONTAG: Ja. Ich fühle mich rastlos, wenn ich nicht schreibe.

BURROUGHS: Je mehr man schreibt, desto besser fühlt man sich, finde ich.

SONTAG: Ich habe mir selbst beigebracht, etwas Geschriebenes zu produzieren, von dem ich mir mit einiger Ehrlichkeit selber sage, daß es niemals veröffentlicht werden wird. Zuweilen kommt dabei etwas heraus.

BURROUGHS: Und irgendwie gelingt es den Leuten immer wieder, da dranzukommen, es sei denn, man zerstört es. Papa Hemingway hat man mit einer ganzen Truhe voll solchem Zeug erwischt!

SONTAG: Schreibst du mit der Schreibmaschine?

BURROUGHS: Ausschließlich. Mit der guten alten Hand krieg ich das kaum noch hin. Ich erinnere mich, daß Sinclair Lewis gefragt wurde, was man denn anstellen müsse, um Schriftsteller zu werden, und seine Antwort lautete stets: »Lernen Sie Maschineschreiben.«

STEWART MEYER: Ich erinnere mich, wie ich mal im Bunker erwachte und Bills Schreibmaschine nur so rattern hörte. James Grauerholz sagte dazu: Bill steht jeden Morgen auf, trinkt Kaffee, ißt ein Stückchen Kuchen und hämmert dann auf die Schreibmaschine ein ...

BURROUGHS: Die Welt ist nicht mein Zuhause, versteht ihr. Ich bin in erster Linie an Fragen des Überlebens interessiert – mit Nova-Verschwörungen, Nova-Kriminellen und Nova-Polizei. Eine neue Mythologie ist im Raum-Zeitalter möglich, wo wir, was die Absichten diesem Planeten gegenüber betrifft, wieder Helden und Schurken haben werden. Ich habe das Gefühl, daß die Zukunft des Schreibens im Raum liegt, nicht in der Zeit –

SONTAG: Dieses Buch hier *[Die Städte der Roten Nacht]*, das 720 Seiten lang ist, hast du das einfach so an einem Stück geschrieben? Ich frage nicht, ob du's überarbeitest – besteht deine Methode darin, es am Stück zu schreiben, und damit hast du dann eine Version zum Überarbeiten, oder schreibst du es Stück für Stück, Kapitel um Kapitel?

BURROUGHS: Ich habe eine Reihe unterschiedlicher Methoden versucht, und manche waren katastrophal. Bei diesem Buch bin ich meistens so vorgegangen, daß ich 100 Seiten einer ersten Fassung schrieb, und dann verzettelte ich mich mit Überarbeitungen. Was mir persönlich liegt sind Zehn-Seiten-Sprünge. Ich schreibe die erste Fassung eines Kapitels, geh ein paar Mal drüber, bringe es annähernd in Form, so wie ich es haben möchte, und mache von dort aus weiter, weil ich die Erfahrung gemacht habe, daß, wenn ich es sich stapeln lasse, ich plötzlich so ein ekelhaftes Gefühl von Zuviel-geschrieben-zu-haben bekomme. Diese ganze Sache mit Schreibhemmungen rührt häufig daher, daß man zuviel geschrieben hat. Es gibt manch einen, der hat zuviel geschrieben, wo er hätte einhalten, noch mal drübergehen und korrigieren sollen. Es gibt keinen Schriftsteller, der seinem Namen gerecht wird, der nicht schon mal das volle Ausmaß einer Schreibhemmung erlebt hätte.

BOCKRIS: Wie lange hast du gebraucht, um dein Buch über Krebs zu schreiben?

SONTAG: Das ging mir leicht von der Hand. Normalerweise fällt mir alles schwer, aber das war leicht. Ich war inspiriert. Sobald einen ein Thema völlig erfüllt und man die ganze Zeit an nichts anderes denkt, setzt das Schreiben ein, selbst dann, wenn man wütend ist. Die besten Emotionen, aus denen heraus man schreiben kann, sind Wut und Furcht oder große Angst. Wenn man derlei Emotionen hat, segelt man nur so dahin.

GERARD MALANGA: Ich dachte immer, es sei Liebe, bis die Liebe den dritten Platz einnahm.

SONTAG: Liebe *steht* an dritter Stelle. Die am wenigsten Antrieb auslösende Emotion, aus der heraus man schreiben kann, ist Bewunderung. Es ist sehr schwierig, aus einem solchen Gefühl heraus zu schreiben, weil das grundlegende Element, das mit Bewunderung einhergeht, eine passive kontemplative Stimmung ist. Es ist eine sehr gewichtige Emotion, aber sie gibt einem nicht sonderlich viel Energie. Sie macht einen passiv. Wenn man sie für etwas benutzt, über das man schreiben will, kriecht eine sehr merkwürdige Mattigkeit in einem hoch, die der aggressiven Energie, die man zum Schreiben braucht, entgegenwirkt; wenn man hingegen aus Wut heraus schreibt, aus Zorn oder großer Angst, dann geht es viel flüssiger.

BOCKRIS: William, hast du jemals etwas aus Bewunderung heraus geschrieben?

BURROUGHS: Ich weiß nicht, was dieser Begriff bedeutet. Mir kommt er wie eine saft- und kraftlose Emotion vor.

SONTAG: Bill, angenommen, du willigtest ein – was dir vielleicht niemals in den Sinn kommen würde –, über Beckett zu schreiben. Irgendjemand würde dich in eine Situation bringen, in der du dir sagen würdest, gut, ich möchte äußern, was ich zu Beckett zu sagen habe, und mein Gefühl Beckett gegenüber ist insgesamt positiv. – Ich denke, daß das schwieriger zu bewerkstelligen ist, als wenn man auf etwas losgeht, es attackiert.

BURROUGHS: Ich habe überhaupt keine Ahnung, worum es hier geht.

SONTAG: Victor fragte mich, wie lange es gedauert hat, um das Büchlein über Krankheit zu schreiben. Ich schrieb es in zwei Wochen, weil ich so zornig war. Ich schrieb aus Wut über die Inkompetenz von Ärzten und die Ignoranz und die Mystifizierungen und die Blödheit, die den Tod von Menschen verursachen, und das hat mich einfach mitgerissen. Wohingegen ich gerade einen Essay zu etwas, das ich wirklich bewundere, fertiggestellt habe – Syberbergs siebenstündigen Film über Hitler –, das zu Papier zu bringen mich Monate gekostet hat.

BURROUGHS: Ich verstehe, was du meinst, aber einen Bezug zu meiner Erfahrung sehe ich da nicht.

SONTAG: Ich denke, aus einer Art Widerspruch oder ermahnendem Impuls heraus schreibt man exklusiver.

BURROUGHS: Ein Großteil dessen, was ich schreibe, mit dem ich mich am meisten identifiziere, ist nicht aus irgendeiner Form von Widerspruch heraus geschrieben. Es sind eher poetische Botschaften, die immer noch traurige Musik der Menschheit, meine Liebe, einfach nur poetische Statements. Wenn ich mich mit Dr. Schaeffer, dem Lobotomy Kid, ein wenig über Kontrolle lustig mache, heißt es: »Dieser düstere Pazifist, der ist doch paranoid, und seine einzige Motivation ist die Ablehnung von Technologie.« Das ist ausgemachte Scheiße. Ich parodiere das nur ein ganz klein wenig, das ist alles. Mir hängt es so zum Halse

33

William und Susan Sontag nach dem Essen in meiner Wohnung. Foto: Gerard Malanga

raus, diese ganze heavy Argumentation angehängt zu kriegen, wo ich doch nur ein wenig Slapstick mache, und schon fällt einer über mich her mit seinem: »Oh, Gott, er lehnt aber auch alles ab!«-Scheiß. Von Kritikern kriege ich immer dieses negative Image angehängt, aber in den Essays in *Light Reading for Light Years* werde ich mich anhören wie irgend so ein Spinner aus dem 19. Jahrhundert, der dachte, daß Rohzucker die Antwort auf alles ist, und etwas praktizierte, das er Gehirnatmung nannte. Weißt du, er hat an Reichs Orgonakkumulator geglaubt. Ich denke, das endgültige Ende einer beliebigen Zivilisation ist dann erreicht, wenn der letzte Exzentriker das Zeitliche segnet. Der englische Exzentriker war eine der großen fruchtbaren Gestalten. Das sind die faulen Männer. Ein Mann legte sich vor kurzem ins Bett und starb aus bloßer Trägheit, ein anderer lief ständig nur auf seinem Besitz rum. Er war so faul, daß er die Früchte verzehrte, ohne sie zu pflücken, was ihm wesentlich mehr Mühe bereitete, als wenn er sie gleich gepflückt hätte. Ja, die englischen Exzentriker waren eine großartige Rasse.

SONTAG: Es gibt Südstaaten-Exzentriker.

BURROUGHS: Oh ja, weiß Gott. Und sie leben, von ihren Sklaven kontrolliert, auf ihrem zugrunde gehenden Landbesitz ...

Ein Essen in Burroughs' Apartment: Boulder, 1977

BOCKRIS: Warum glaubst du, daß das Schreiben der Malerei immer noch hinterherhinkt?

BURROUGHS: Es gibt keine Erfindung, die einen Schriftsteller gezwungen hätte, den Hintern hochzukriegen – entsprechend der Fotografie, die Maler gezwungen hat, was Neues zu machen. Vor 100 Jahren malten sie Kühe auf der Weide – gegenständliche Malerei –, und das sieht genauso aus wie Kühe auf der Weide. Nun, ein Fotograf konnte das besser. Eine Erfindung, die eine Art des Schreibens eliminieren würde, wäre ein Tonbandgerät, das subvokales Sprechen, den sogenannten Bewußtseinsfluß aufnehmen könnte. Beim Schreiben interpretieren wir ständig, was Leute denken. Es ist nichts als eine Vermutung meinerseits, eine Annäherung. Angenommen, ich hätte eine Maschine, mit der ich subvokales Sprechen aufnehmen könnte. Wenn ich aufnehmen könnte, was jemand denkt, dann gäbe es keine Notwendigkeit für mich, zu interpretieren.

BOCKRIS: Wie würde eine solche Maschine funktionieren?

BURROUGHS: Wir wissen, daß subvokales Sprechen die Bewegung der Stimmbänder einbezieht, also ist es einfach eine Frage von Empfindlichkeit. Es gibt ein mit subvokalem Sprechen einhergehendes Geräusch, aber wir können es nicht aufzeichnen.

Wahrscheinlich wäre man im Rahmen moderner Technologie dazu in der Lage, aber bisher wurde das noch nicht realisiert.

BOCKRIS: Die Leute absorbieren und repetieren die Texte von Rocksongs, was diese sehr effizient macht. Glaubst du, daß das gedruckte Wort ein effizienteres Kommunikationsmittel werden kann, als es ist? Kein Mensch läuft herum und rezitiert Buchpassagen im Kopf.

BURROUGHS: Doch.

BOCKRIS: Aber nicht viele.

BURROUGHS: Viele wissen nicht, wo das, was ihnen im Kopf herumschwirrt, herkommt. Vieles davon stammt aus Büchern.

BOCKRIS: Allerdings scheinen von Musik begleitete Wörter eine größere Wirkung zu haben.

BURROUGHS: Das paßt haargenau in die Bikamerale Gehirn-Theorie. Wenn es einem gelingt, in die nichtdominante Gehirnhälfte einzudringen, hat man's geschafft. Dort kommen die Lieder her, die sich im Kopf selber singen, aus der rechten Gehirnhälfte. Seltsamerweise ist das Interessanteste an Julian Jaynes Buch, *Der Ursprung des Bewußtseins durch den Zusammenbruch der bikameralen Psyche*, sein klinisches Beweismaterial über Leute, bei denen verschiedene Regionen des Gehirns zerstört sind. Die nichtdominante Seite des Gehirns kann singen, aber sie kann nicht sprechen. Man kann zu ihr sagen: »Gut, wenn du es nicht sagen kannst, sing es.«

BOCKRIS: Wann bist du Brion Gysin [1986 verstorbener Maler und Schriftsteller, Burroughs' bester Freund] zum ersten Mal begegnet?

BURROUGHS: Er war gerade aus der Sahara zurückgekehrt, und ich sah mir eine Ausstellung von ihm an. Dort traf ich ihn. Er war eine enorm mitreißende Persönlichkeit, und ich war sehr beeindruckt von seinen Bildern. Richtig kennengelernt habe ich ihn erst 1958, als er nach Paris kam. Dort sah ich seine Gemälde, und er war derjenige, der mir alles beibrachte, was ich über Malerei weiß. Er sagte: »Das Schreiben hinkt der Malerei um 50 Jahre hinterher« und startete die Cut-up-Methode, was nichts anderes ist, als die Montagetechnik, die in der Malerei seit 50 Jahren gang und gäbe war, aufs Schreiben anzuwenden. Wie du weißt, sind Maler zur Zeit drauf und dran, mit all den Happenings die Leinwand zu verlassen. Ich nehme mal an, daß das Schreiben irgendwann einmal die Seite verlassen und der Malerei folgen wird. Was dann genau passieren wird, weiß ich nicht. Vielleicht schreiben sie dann Dinge im realen Leben. Ein Krimiautor wird möglicherweise wirklich auf die Straße gehen und Leute umnieten. Es ist viel über Verbrechen geredet worden, die durch Geschriebenes ausgelöst wurden, aber wenig über authentische Fälle, bei denen jemand im Anschluß an die Lektüre eines Romans ein Verbrechen begangen hätte. Jede Menge Verbrechen wurden von Leuten begangen, die darüber aus der Zeitung erfuhren. Dieser Typ in Chicago zum Beispiel, der acht Krankenschwestern umbrachte, und dann dieser andere Typ in Arizona, der sich denkt, ist ja gar nicht so übel, und fünf Frauen abmurkst. Daher sollten alle Rufe nach Zensur auf Tageszeitungen angewendet werden, weil genau die es sind, die die Leute dazu bringen, Verbrechen zu begehen. Der Mann, der in Berlin auf Dutschke schoß, sagte aus, die Idee wäre ihm im Zusammenhang mit der Ermordung Martin Luther Kings gekommen. Was das Auslösen von Verbrechen betrifft, ist die Tagespresse der eigentliche Täter, und nicht ein Roman. Die Leute lesen einen Roman und wissen, daß es ein Roman ist. Die laufen nicht notwendigerweise auf die Straße und begehen derlei Verbrechen.

BOCKRIS: Worin besteht Gysins Interesse am Schreiben?

BURROUGHS: Er sagte: »Nun, hier haben wir eine hübsche kleine Sache – die Cut-ups –, Maler haben bereits seit 50 Jahren so verfahren, warum versucht ihr Schriftsteller das nicht auch ein-

Während der Dreharbeiten zu Nigel Finchs BBC-Dokumentation über das New Yorker Chelsea Hotel. Foto: Victor Bockris

mal?« Ihm liegt daran, die Schriftstellerei dort hinzubringen, wo die Malerei schon ist. Die Montagetechnik ist den Realitäten der menschlichen Wahrnehmung sehr viel näher als gegenständliches Schreiben, was dem Kühe-auf-der-Weide-Gemälde entspricht.

BOCKRIS: Wie denkst du zur Zeit über den Einsatz von Tonbandgeräten?

BURROUGHS: Ich habe einige Experimente mit Tonbandgeräten durchgeführt, aber ein Tonband zum Verfassen von Texten zu verwenden hat bei mir nie funktioniert. Erstens, Sprechen und Schreiben sind zwei verschiedene Dinge. Was das Schreiben angeht, so brauche ich dafür eine Schreibmaschine. Ich muß es aufschreiben und sehen, statt es zu sprechen. Ich weiß, daß es Schriftsteller gibt, die sich Notizen zu einem Kapitel machen und das anschließend auf Tonband sprechen. Die haben dann einen Sekretär, der es abtippt und ihnen vorlegt, und sie machen hier und da ein paar Korrekturen.

BOCKRIS: Hast du jemals etwas aus dem Fernseher aufgenommen?

BURROUGHS: Mehr als einmal. Ich hatte Aufnahmen von irgendwelchen Fernsehshows, mit denen ich dann ausführlich experimentierte, indem ich die Tonspur einer Fernsehshow auf eine andere, ähnliche, übertrug. Wenn ich das jemandem vorspielte, dauerte es zehn Minuten, bis irgendwer mitbekam, daß da irgendwas anders war, wenn die Shows überhaupt irgendeine Ähnlichkeit hatten. Sagen wir, die Tonspur eines Western wird mit der eines anderen überlagert, das funktioniert unheimlich gut. Ein Schuß knallt genau an der Stelle, wo er knallen soll, und so weiter. Dann wird's einen Augenblick dauern, und die Leute sagen, Moment mal, da stimmt doch was nicht. Aber es hat 15 oder 20 Minuten gedauert, bis irgendwer realisiert hat, daß dies nicht die Tonspur ist, die zu diesem speziellen Programm gehört. Das ist sehr amüsant.

Ein Brief von Carl Weissner: Mannheim, 1974

1966 wohnte ich in der Mühltalstraße Nummer 1-3a in Heidelberg, West Germany, in einem Zimmer von ungefähr der Größe einer Passagierkabine dritter Klasse auf einem estländischen Salpeterfrachter auf der Fahrt von Riga nach Valparaiso. Am 6. Juni, um Punkt 8 Uhr 20 abends, klopfte es an der Tür. Ich öffnete, und für den Bruchteil einer Sekunde, bevor das Flurlicht ausging, erhaschte ich einen Blick auf einen hochgewachsenen hageren Mann, ungefähr 52 Jahre alt, schwarzer Anzug, schwarzer Schlips, weißes Hemd mit schwarzen Nadelstreifen, schwarze phosphoreszierende Augen, schwarzer Hut. Er sah aus wie Opium Jones.

»Hallo«, sagte er mit einer Stimme so hart und schwarz wie rauchgeschwärztes Metall.

»Hallo, Mr. Burroughs«, sagte ich. »Kommen Sie herein.«

Er war aus Paris angereist, wo er mit Conrad Rooks an der Tonspur für *Chappaqua* gearbeitet hatte. Er machte drei oder vier Schritte und stand an dem schmalen Tisch vorm Fenster. Er steckte seine Hände in seine Taschen, zog in einer fließenden Bewegung zwei Spulen Mylar-Tonband heraus und legte sie auf den Tisch.

»Haben Sie Ihr Tonbandgerät bereit?« fragte er.

»Ja.«

»Dann vergleichen wir mal unsere Bänder.«

Wir spielten seine Bänder ab, dann ein paar von meinen. Es fiel kein Wort. Außer an einer Stelle, wo er das Band anhielt, es zwei oder drei Sekunden lang zurückspulte und es noch mal spielte. »Hören Sie das?« fragte er. »... ›wiring wiring‹ ... Es ist die Stimme eines Freundes von mir aus den Südstaaten. Hab ihn 20 Jahre nicht gesehen. Keine Ahnung, wie seine Stimme auf dies Band gelangt ist.«

Dann stellten wir ein Mikrophon auf den Tisch, sprachen abwechselnd aufs Tonband und wechselten in willkürlichen Abständen zwischen den Spuren hin und her. Dann spielten wir alles wieder ab und hörten uns unsere Unterhaltung an:

»Die anderen Venen kriechen durch meine hindurch«, sagte er. Und rückte sein Kehlkopfmikrophon zurecht. Und atmete schwer im warmen anästhetischen Nebel, der das alte Studio erfüllte.

»Denk dran nimm Film. Ich möchte das sehen. Grammatiken weit entfernten differenzierten Gewebes.

Agonie um hier zu atmen.

Muy allein in derart gespannter und schrecklicher Stille und por eso habe ich überlebt.

Echos klebriger Keller. Von Lyon nach Marseille. Fossiles Fleisch stürmte die Ausgänge.

Carl machte Worte in der Luft ohne eine Kehle ohne eine Zunge. Rudimentärer Penis Zahlen gen Himmel also, ist das nicht gescheit?

Ja das ist's was eine richtige 23 ausmacht indem der Fokus auf diese Weise knackt & du bist tatsächlich *dort*.

Junkie dort an der Ecke schnippt leere Kondome weg H-Kapseln KY-Tuben?

Nun was ich dir über die *Police Parallele* erzählt habe. Der Manipulator knipst 24 Stunden lang Bilder. Seine Augen unaufrichtig, unlesbar.

Sein Gesicht schmolz unter flackernden Bogenlampen. Das Geschmackloseste was ich je über mich ergehen lassen habe.«

Um ungefähr 1 Uhr 30 morgens nahm Mr. Burroughs ein Taxi zum Hotel Kaiserhof. Um ungefähr 1 Uhr 36 reichte ihm der Herr am Empfang den Schlüssel zu seinem Zimmer. Es war der Schlüssel für Zimmer 23.

Ein Essen in Burroughs' Apartment:
Boulder, 1977

BOCKRIS: Als du an *Naked Lunch* geschrieben hast, hast du Jack Kerouac erzählt, du wärst offensichtlich ein Agent von irgendeinem anderen Planeten, der seine Botschaften noch nicht eindeutig dekodiert hätte. Wurde auch dein übriges Werk von anderen Planeten gesendet, und war es dein Job, das alles zu dekodieren?

BURROUGHS: Ich glaube, das trifft für jeden Schriftsteller zu. Das Beste scheint von irgendwoher zu kommen ... vielleicht von der nichtdominanten Gehirnhälfte. Es gibt da ein sehr interessantes Buch, das ich bereits erwähnte, *Der Ursprung des Bewußtseins durch den Zusammenbruch der bikameralen Psyche* von Julian Jaynes. Seine Theorie besagt, daß die ersten Stimmen halluzinierte Stimmen waren, daß bis ungefähr 800 v. Chr. jeder schizophren gewesen ist. Die Stimme Gottes kam von der nicht-dominanten Seite des Gehirns, und der Mensch, der diesen Stimmen gehorchte, um mit Freud zu sprechen, hatte wohl ein Über-Ich und ein Es, aber nicht die Spur von einem Ego. Deshalb auch keine Verantwortung.

Dies brach in einer Zeit großen Chaos' zusammen, und dann entstanden die Begriffe Moralität, Verantwortung, Gesetz und auch Prophezeiung. Wenn man wirklich weiß, was man will, braucht man keine Fragen zu stellen. Jaynes war der Auffassung, daß der frühe Mensch zu allen Zeiten wußte, was er wollte; es wurde ihm gesagt, und es kam von irgendwo draußen, soweit sie das betraf. Dies war keine Einbildung, weil sie diese Götter wirklich sahen und hörten. Folglich hatten sie nichts von dem, was wir »Ich« nennen. Dein »Ich« ist eine völlig illusorische Vorstellung. Es hat einen Raum, in dem es existiert. Sie hatten diesen Raum nicht, es gab kein wie immer geartetes »Ich« oder irgendwas, das dem entsprach.

BOCKRIS: Ist die menschliche Natur verantwortlich zu machen für ...

BURROUGHS: »Menschliche Natur«, das ist ein weiteres Hirngespinst.

BOCKRIS: Was meine ich, wenn ich »menschliche Natur« sage?

BURROUGHS: Daß es eine absolute Art gibt, wie Menschen sind. Ich glaube ganz und gar nicht, daß sich das so verhält. Der enorme Spielraum für die Konditionierung des Menschen würde eine solche Vorstellung in Frage stellen.

BOCKRIS: Es scheint eine alarmierend große Anzahl bedeutungsloser Wörter zu geben, die unsere Sprache verseuchen.

BURROUGHS: Der Kapitän sagt: »Das Schiff sinkt«, und die Leute sagen, er sei ein Pessimist; er sagt: »Das Schiff wird unbegrenzt lange auf dem Wasser treiben«, schon ist er ein Optimist. Allerdings hat das nichts mit dem Leck oder dem Zustand des Schiffes zu tun. Pessimist und Optimist sind beides bedeutungslose Wörter. Alle abstrakten Wörter sind bedeutungslos. Es werden solch ungleiche politische Phänomene wie Nazideutschland, eine expansionistische militärische Bewegung in einem hochindustrialisierten Land, und Südafrika in einen Topf geworfen und beide als Faschismus bezeichnet. Dabei ist es in Südafrika eine weiße Minderheit, die versucht, sich an das zu klammern, was sie hat. Mit Expansionismus hat das nichts zu tun. Es sind in keiner Weise dieselben Phänomene. Beide als faschistisch zu bezeichnen ist so, als würde man behaupten, es gäbe keinen Unterschied zwischen einer Armbanduhr und einer Standuhr.

BOCKRIS: Bist du der Meinung, daß das, was in den Zeitungen steht, was im Fernsehen und im täglichen Umgang der Menschen miteinander passiert, mehr oder weniger bedeutungslos ist?

BURROUGHS: Absolut. Allein schon, weil ständig Verallgemeinerungen benutzt werden. Es gibt keine solchen Wesen wie »die Amerikaner«, es gibt keine Wesen wie »die meisten Menschen«. Das

sind alles Verallgemeinerungen. Jede Verallgemeinerung ist
bedeutungslos. Man muß es an einer spezifischen Person fest-
machen, die an einem spezifischen Ort und zu einer spezifischen Zeit etwas Spezifisches tut. »Die Leute sagen ...«, »Die
Leute glauben ...«, »Nach übereinstimmender Meinung unter-
richteter medizinischer Kreise ...« In dem Augenblick, wo man
so etwas hört, weiß man, daß der Sprecher nicht in der Lage ist,
genau zu sagen, über wen, wo und wann er da redet; man weiß,
daß man es mit bedeutungslosen Aussagen zu tun hat.

Die übereinstimmende Meinung medizinischer Kreise lautete, daß Marihuana die Leute in den Wahnsinn treibt. Nun, wir
nagelten Anslinger darauf fest. Und alles, womit er aufwarten
konnte, war ein alter indischer Arzt, der meinte, daß er den
Konsum von Marihuana als ausreichenden Grund für die Ein-
weisung in eine geschlossene Anstalt erachtete. Schon war be-
wiesen, daß Marihuana Leute wahnsinnig macht. Jede Verallgemeinerung sollte man stets in Frage stellen. Polizeichef Davis
aus Los Angeles schrieb eine Kolumne über Pornographie; er
schrieb: »Studien haben gezeigt, daß Pornographie zum wirt-
schaftlichen Zusammenbruch führt.« Was für Studien? Wo sind
diese wundersamen Studien?

BOCKRIS: In deinem neuen Roman, *Die Städte der Roten Nacht,*
geht es unter anderem um Körper-Transferenz ...

BURROUGHS: Ich bin überzeugt, daß das ganze Klonen-Buch ein
Schwindel war, aber es liegt durchaus im Bereich des Möglichen:
Und es besteht überhaupt kein Zweifel daran, daß das, was man
sein »Ich« nennt, seinen festen Platz im Gehirn hat, und wenn
sie das transplantieren können, können sie es transplantieren.
Das, worauf diese Transplantationsspezialisten hinarbeiten, sind
tatsächlich Gehirntransplantate.

BOCKRIS: Hast du jemals Erfahrungen aus deinem Körper heraus
gemacht?

BURROUGHS: Wer hat das nicht?

BOCKRIS: Ich bin mir nicht ganz sicher, worum es dabei geht.

BURROUGHS: Ich werde es dir gleich mal vorführen. Wo bist du abgestiegen?

BOCKRIS: Im Lazy L Motel.

BURROUGHS: Wie sieht dein Zimmer aus?

BOCKRIS: Wie üblich im Motel, Doppelbett, rostroter Läufer und ...

BURROUGHS: In diesem Augenblick machst du eine Aus-dem-Körper-heraus-Erfahrung. Genau in diesem Augenblick bist du dort.

BOCKRIS: Ich stand in der Mitte des Zimmers und habe mich umgeblickt.

BURROUGHS: Das ist gut, nicht wahr? Aber Träume sind es natürlich auch ...

BOCKRIS: Hast du jemals geträumt, jemand anderes zu sein?

BURROUGHS: Häufig. Ich sah in einen Spiegel und fand, daß ich schwarz war. Blickte auf meine Hände hinab, und sie waren nach wie vor weiß. Das ist nichts Ungewöhnliches. Normalerweise ist es jemand, den ich nicht kenne. Ich sehe mein Gesicht, und es ist ganz anders; und nicht nur mein Gesicht, sondern auch meine Gedanken. Ich bin mitten in die Identität von jemand anderem geraten und fühle mich mit der Person, die ich geworden bin, normalerweise ziemlich wohl.

BOCKRIS: Mir passiert es oft, daß, wenn ich lüge, diese Lüge wahr wird. Ich sage zu irgendwem: »Es tut mir furchtbar leid, aber heute Abend kann ich nicht, weil ich mit Soundso verabredet bin«, und schließlich verbringe ich den Abend tatsächlich mit Soundso; aber in dem Augenblick, wo ich das äußerte, war es eine Lüge.

BURROUGHS: Das ist mir auch schon oft passiert.

BOCKRIS: Und ich bin mit meinen Lügen etwas vorsichtiger geworden.

BURROUGHS: Reden wir mal über Schriftsteller, die über Dinge schreiben, die sich wirklich ereignen, Graham Greene zum Beispiel. 1956, während des Algerienkrieges, fuhr ich nach Algier. Alle Flüge waren total ausgebucht von Leuten, die auszureisen versuchten, und ich kam nicht weg. Ich wohnte in einem furchtbar heruntergekommenen Hotel und pflegte jeden Tag in einer Milchbar zu essen, wo es große Gläser mit Passionsfrucht, verschiedene Banana-Splits, alle möglichen Fruchtsäfte und Sandwichhäppchen gab; und rundherum standen Säulen aus Spiegelglas. Ungefähr eine Woche nach meiner Abreise explodierte in ebendieser Milchbar eine Bombe, und es gab ein heilloses Durcheinander. Brion [Gysin] war dort, kurz nachdem die Bombe explodierte, und später beschrieb er die Szene. Leute mit abgetrennten Beinen lagen herum, über und über mit Maraschinokirschen beschmiert, mit Passionsfrucht, Eiskrem, Gehirn, Spiegelscherben und Blut. Zu annähernd derselben Zeit, als sich dieses ereignete, schrieb Graham Greene *Der stille Amerikaner* in Saigon, und er beschrieb eine Explosion in einer Milchbar mit beinahe den gleichen Einzelheiten. Als ich dann Jahre später das Buch las und an die Stelle mit der Explosion in der Milchbar kam, sagte ich mir: »Oh, Zeit, sich zu ducken«, wußte ich doch genau, was jetzt passieren würde.

Ein Essen mit Nicolas Roeg, Lou Reed, Bockris-Wylie und Gerard Malanga: New York, 1978

BURROUGHS *[der gerade über Graham Greenes* Brighton Rock *spricht]*: Ist ein gutes Buch. Es hat eine merkwürdige Form. Plötzlich sagt er, daß man ein schlechter Katholik sei. Das ist ein sehr gutes Buch.
NICOLAS ROEG: Daß Sie *Brighton Rock* mögen, finde ich interes-

sant. Es ist ein Buch, das in der Literatur übersehen worden ist. Wer *Brighton Rock* gelesen hat, hebe die Hand! Ausgezeichnet! Entwickelt Höchstform. Und *bleibt* da, bis ich mir jeden einzeln vornehme.

BOCKRIS: Worum geht es in dem Buch?

BURROUGHS: Es geht um Jungs – um 17 Jahre alte *Junngggs*. Mit an den Fingerkuppen montierten Rasierklingen oder so was. Diese Rasierklingengeschichten haben mich nie sonderlich interessiert ... Kennen Sie einen Schriftsteller namens Denton Welch?

ROEG: Wer war das?

BURROUGHS: Er war so was wie der Ur-Punk; und sein Vater nannte ihn auch Punky. Er fuhr mit seinem Fahrrad rum, als er 20 war, und irgend so 'ne blöde Fotze fährt ihn um und macht ihn für den Rest seines Lebens zum Krüppel. 1948 starb er im Alter von 33 Jahren, nachdem er vier ausgezeichnete Bücher geschrieben hatte. Er war ein großartiger Schriftsteller, sehr wertvoll.

ROEG: Punk ist ein gutes Wort. Es ist ein altes englisches Wort. Shakespeare benutzte es, und ursprünglich bedeutete es Prostituierte. In den vierziger Jahren tauchte es dann in Filmen auf. Ich schätze, in Amerika muß es unterschiedliche Bedeutungen haben. Ich liebe die subtilen Unterschiede in der Sprache. Amerikaner sind in der Lage, sie noch weiter zu komprimieren und sie sehr viel schnittiger zu machen. Wo wir *lift* sagen, sagt ihr *elevator*. Wo ihr *automobile* sagt, sagen wir *car*.

Lou Reed tauchte mit seiner chinesischen Freundin und ein paar Gitarristen auf, setzte sich und startete unmittelbar eine spielerische Attacke. Er sagte zu Burroughs, daß er seinen großartigen, *Kerouac* betitelten Essay in *High Times* gelesen hätte, und fragte, weshalb er nicht mehr solches Zeug schreiben würde.

BURROUGHS: Ich schreibe 'ne ganze Menge.

Peter Beard, Nicolas Roeg und Burroughs zu Gast bei Victor Bockris. Foto: Bobby Grossman

Reed fragte sich, ob Bill nach *Junky* irgendwelche anderen Bücher mit einer durchgehenden Erzählstrukur geschrieben hätte.
BURROUGHS: Gewiß, gewiß. *Die letzten Worte von Dutch Schultz* zum Beispiel. Und mein neuer Roman, *Die Städte der Roten Nacht*, hat eine ziemlich durchgehende Erzählstruktur.
Ich [Bockris] stand auf, zog ein Exemplar von *Die letzten Worte von Dutch Schultz* aus dem Regal und reichte es Reed, der fragte, ob es sich dabei um eine Oper handele.
BURROUGHS: Nicht doch, nein. Sie wissen nichts über die letzten Worte von Dutch Schultz? Offensichtlich wissen Sie es nicht. Sie hatten einen Stenographen an sein Bett gesetzt, der alles aufschrieb, was er sagte. Die Cops sitzen da und stellen ihm Fragen; sie lassen sich Sandwiches bringen, und das alles ging 24 Stunden lang. Er sagt Dinge wie »Ein Junge hat nie geweint,

noch rannte er 1000 Meilen«, und die Cops sagen dazu: »Hör zu, erzähl uns nicht so einen Scheiß. Wer hat auf dich geballert?« Es ist unglaublich. Gertrude Stein sagte, daß er sie übertraf. Gertrude hat Dutch Schultz wirklich sehr gemocht.

BOCKRIS-WYLIE: Wissen Sie, wo Genet sich zur Zeit aufhält?

BURROUGHS: Niemand weiß das. Die Leute, die ihn kennen, scheinen schlichtweg nicht zu wissen, wo er steckt. Brion kennt ihn sehr gut. Ich glaube, er ist einer der charmantesten Menschen, denen ich jemals begegnet bin. Äußerst einfühlsam und hochintelligent. Obwohl er so gut wie kein Englisch spricht und mein Französisch sehr schlecht ist, hatten wir niemals auch nur die geringste Schwierigkeit, miteinander zu kommunizieren. So etwas kann durchaus verheerend sein: Nähme man einen richtigen französischen Intellektuellen wie Sartre, würde die Tatsache, daß ich kein Französisch kann, die Diskussion an genau dem Punkt scheitern lassen.

BOCKRIS-WYLIE: Wo haben Sie Genet kennengelernt?

BURROUGHS: Ich lernte ihn in Chicago anläßlich der Democratic Convention kennen.

BOCKRIS-WYLIE: Wie war er so? Was hatte er an?

BURROUGHS: Er trug eine Cordhose und ein altes verbeultes Jakkett und keine Krawatte. Zum einen ist er einfach voll und ganz da, aufrichtig und offen. Genet ist *einfach da*. Als die Leute aus dem Lincoln Park getrieben wurden, war da auf einmal ein Cop mit einem Gummiknüppel direkt hinter Genet, und Genet drehte sich um und machte diese Geste: »Ich bin ein alter Mann«. Und der Typ drehte sich weg und schlug nicht zu. Die Gefahr war allerdings noch nicht gebannt, und so ging er geradewegs in irgendein Apartmenthaus, klopfte an eine Tür, und irgendwer fragte: »Wer ist da?« Er sagte: »MONSIEUR GENET!« Also öffnet der Typ die Tür, und es stellt sich heraus, daß er seine Dissertation über Genet schreibt.

BOCKRIS-WYLIE: Wie stehen Sie zu Cocteau? Proust?

BURROUGHS: Ich denke, Proust ist ein sehr bedeutender Schriftsteller. Ein viel bedeutenderer Autor als Cocteau oder Gide. Im Zuge meiner Entlassung war ich im Armeekrankenhaus. Und wegen dieser unsäglichen Bürokratie dauerte es geschlagene vier Monate, bis ich gehen konnte, und so hatte ich Zeit, *Auf der Suche nach der verlorenen Zeit* von vorn bis hinten durchzulesen. Es ist ein unglaublich gutes Buch. Neben diesem gewaltigen erzählerischen Werk steht Cocteau da wie ein zweitrangiger Poseur. Und Gide steht da wie eine pedantische alte Schwuchtel.

BOCKRIS: Soviel ich weiß, hast du Céline kurz vor seinem Tod getroffen.

BURROUGHS: Dieses Treffen wurde 1958 von Allen Ginsberg organisiert, der von irgendwem die Adresse von Céline bekommen hatte. Eine Adresse in Meudon, einem Pariser Vorort an der Seine. Endlich fanden wir einen Bus, der uns mit einem regelrechten Schwall französischer Richtungshinweise entließ: »... *et tout droit, Messieurs.*« Wir stiefelten eine halbe Meile durch diesen heruntergekommenen Vorort, schäbige Einfamilienhäuser, bei denen der Putz von den Wänden bröckelte – es sah ungefähr so aus wie in einem Außenbezirk von Los Angeles –, und plötzlich erklingt diese gewaltige Kakophonie bellender Hunde. Großer Hunde, das konnte man am Bellen hören. »Hier muß es sein«, sagte Allen. Und da ist Céline, der seine Hunde anschreit, und dann trat er in die Einfahrt hinaus und machte uns Zeichen einzutreten. Er schien sich über unseren Besuch zu freuen, und wir wurden eindeutig erwartet. Wir setzten uns auf dem gepflasterten Hof hinter dem einstöckigen Haus um einen Tisch, und seine Frau, die Tanzunterricht gab – sie leitete ein Tanzstudio –, servierte Kaffee.

Céline sah genau so aus, wie man ihn sich vorstellt. Er trug

50

einen dunklen Anzug, war in Schals und Schultertücher gewikkelt, und von Zeit zu Zeit konnte man hören, wie die Hunde, die in einem Zwinger hinter dem Haus eingesperrt waren, bellten und heulten. Allen fragte ihn, ob sie jemals jemanden totgebissen hätten, und Céline erwiderte: »*Mais non*, ich halte sie nur wegen des *Lärms*.« Allen gab ihm ein paar Bücher, *Das Geheul*, ein paar Gedichte von Gregory Corso und mein Buch *Junky*. Céline warf einen uninteressierten Blick auf die Bücher und legte sie irgendwie demonstrativ weg. Ganz offensichtlich beabsichtigte er nicht, seine Zeit zu vergeuden. Er saß einfach dort draußen in Meudon. Céline hält sich selbst für den größten französischen Schriftsteller, und kein Mensch schenkt ihm irgendwelche Beachtung. Und da gab es nun also welche, die ihn besuchen und sehen wollten. Wer wir waren, davon hatte er nicht die geringste Ahnung.

Allen fragte ihn, was er von Beckett hielte, von Genet, Sartre, Simone de Beauvoir, Henri Michaux, einfach von jedem, der ihm gerade so einfiel. Er machte eine wegwerfende Bewegung mit seiner schmalen blau-geäderten Hand: »Jedes Jahr gibt es einen neuen Fisch im literarischen Tümpel. Es ist nichts, es ist nichts, es ist nichts«, sagte er über alle.

»Sind Sie ein guter Arzt?« wollte Allen wissen.

Und er antwortete: »*Et bien* ... so einigermaßen.«

Verstand er sich gut mit den Nachbarn? Natürlich nicht.

»Meine Hunde nehme ich mit ins Dorf wegen der *Juden*. Der Mann auf der Post zerstört meine Briefe. Der Apotheker denkt nicht daran, meine Rezepte einzulösen ...« Die bellenden Hunde unterstrichen, was er sagte.

Wir waren mitten in einen Céline-Roman hineinspaziert. Und er erzählte uns, was für Arschlöcher die Dänen seien. Danach die Story einer Schiffsreise während des Krieges: Das Schiff wurde von einem Torpedo getroffen, und die Passagiere wurden hysterisch. Also läßt Céline sie in einer Reihe antreten und verpaßt jedem einen ordentlichen Schuß Morphium, und allen wird schlecht, und sie kotzen das ganze Schiff voll.

Zum Abschied winkte er uns von seiner Einfahrt aus nach, und die Hunde tobten und sprangen vor Wut geifernd gegen den Zaun.

BOCKRIS: Irgendwelche andere wichtige Lektüre?

BURROUGHS: Ein Autor, den ich lese und immer wieder wiederlese, ist Joseph Conrad. Ich habe praktisch alles von ihm gelesen. Er besitzt ungefähr dieselbe Gabe der Verwandlung wie Genet. Genet beschäftigt sich mit Leuten, die ganz alltäglich und normal sind. Dasselbe gilt für Conrad. Er gibt sich nicht mit ungewöhnlichen Leuten ab, aber es ist die Art seiner Vision, wie er sie sieht, die sie verwandelt. Seine Romane sind außerordentlich sorgfältig geschrieben.

BOCKRIS: Gibt es jemanden, der deine Arbeit in besonderer Weise beeinflußt hat?

BURROUGHS: Ich würde sagen, Rimbaud ist so einer, auch wenn ich eher Romancier als Dichter bin. Auch bin ich von Baudelaire sehr beeinflußt worden und von Saint-John Perse, der wiederum sehr von Rimbaud beeinflußt wurde. Tatsächlich habe ich Seiten von Rimbaud ausgeschnitten und in meiner eigenen Arbeit verwendet. Ein beliebiger poetischer oder bildhafter Abschnitt meines Werkes zeigt seinen Einfluß.

MALANGA: Bist du sehr selbstkritisch oder kritisch anderen gegenüber?

BURROUGHS: Bestimmt bin ich sehr selbstkritisch. Ich bin kritisch, was meine Arbeit angeht. Sinclair Lewis sagte, wenn man etwas geschrieben hat, das man für das absolut Größte hält, und man gar nicht abwarten kann, es zu veröffentlichen oder es jemandem zu zeigen, sollte man es wegwerfen. Ich habe rausgefunden, daß das die Sache ganz genau trifft. Man zerreiße es in kleine Stücke und werfe es in eine fremde Mülltonne. Es ist furchtbar!

MALANGA: Hast du viele Geheimnisse?

BURROUGHS: Ich würde sagen, daß ich keine Geheimnisse habe. In dem Film *The Seventh Seal* fragte dieser Typ den Tod: »Welches sind deine Geheimnisse?« Und der Tod erwiderte: »Ich habe keine Geheimnisse.« Kein Schriftsteller hat irgendwelche Geheimnisse. Es steckt alles in seinem Werk.

MALANGA: In einem Artikel, den dein Sohn für *Esquire* geschrieben hat, wirst du mit den Worten zitiert: »Alle Vergangenheit ist Fiktion.« Könntest du dich da ein wenig ausführlicher äußern?

BURROUGHS: Natürlich. Wir empfinden die Vergangenheit als etwas, das gerade eben erst passiert ist, stimmt's? Deshalb gilt das als Faktum; aber nichts wäre weiter von der Wahrheit entfernt. Dieses Gespräch wird auf Band aufgenommen. Nehmen wir mal an, ihr spielt in zehn Jahren mit diesen Aufnahmen rum und verändert sie, nachdem ich gestorben bin. Wer könnte sagen, daß das nicht die eigentlichen Aufnahmen wären? Die Vergangenheit ist etwas, das sich verändern, das sich nach euerm Ermessen ändern läßt. *[Burroughs zeigt auf zwei Sonyrecorder, die auf dem Tisch stehen und das Gespräch aufnehmen.]* Der einzige Beweis dafür, daß dieses Gespräch hier jemals stattgefunden hat, ist diese Aufnahme, und wenn diese Aufnahme verändert würde, dann wäre das das einzige Dokument. Die Vergangenheit existiert nur als Dokument von sich selbst, richtig? Es gibt keine Fakten. Wir wissen nicht, wieviel Geschichte pure Fiktion ist. Es gab einmal einen jungen Mann namens Peter Webber. Er starb in Paris, 1956, glaube ich. Mir fielen seine Papiere eher durch Zufall in die Hand. Ich machte den Versuch, die Umstände seines Todes zu rekonstruieren. Ich sprach mit seiner Freundin. Ich sprach mit allen möglichen Leuten. Und überall hörte ich eine andere Geschichte. Er war in diesem Hotel

Burroughs wird von Andy Warhol in der Factory abgelichtet, während ein bereits warholisierter Kafka kritisch zuschaut. Foto: Bobby Grossman

gestorben, er war in jenem Hotel gestorben. Er war an einer Überdosis Heroin gestorben; er war an den Entzugserscheinungen von Heroin gestorben. Er war an einem Gehirntumor gestorben. Entweder logen sie alle, oder sie vertuschten etwas; es war ein regelrechter *Rashomon* [Burroughs nimmt Bezug auf den gleichnamigen japanischen Film von Akira Kurosawa, in dem jeder eine andere Version der Geschichte erzählt; sogar der Verstorbene, der mit Hilfe eines Mediums zurückgeholt wird, erzählt eine völlig andere Story], oder sie waren einfach nur durcheinander. Diese Nachforschungen wurden zwei Jahre nach seinem Tod angestellt. Man stelle sich jetzt nur die Ungenauigkeit vor, wenn etwas 100 Jahre zurückliegt! Die Vergangenheit ist größtenteils etwas von den Lebenden Erdachtes. Also, es gibt nichts, was darüber Auskunft gibt, daß diese Unterhaltung jemals stattgefunden hat, oder darüber, was gesagt worden ist, außer dem, was auf diesen Geräten ist. Würden die Aufnahmen verlorengehen oder kämen sie mit einem Magneten in Berührung und würden gelöscht, gäbe es keine wie auch immer gearteten Aufnahmen. Welches waren also die eigentlichen Fakten? Was wurde hier gesagt? Es gibt keine eigentlichen Fakten.

MALANGA: Ist ASW [Außersinnliche Wahrnehmung] etwas, das dir beim Schreiben geholfen hat?

BURROUGHS: Ja. Ich denke, daß alle Schriftsteller sich damit beschäftigen. Wenn man nicht bis zu einem gewissen Grad telepathisch veranlagt ist, kann man kein Schriftsteller sein, zumindest kein Romanautor, wo man in der Lage sein muß, in jemand anderen hineinzuschlüpfen und die Erfahrungen und das, was diese Person fühlt, *vor Augen zu haben*. Ich meine, Telepathie ist keine spezielle, auf ein paar wenige Menschen mit übersinnlicher Wahrnehmung beschränkte Fähigkeit, sondern ganz im Gegenteil, etwas Weitverbreitetes, das jeden Tag in allen Schichten und Berufen angewendet wird. Man braucht nur zwei Pferdehändler zu beobachten, und man sieht, wie Zahlen Gestalt annehmen ... »Ich werd nicht über ... gehen; ich werd nicht unter ... gehen.« Kartenspieler brüsten sich damit, Telepathie durchkreuzen zu können ... das »Pokergesicht«. Jeder, der irgend etwas gut beherrscht, benutzt ASW.

Lou redete noch einmal dazwischen und fragte Bill, welches seiner Bücher sein Lieblingsbuch sei.

BURROUGHS: Autoren sind bekannt dafür, daß sie ihr eigenes Werk selber schlecht beurteilen können. Ich weiß es wirklich nicht ...

Reed behauptete, er sei losgegangen und hätte sich *Naked Lunch* sofort nach dessen Erscheinen gekauft. Dann fragte er, was Burroughs von *City of Night* von John Rechy und von *Last*

Exit to Brooklyn von Hubert Selby hielte, und fügte hinzu, daß diese beiden Bücher ohne das, was Burroughs geleistet habe, niemals hätten geschrieben werden können.

BURROUGHS: Ich bewundere *Last Exit to Brooklyn* sehr. Man kann sehen, wieviel Zeit für das Zustandekommen dieses Buches investiert wurde. Es brauchte sieben Jahre, um geschrieben zu werden. Auch Rechys Werk mag ich sehr. Wir sind ihm in L.A. mal kurz begegnet. Ein sehr angenehmer Mann, fand ich; wir sahen ihn für vielleicht eine halbe Stunde.

Jetzt wollte Reed wissen, ob Rechy Burroughs gelesen habe.

BURROUGHS: Danach hab ich ihn nicht gefragt, nein.

Lou nahm einen radikalen Kurswechsel vor und sagte, er habe gehört, Burroughs hätte sich einen Zeh abgeschnitten, um nicht eingezogen zu werden.

BURROUGHS *[kichernd]*: Ich ziehe es vor, diese Art Statement weder zu bestätigen, noch zu leugnen.

Schließlich wollte Lou wissen, warum Bill für *Junky* den Namen William Lee verwendet hatte.

BURROUGHS: Weil meine Eltern noch lebten und ich sie nicht in Verlegenheit bringen wollte.

Reed fragte, ob Burroughs' Eltern gelesen hätten.

BURROUGHS: Möglicherweise haben sie das.

Reed sagte, daß *Junky* seiner Meinung nach Burroughs' wichtigstes Buch sei, und zwar wegen der Art und Weise, wie es Dinge beim Namen nenne, wie es vorher so freimütig niemals geschehen sei. Dann wollte Reed noch wissen, ob er Burroughs langweile.

BURROUGHS *[der verdutzt vor sich hinblickt]*: Wa ...?

Drei Plädoyers

ALLEN GINSBERG: Ich schlug William Burroughs als Mitglied des American Institute of Arts and Letters vor, dem ich selbst angehöre, aber ich glaube nicht, daß man ihn akzeptierte. Offensichtlich verhält es sich also doch so, daß das Establishment ihn noch immer nicht vollständig akzeptiert hat, obwohl er, was Literatur angeht, zum Höchsten Establishment zählt: Ich glaube, er ist einer der Unsterblichen; er hat einen direkten ungeheuren Einfluß auf nachfolgende Generationen von Schriftstellern gehabt und einen indirekten durch mein Werk und Kerouacs Arbeit mit seinen Ideen, seinen Ideologien, seinen Yankee-pragmatischen geistigen Nachforschungen. Aber direkt – und weitaus wichtiger – durch seine eigene spektrale Prosa. Ich bin der Meinung, Burroughs sollte den Nobelpreis bekommen. Genet hat ihn niemals erhalten. Genet hat ihn verdient, das ist klar. Gerade Burroughs und Genet sind zwei echte Anwärter für Weltruhm.

MILES: William ist ein Schriftsteller, der eine lange Suchtperiode durchgemacht und überlebt hat. Er lebte zwölf Jahre als Drogenabhängiger und ist einer der wenigen Menschen überhaupt, die es geschafft haben, wirklich etwas Solides daraus zu machen und es zu nutzen. Das hat ihn in die Lage versetzt zu verstehen, was Kontrolle ist, und als er seine Kenntnisse über Kontrollsysteme auf die Literatur anwandte – im Prinzip hat er nichts anderes getan, und Brion war ihm noch behilflich dabei, indem er ihm beispielsweise die Cut-up-Methode nahebrachte –, betrat er automatisch ein öffentliches Informationsfeld und deckte Kontrollsysteme auf, was stets ein Anliegen der Politik gewesen ist: die CIA, die Wortabhängigkeit und alles andere, das Bill thematisiert. Somit ist es in seiner Kunst und seiner Literatur

Andrew Wylie mit Allen Ginsberg und Burroughs im Bunker, nachdem er der neue Literaturagent der beiden geworden war, wodurch Ginsbergs und Burroughs' Karrieren einen erheblichen Schub erfuhren. New York City, 1986. Foto: Victor Bockris

um etwas gegangen, das Literatur transzendiert und sich hinausbewegt in alltägliche politische Erfahrung, wie unsere, merkwürdigerweise aber nicht seine Generation sie erfährt, und das ist der Grund, weshalb er für die Untergrundpresse und Leute vergleichbaren Kalibers so relevant ist. Wahrscheinlich ist er immer noch der wichtigste lebende Schriftsteller. Es ist sein ausgesprochen vielschichtiger Hintergrund, der ihn dazu macht. Er ist in der Lage, Dinge zu transformieren, und deshalb sprechen die Leute auf ihn an. Dann gibt es da noch seinen von Zynismus durchsetzten, etwa dem célineschen vergleichbaren Humor, auf den vielleicht der Menschentyp besonders reagiert, der reichlich Drogen konsumiert. Für viele Leute, die das oberflächliche Niveau dessen, was uns heute zum großen Teil als Humor verkauft wird, transzendieren, ist er ein Humorist. William ist wahrscheinlich die witzigste Person, die man sich vorstellen kann. Ich glaube, daß er sich als Schriftsteller zur Zeit in einer entscheidenden Phase befindet. Es steht außer Zweifel, daß er stets einen wichtigen Rang einnehmen wird, aber er hat den Erfolg, den er verdient, noch nicht errungen. In dieser Hinsicht gibt es Parallelen zu Kerouac. Seine frühen Bücher sind wirklich bedeutsam, aber es mußten erst sechs Jahre vergehen, bis das jemand kapierte. Dann wurde er mit einem Schlag berühmt und schrieb weiter. Aber Kerouacs spätere Bücher waren nicht mehr so gut. Ich bin der Meinung, Bill ist da zu etwas ganz anderem in der Lage. Er könnte es gar schaffen, etwas Besseres als *Naked Lunch* zu produzieren. Ich glaube nicht, daß William sich als Schriftsteller jemals rechtfertigen müßte. Er hat eine Menge geschrieben. Er hat nicht einfach nur *Ulysses* und *Finnegans Wake* geschrieben. Seitdem er in die Staaten zurückgekehrt ist, hat William eine wahre Renaissance erfahren. Er ist ein ganz anderer Mensch geworden, sehr viel selbstbewußter in seiner Position als eine Art literarischer Berühmtheit, und ich denke, es war seine Rückkehr nach New York, die ihn dazu befähigte. Kurz nachdem er hierher zurückkehrte, sagte er zu mir: »Es ist wirklich klasse, aber *ein* stehender Applaus ist genug.«

Innerhalb der Beat Generation war Bill gewiß der einzige, den zu vereinnahmen es niemandem je gelungen ist, weil sein Ansatz stets so ganz anders war. Zum einen war Burroughs auf eine eher witzige Art und Weise offen schwul. Sogar Allens Schwulsein war anders: Wo er zu Bekehrungsversuchen neigte und fürs Schwulsein Reklame machte, war Bills Neigung eine ganz andere. Bill war stets die absolute Antithese dessen, was die Gesellschaft im Begriff war zu tun, und das ist der Grund, weshalb er Amerika fernblieb. Dort hätte er es zu nichts gebracht. Allen konnte das. William hat so manches durchgemacht. Man vergesse nicht, daß, als er in die Staaten zurückkam, die meisten glaubten, er sei längst tot. Die dachten alle, er und Kerouac hätten gerade das Zeitliche gesegnet.

BURROUGHS: So wie ich mir das denke, besteht die Funktion eines Dichters darin, uns bewußt zu machen, was wir wissen und was wir nicht wissen, daß wir's wissen. Allen Ginsbergs Ansichten, seine Schriften, seine Arbeiten und seine unverblümte Einstellung zu Sex und Drogen waren einst absolut anrüchig und inakzeptabel und sind unterdessen akzeptabel und respektabel geworden. Das ist ein Hinweis auf einen gewissen Meinungswandel. Man erinnere sich, daß es einst äußerst inakzeptabel war zu behaupten, die Erde sei rund, und ich denke, daß diese Entwicklung, nach der ursprüngliche Denker akzeptiert werden, für beide, für diejenigen, die sie akzeptieren, und für die Denker selbst, gleichermaßen nützlich sind. Somerset Maugham sagte einmal, daß der größte Vorteil eines Schriftstellers Langlebigkeit sei, und ich bin überzeugt, daß Allen in zehn oder 15 oder 20 Jahren ein sehr verdienter Nobelpreisträger sein könnte.

Ein Essen mit Lou Reed: New York, 1979

BOCKRIS: War Kerouac der Schriftsteller, dem du in deiner Generation am nächsten gestanden hast?

BURROUGHS: Er war derjenige, der mich zum Schreiben ermutigte, als ich daran noch gar nicht so interessiert war. Das ist das eine. Aber stilistisch, oder was irgendwelchen Einfluß angeht, fühle ich mich ihm überhaupt nicht verbunden. Wenn ich die zwei Schriftsteller nennen sollte, die den größten unmittelbaren Einfluß auf mein Schreiben hatten, dann sind das Joseph Conrad und Denton Welch, nicht Kerouac. In den vierziger Jahren war es Kerouac, der immer wieder davon anfing, ich solle doch schreiben und dem Buch, das ich schreiben würde, den Titel *Naked Lunch* verpassen. Nach der High-School hatte ich nichts mehr geschrieben und hielt mich nicht für einen Schriftsteller, und das sagte ich ihm auch. Hier und da hatte ich mal was versucht, eine Seite oder so. Wenn ich das dann aber las, hatte ich stets ein Gefühl von Müdigkeit und Ekel und Abscheu gegenüber dieser Art Aktivität, so wie eine Laborratte sich fühlen muß, wenn sie den falschen Pfad gewählt hat und mit einem scharfen Impuls in ihrem Schmerzzentrum bestraft wird. Jack beharrte in seiner ruhigen Art darauf, daß ich ein Buch mit dem Titel *Naked Lunch* schreiben würde. Woraufhin ich entgegnete: »Von irgendwas Literarischem will ich nichts hören.« Ich kann mich nicht erinnern, daß Kerouac während all der Jahre, die ich ihn kannte, jemals wirklich wütend oder feindselig gewesen wäre. Das Lächeln, mit dem er meinen Bedenken begegnete, war die Art Lächeln, die einem ein Priester entgegenbringt, der genau weiß, daß man früher oder später doch zu Jesus finden wird – es wird dir nicht gelingen, aus der Shakespeare-Schwadron auszusteigen, Bill.

BOCKRIS: Wann hast du *Naked Lunch* geschrieben?

BURROUGHS: Im Sommer 1956 fuhr ich nach Venedig und machte dort ein paar Notizen; danach unternahm ich dann diesen Trip nach Libyen. Dort suchte ich die amerikanische Botschaft auf und sagte: »Wie komme ich hier wieder weg? Alle Flüge sind ausgebucht, gibt es einen Zug, den ich nehmen könnte?«

»Oh nein«, wurde mir gesagt, »dazu benötigen Sie ein Ausreisevisum.« Also machte ich mich auf den Weg. Ich erinnere mich an diesen Innenhof mit Säulengängen rundherum, und wie ich einen Beamten suchte, der mir dies ausstellen würde, und wie er niemals zu sprechen war. Wahrscheinlich gab es gar keinen solchen Beamten, wie ich mit der Zeit argwöhnte. Schließlich

*Burroughs mit einer Polaroid Big Shot im Anschlag.
New York City, 1982.*

sagte dann aber jemand zu mir: »Hören Sie, nehmen Sie einfach einen Zug und reisen Sie aus.« Genau das habe ich dann auch getan, und als ich an die marokkanische Grenze kam, warf der französische Grenzbeamte einen Blick auf meine Papiere.

Da ich aber *aus*reiste und er kein unnötiges Theater machen wollte, stempelte er sie einfach ab und sagte: »Fahren Sie weiter«, und schon war ich wieder in Marokko. Ich hätte monatelang warten können, hätte ich auf die amerikanische Botschaft gehört: »Oh, Sie brauchen das aber. Es wäre nicht sehr ratsam, ohne das auszureisen. Helfen könnten wir Ihnen dann nicht ...« Das war jedenfalls genau die Zeit, in der ich dasaß mit all meinen Notizen, die ich mir vorher in Skandinavien, Venedig und Tanger gemacht hatte, und ich fing mit dem Schreiben an und schrieb und schrieb und schrieb. Normalerweise nahm ich jeden zweiten Tag eine Portion Majoun, und an den Tagen dazwischen legte ich mir eine Reihe dicker Joints auf meinem Schreibtisch bereit und rauchte sie beim Tippen. Ich stand ziemlich früh auf, arbeitete den Großteil des Tages, manchmal bis in den frühen Abend hinein. Einmal am Tag pflegte ich unten in der Bucht zu rudern, um mich körperlich fit zu halten. Ich hatte ein Zimmer, für das ich – mein Gott – 15 Dollar pro Monat zahlte, für ein hübsches Zimmer mit Blick auf den Garten der Villa Muniria mit einem großen bequemen Bett und einer Wäschekommode und einem Waschbecken und allem drum und dran und mit einer Toilette gleich auf dem Flur. Als Jack 1957 nach Tanger kam, hatte ich beschlossen, seinen Titel zu verwenden und das meiste von dem Buch war bereits geschrieben.

BOCKRIS: Als du damals daran geschrieben hast, hattest du da die leiseste Ahnung, was für eine Wirkung es einmal haben könnte?

BURROUGHS: Nicht die geringste. Ich zweifelte sogar daran, daß es jemals veröffentlicht werden würde. Ich hatte keine Ahnung, daß das Manuskript irgendeinen Wert haben würde. Aber, das was ich schrieb, törnte mich ungeheuer an.

BOCKRIS: Hat Kerouac all seine Erfahrungen selbst gemacht, so daß er darüber schreiben konnte?

BURROUGHS: Ich würde sagen, er war als Schriftsteller voll dabei und war nicht der Bremser oder was immer man von ihm erwartete. Er sagte: »Ich bin ein Spion im Körper eines anderen. Ich bin nicht der, für den ihr mich haltet.«

BOCKRIS: Ist es das, was ihn am Ende so unglücklich machte?

BURROUGHS: Überhaupt nicht. Das trifft doch auf alle Künstler zu. Man ist nicht als Zeitungsreporter, als Arzt oder Polizeibeamter auf der Welt, man ist als Schriftsteller auf der Welt.

BOCKRIS: Er schien den Kontakt zu anderen Menschen zu verlieren, so daß er am Ende ...

BURROUGHS: Jeder Schriftsteller verliert den Kontakt. Ich würde nicht sagen, daß es ihm besonders schlecht ging. Er hatte Probleme mit dem Alkohol. Das brachte ihn um.

BOCKRIS: Wann hast du ihn zum letzten Mal gesehen?

BURROUGHS: 1968. Ich war zur Democratic Convention nach Chicago gefahren, und *Esquire* hatte mir im Delmonico Hotel ein Zimmer zur Verfügung gestellt, damit ich meinen Bericht schreiben konnte. Kerouac kam mich besuchen, er lebte damals in Lowell. Er hatte mehrere stämmige Schwäger, von denen einer eine Schnapshandlung besaß, und sie hatten stets ein Auge auf ihn. Er hat wirklich unheimlich zugelangt; er nahm sich ebenfalls ein Zimmer im Hotel und blieb über Nacht, bestellte sich den Whisky flaschenweise und fing schon am Morgen damit an, eine Gewohnheit, die ich mit Horror beobachtete. Also wandte ich mich an die griechischen Brüder ... »Wie entsetzlich, daß er so säuft und nichts mehr auf die Reihe kriegt ...« Das war das letzte Mal.

BOCKRIS: Habt ihr viel miteinander gesprochen?

BURROUGHS: Nun, er hat ja so gesoffen ... Das war damals, als er in der Buckley Show auftrat und ich zu ihm sagte: »Nein, Jack, geh gar nicht erst hin, du bist überhaupt nicht in Form, dort aufzutreten.« Aber er ging hin, noch am selben Abend. Ich sagte: »Ich

64

geh da nicht mit.« Allen Ginsberg ging mit. Natürlich war das Ganze ein Desaster. Jack und seine Schwäger fuhren am nächsten Tag wieder ab. Das war das letzte Mal, daß ich ihn sah. Ein Jahr später war er tot. Leberzirrhose, Blutsturz.

Lou Reed schien an Kerouac außerordentlich interessiert zu sein und wollte wissen, warum er zum Schluß derart auf den Hund gekommen war und im T-Shirt mit der Bierflasche und seiner Mutter vorm Fernseher saß. Was hatte Kerouac so verändert?

BURROUGHS: So sehr verändert hatte er sich gar nicht, Lou. Er war schon immer so. Zuerst saß ein junger Mann im T-Shirt vorm Fernseher und trank Bier mit seiner Mutter, dann war da eine ältere, aufgeschwemmtere Person im T-Shirt vorm Fernseher und trank Bier mit seiner Mutter.

Lou, der Bill mit »Mr. Burroughs« ansprach, wollte dann wissen, ob Kerouacs Bücher veröffentlicht worden waren, weil er mit seinem Verleger ins Bett gegangen war. Er fragte sich, ob das in der literarischen Welt allgemein üblich wäre.

BURROUGHS: Nicht annähernd so wie in der Welt der Malerei. Nein, Gott sei Dank kommt es nicht oft vor, daß ein Schriftsteller sich wirklich mit seinem Verleger einlassen muß, damit er veröffentlicht wird. Aber es gibt zahlreiche Fälle von jungen Künstlern, die mit einer in die Jahre gekommenen Galeristin oder so was schlafen müssen, um ihre erste Ausstellung oder ein Stipendium zu bekommen. Ich kann definitiv versichern, daß *ich* niemals sexuelle Kontakte mit irgendeinem meiner Verleger hatte. Gott sei Dank ist das niemals nötig gewesen.

Ein Essen mit Maurice Girodias, Gerard Malanga und Glenn O' Brien: Boston, 1978

MAURICE GIRODIAS: Ich mag Bill Burroughs sehr. Er gehört zu den angenehmsten Menschen, die ich in diesem literarischen Zirkus je kennengelernt habe. Er ist ein sehr kindlicher Mensch. Es gibt etwas Kindliches an ihm, das vieles von der gleichsam mythologischen Sonderbarkeit erklärt, die seinem Image und seinem Ruf anhaften.

BOCKRIS: Wie kam es dazu, daß Sie *Naked Lunch* veröffentlichten?

GIRODIAS: Allen Ginsberg brachte mir 1957 das erste Manuskript von *Naked Lunch*. Er trat als Burroughs' Freund und Agent auf. Dieses Manuskript war ein solches Durcheinander! Rein technisch war es gar nicht möglich, es zu lesen; aber, was immer einem ins Auge fiel, war außerordentlich und blendend. Also gab ich es Allen zurück und sagte: »Hör zu, das ganze Ding sollte erst einmal in Form gebracht werden.« Überall an den Rändern war es angefressen wie von Ratten oder was weiß ich ... Die Prosa war in Verse umgewandelt worden, lektoriert von den Ratten der Pariser Abwässerkanäle. Allen war sehr wütend auf mich, aber er ging zu Bill zurück, der in Paris ein sehr zurückgezogenes Leben führte, ein graues Phantom von einem Mann in seinem Phantom-Gabardine und seinem alten ausgeblichenen Phantom-Hut, und alles sah aus wie sein verschimmeltes Manuskript. Sechs Monate später oder so kehrte er mit einem völlig neustrukturierten, lesbaren Manuskript zurück, und ich veröffentlichte es 1959. Mit Burroughs Gespräche zu führen war fast ein Ding der Unmöglichkeit, weil er einfach nichts sagte. Er hatte diese unglaublich maskenartigen, alterslosen Züge im Gesicht – und machte einen absolut kalten Eindruck. Zu dieser Zeit wohnte er mit Gysin unter einem Dach, und Gysin war derjenige, der das Sprechen übernahm. Ich pflegte zu Gysins Zimmer hinunterzugehen, und er redete und zeigte mir seine Bilder und erklärte, was es zu erklären gab. Dann gingen wir zusammen zu Burroughs rauf und setzten uns zu dritt aufs Bett – weil es keine Stühle gab – und versuchten ein Gespräch in Gang zu bringen. Das war wirklich witzig. Der Mann sagte einfach kein einziges Wort. Ich hatte damals meinen brasilianischen Nachtclub, und das erste Mal, daß Burroughs dort hinkam – das war kurz, nachdem ich ihn kennengelernt hatte –, war ich im Keller und erteilte einer von John Calders Assistentinnen eine improvisierte Tango-Lektion; jeden Sommer reiste sie zu diesem Zweck aus London an. Ich bin also allein mit ihr dort unten, als auf einmal Burroughs die Treppe herunterkommt und sagt: »Girodias ... ich will bei dem, was hier unten vor sich geht, ja nicht stören, aber ...« Es stellte sich heraus, daß im Beat Hotel eine Razzia durchgeführt worden war und man ihn wegen des Besitzes von ein bißchen Haschisch oder ähnlichem vorübergehend festgenommen hatte und er meine Hilfe wollte. Immer wieder sagte er: »Diese französischen Bullen ...«

Nachdem ich *Naked Lunch* veröffentlicht hatte, brachte ich alle sechs Monate ein Buch von ihm heraus. *The Soft Machine*, *The Ticket That Exploded*. Verlegergespräche habe ich selten mit ihm geführt, eigentlich gar keins. Er brachte einfach das Manuskript, und ich gab's sofort in die Druckerei. Ich glaube, er schrieb, um seine Miete zu zahlen. Er brauchte das Geld wirklich.

BURROUGHS: Ich würde gern ein für alle Mal das Märchen von den Burroughs-Millionen zu Grabe tragen, das mich viele Jahre lang geplagt hat. Ein Rezensent ist gar so weit gegangen, mich als »den reichsten Ex-Junkie der Welt« zu bezeichnen, und das zu einer Zeit, da ich weniger als 1000 Dollar auf der Bank hatte. Mein Großvater, der die hydraulische Vorrichtung erfand, auf der die Addiermaschine basiert, erhielt, wie viele Erfinder, einen sehr kleinen Aktienanteil der Firma; mein Vater verkaufte in den zwanziger Jahren die paar Aktien aus seinem Besitz. Die letzte Zahlung, die ich aus dem Burroughs-Nachlaß erhielt, als meine Mutter starb, war die Summe von 10 000 Dollar.

BOCKRIS: Machst du dir manchmal Sorgen, daß das Schriftstellerdasein ein derart schmales Einkommen abwirft?

BURROUGHS: Es ist wirklich sehr schmal geworden. Ich habe mich viele Male hingesetzt und versucht einen Bestseller zu schreiben, aber irgend etwas geht immer schief. Es ist nicht so, daß ich mich nicht dazu durchringen könnte, es zu tun, oder daß ich das Gefühl hätte, ich würde mich verkaufen oder ähnliches, es funktioniert einfach nicht. Wenn einer vorhat, mit einem Buch oder einem Film eine Menge Geld zu machen, dann gilt es gewisse Regeln zu beachten. Man zielt auf das große Publikum ab, und es gibt ein paar Sachen, die das große Publikum weder sehen noch hören will. Eine der Regeln lautet: Verlange vom großen Publikum nicht, etwas nachzuvollziehen, was es nicht ohne weiteres nachvollziehen kann. Man lege es nicht darauf an, es zu Tode zu ängstigen, es aus seinen Kinosesseln zu kippen und vor allem, lege man es nicht darauf an, es zu verunsichern.

GLENN O'BRIEN: Vielleicht kommen wir nicht drum herum, uns im Showbusineß zu versuchen.

BURROUGHS: Mit all diesen Lesungen tun wir das ja schon längst, Herrgott nochmal. Genau das ist es, womit ich mir meinen Unterhalt verdiene, Mann!

O'BRIEN: Wahrscheinlich werden wir noch als Komiker oder etwas in der Art enden.

BURROUGHS: Mein Gott! Mich hat man schon längst als Komiker abgestempelt.

MALANGA: Hast du schon einmal daran gedacht, deine telepathischen Fähigkeiten anderswo als beim Schreiben einzusetzen? Sagen wir, auf dem Aktienmarkt?

BURROUGHS: Ein schwerwiegender Mißbrauch dieser Kräfte hat immer zur Folge, daß man sich ins Knie fickt. Früher habe ich es mal mit Wetten versucht. Pferderennen. Mir sind Sachen in Träumen erschienen, und ich hatte Intuitionen, und irgendwas ging immer schief. Das heißt, ich hatte die richtige Zahl, aber nicht das richtige Pferd, oder ich hatte das richtige Pferd, aber nicht die richtige Zahl. Ich glaube, das ist ein Mißbrauch von Telepathie. Wer versucht, etwas von dieser Ebene auf eine solche Ebene zu transportieren, wird sich noch jedesmal ins Knie ficken. Das klassische Beispiel dafür war *Pique-Dame* – eine russische Story über einen, der auf telepathischem Wege Wett-tips erhielt und sich am Ende natürlich ins Knie fickte.

MALANGA: Das bedeutet also, daß der Einsatz von Telepathie bei wie immer gearteten Wettspielen einer Respektlosigkeit gegenüber derlei Fähigkeiten gleichkommt?

BURROUGHS: Jeder Spieler setzt Telepathie beim Wetten ein; jede Art von Wette basiert auf Telepathie. Aber das ist eine knifflige Sache. Und vom Spielen will ich absolut nichts mehr hören, oder sagen wir, den Einsatz von telepathischen Kräften oder außersinnlicher Wahrnehmung auf diesem Gebiet, weil ich weiß: Früher oder später wird man über den Tisch gezogen und hat es auch verdient.

BOCKRIS: Was passiert eigentlich mit altem Geld, das aus dem Verkehr gezogen wird?

BURROUGHS: Es wird verbrannt. Ted Joans hatte einen Onkel, der in einer solchen Verbrennungsanlage arbeitete, und der dachte sich irgendwas aus, wie er das Zeug unter seinem Mantel rausschmuggeln könnte, und schließlich hatte er einen ganzen Batzen davon unter seiner Veranda. Eines Tages sah seine Frau jemanden in einem verbeulten alten Auto vorbeifahren und sagte: »Wie schön wäre es, so was zu haben«, und er sagte: »Nun, bald werden wir so was haben«, und erzählte ihr alles. Es dauerte nicht lange, und es klopfte an seiner Tür. Telefon. Telegraf. Television. Erzähl niemals was 'ner Frau. 20 Jahre hat er gekriegt.

Ein Essen mit Tennessee Williams:
New York, 1977

BURROUGHS: Wenn mich jemand fragt, inwieweit mein Werk autobiografisch ist, sage ich: »Jedes Wort ist autobiografisch, und jedes Wort ist Fiktion.« Wie würde deine Antwort auf eine solche Frage lauten?

TENNESSEE WILLIAMS: Meine Antwort lautet, daß jedes Wort autobiografisch ist und kein Wort autobiografisch. Man kann nicht kreativ arbeiten und an Fakten kleben. Zum Beispiel gibt es in meinem neuen Stück einen Jungen, der in einem Haus wohnt, in dem ich selber einmal wohnte, und einen Teil der Erfahrungen macht, die ich als junger Schriftsteller machte. Aber seine Persönlichkeit ist von meiner grundverschieden. Auch seine Art zu sprechen ist völlig anders als meine; also kann ich sagen, daß das Stück nicht autobiografisch ist. Und trotzdem hat das Beschriebene sich tatsächlich in diesem Haus ereignet. Ich vermeide es, übers Schreiben zu reden. Geht es dir nicht auch so, Bill?

BURROUGHS: Ja, bis zu einem bestimmten Grad schon. Aber so weit wie die Engländer gehe ich nicht. Du kennst diese englische Eigenart, anderen gegenüber niemals Äußerungen zu machen über etwas, das irgend jemandem was bedeutet ... Ich erinnere mich an Graham Greene, der sagte: »Natürlich war Evelyn

Burroughs und Williams im Salon seiner Hotelsuite im New Yorker Elysee Hotel. Foto: Michael McKenzie

Waugh ein sehr guter Freund von mir, aber übers Schreiben haben wir niemals ein Wort fallen lassen!«
WILLIAMS: Dem Schreiben haftet doch etwas sehr Privates an, findest du nicht? Irgendwie wäre es angebracht, sich über seine intimsten sexuellen Praktiken auszutauschen, als übers Schreiben zu reden. Das ist etwas, für das wir leben, und trotzdem können wir es nicht frei und offen diskutieren. Irgendwo ist das auch traurig ... Wie dem auch sei, ich bin im Begriff, Amerika mehr oder weniger mit einem lachenden Auge zu verlassen. Die erste Station wird England sein.
BURROUGHS: Mit einem lachenden oder einem weinenden Auge ...?
WILLIAMS: Nun, sollte ich nach Bangkok gelangen, mag es mit einem weinenden Auge sein, ich weiß es nicht *[Gelächter]*. Und wenn ich mit dem Stück in London durch bin, sollte ich nach Wien fahren. Ich liebe Wien. Erinnerst du dich an die zwanziger Jahre?

BURROUGHS: Oh ja.

WILLIAMS: Ich frage nur, weil es nicht so viele Leute gibt, die sich erinnern ... Das ist das Traurige am Altwerden, findest du nicht? Man merkt, daß man mit Einsamkeit konfrontiert ist ...

BURROUGHS: Eine Sache von vielen.

WILLIAMS: Ja, eine von vielen – das ist das Schlimmste, ja.

BURROUGHS: Man sollte aber nicht vergessen, daß es kein Alter gäbe, wenn es keine Jugend gäbe.

WILLIAMS: Dabei stimmt es mich nie so recht zufrieden, wenn ich auf meine Jugend zurückblicke ... eigentlich hatte ich auch nicht besonders viel Jugend.

BURROUGHS: In der Regel haben Schriftsteller das auch nicht.

WILLIAMS: Ich war 1936 in Wien. Erinnerst du dich an die *Römanische Baden*?

BURROUGHS: Die Römischen Bäder. Die hab ich besucht ... es ist wirklich schön dort.

WILLIAMS: Ganz in der Nähe des Praters.

BURROUGHS: Mit dem Riesenrad bin ich auch gefahren.

WILLIAMS: Ich auch.

ÜBER TRÄUME

Ein Essen mit Gerard Malanga: New York, 1974

BURROUGHS: Eine Gemeinschaft von Menschen, die nicht träumen, könnte es nicht geben. Die wären innerhalb von zwei Wochen tot.

MALANGA: Wendest du eine spezielle Technik an, um Träume zu notieren?

BURROUGHS: Wenn man sie nicht sofort aufschreibt, wird man sie in den meisten Fällen vergessen. Ich habe stets Bleistift und Papier neben meinem Bett. Ich habe Träume gehabt, bei denen es Fortsetzungen gab – nach dem Muster »Fortsetzung folgt« –, und wenn es tolle Episoden sind, dann möchte man so rasch wie möglich dorthin zurückkehren, aber ich lege stets großen Wert darauf, auch wenn ich dorthin zurück will, ein paar kurze Notizen zu machen, andernfalls wird man die ganze Chose am nächsten Tag vergessen haben. Wenn ich auch nur zwei Wörter sofort aufschreibe, wird mich das zurückbringen. Es gibt ziemlich grundlegende Unterschiede zwischen den Erinnerungsspuren eines Traums und dem, was sich tatsächlich ereignet. Mir ist beispielsweise folgendes schon passiert: Ich erwache und bin zu faul aufzustehen, und ich gehe den Traum noch zehnmal im Kopf durch und sage mir: »Na ja, daran werde ich mich bestimmt erinnern.« Schon ist es weg. Somit sind die Erinnerungsspuren für Träume leichter verwischbar als die für sogenannte Ereignisse. Ich führe regelmäßig Traumtagebuch. Wenn meine Träume gelegentlich besonders interessant oder wichtig sind, erweitere ich sie zu Traumszenen, die, indem ich sie ausführlicher mit Schreibmaschine tippe, in einem erzählerischen Kontext

Verwendung finden könnten. Zuweilen träume ich lange erzählerische Traumsequenzen, genau wie in einem Film, und einiges davon ist fast wörtlich in mein Werk eingegangen. Irgendwie sind die fruchtbarsten Träume die gewesen, in denen ich ein Buch oder eine Zeitschrift zum Lesen fand. Es kann passieren, daß man sich nur schwer daran erinnert, aber manchmal fällt mir auf diese Weise ein ganzes Kapitel zu, und am nächsten Tag setze ich mich einfach hin und arbeite es aus. Das erste Kapitel in *Die Städte der Roten Nacht* – »Der Inspektor« – war ein solches Kapitel, ein Traum über eine Cholera-Epidemie in Südwestafrika, den ich träumte und mich anschließend hinsetzte und ihn ausarbeitete. Dabei las ich mehr, als daß ich schrieb. Und dann die Story *Doppelgänger*, die in Exterminator erschien, war ebenfalls ein Traum.

MALANGA: Zu lernen, wie man dieses Material festhält, ist eine technische Sache, also vermute ich, daß das etwas ist, bei dem man besser werden kann.

BURROUGHS: Es kann ein Feedback geben: Ich habe irgendwas geträumt und schreibe etwas darüber; dann träume ich – als Resultat dessen, daß ich etwas schreibe – einen weiteren Traum in dieser Richtung. So erhalte ich ein Feedback zwischen dem, was ich schreibe, und dem, über das ich träume.

BOCKRIS: Ist es dir schon immer so gegangen, daß du nachts häufig aufwachst?

BURROUGHS: Ich hatte schon immer einen sehr leichten Schlaf. Der geringste Anlaß weckt mich. Im Lauf einer normalen Nacht wache ich fünf oder sechs Mal auf. Ich stehe auf und trinke vielleicht ein bißchen Milch oder ein Glas Wasser oder schreibe Träume auf, sofern ich was geträumt hab. Einmal befand ich mich mit jemandem in einem Zimmer, der die Matratze anzündete. *Seine* Matratze, aber ich war es, der aufwachte. Ouuuh, Rauch! Hellwach. Ich habe mir stets verbeten, daß jemand in

74

William und James Grauerholz mit den ersten Umschlagandrucken für Die Städte der Roten Nacht, *jenem Roman, bei dem Burroughs und Grauerholz eng zusammenarbeiteten. Man beachte den Untertitel:* A Boy's Book, *der später weggelassen wurde. Foto: Victor Bockris*

mein Zimmer kommt, ohne mich zu wecken. Allein die Gegenwart einer anderen Person ist genug. Manchmal, wenn ich nicht wieder einschlafen kann, lese ich ein Weilchen. Neben meinem Bett habe ich ungefähr sechs Bücher liegen, die ich lese. Und das ist das einzige, was einem zu tun bleibt, wenn man einen richtigen Alptraum hat. Aufstehen und sich eine Tasse Kaffee oder Tee machen und zehn Minuten aufbleiben, um sich wieder zu orientieren, denn wenn man sich sofort wieder schlafen legt, steigt man sofort wieder ein. Manchmal habe ich drei Alpträume hintereinander, also sage ich mir, jetzt reicht's, jetzt wird die Kette durchbrochen. Dann stehe ich auf, mach mir einen Tee, rauche einen Joint, irgendwas, um das zu durchbrechen. Das Beste ist aufzustehen und etwas zu trinken.

BOCKRIS: Ich habe Alpträume gehabt, bei denen ich den Eindruck hatte, irgendwer oder irgendwas wäre in die Wohnung eingedrungen.

BURROUGHS: Eine solche Erfahrung habe ich mit James gemacht. Gleich nachdem ich nach New York zurückgekehrt war, schliefen wir in einem Loft drüben am Broadway, und dort habe ich folgenden Traum gehabt: Es klopft an die Hintertür, ich gehe an die Hintertür, und dort steht diese Person, allgemein als Marty bekannt. In den *Städten* gibt es ein kurzes Kapitel darüber, und er stand da mit einem Chauffeur, einem bärtigen Mann, der so betrunken war, daß er sich kaum auf den Beinen halten konnte. Und das Ganze war so wie um 1890. »Komm mit ins Metropole und trink ein bißchen Schampus«, wie er es nannte, etwas Champagner. Das Metropole war jener alte Treffpunkt in den neunziger Jahren des vorigen Jahrhunderts. Es war irgendwo am Times Square. Und ich sagte: »Oh, Marty, nein.« Ich sagte: »Weißt du ...«

Er sagte: »Was ist los, sind dir deine alten Kumpels nicht mehr gut genug?«

»Ich kann mich nicht erinnern, daß wir jemals richtige *Kumpels* gewesen wären, Marty!« erwiderte ich. Er ist einfach jemand, den ich kannte, mehr wie *wirklich schlechte Nachrichten*. Dann sagte er: »Laß mich rein, ich hab einen langen Weg hinter mir«, und er zwängte sich in die Wohnung. Dann gab es Bilder von James, der über und über mit weißem Schaum bedeckt war, und ich versuchte aufzuwachen und rief: »James! James!« Als es mir endlich gelang wach zu werden, war er schon aus dem Bett und hielt einen Gewindeschneider in Händen, der herumgelegen hatte, und ich sagte: »Was ist los?« Er antwortete: »Ich hatte gerade das Gefühl, daß irgendwer in der Wohnung ist.«

»Tja«, sagte ich, »es war tatsächlich wer in der Wohnung. Es war Marty.« So kam es, daß ich Marty als eine der handelnden Personen in die *Städte* einbaute. Marty Blum.

* * *

1977 lud Bob Dylan Burroughs ein, sich der Rolling Thunder Tour anzuschließen, um auf diese Weise in dem Film *Renaldo and Clara* mitzuwirken. Burroughs lehnte mit der Begründung ab, daß das Angebot zu unklar wäre, um es ernsthaft in Betracht zu ziehen. Während dieser Zeit träumte er zweimal von Dylan.

Im ersten Traum hatte er die Idee, ein Wohltätigkeitskonzert für Junkies vorzuschlagen. Nachdem er Dylans Konzert im New Yorker Madison Square Garden zugunsten von Rubin Hurricane Carter gehört hatte, träumte Burroughs den zweiten Traum, der ihm riet, er möge die Idee vergessen, und zwar deshalb, weil es ihm nicht gelingen würde, ein derart großes Publikum fesseln zu können wie Dylan.

BOCKRIS: Wann bist du Dylan das erste Mal begegnet?

BURROUGHS: Ungefähr 1965 in einem kleinen Café im Village. In einem Lokal, in dem es nur Wein und Bier zu trinken gab. Allen hatte mich dorthin mitgenommen. Ich hatte keine Ahnung, wer Dylan war, nur daß er ein junger Sänger war, der am Anfang seiner Karriere stand. Er war mit seinem Manager Albert Grossman da, der aussah wie der typische Manager, ein eher bulliger Typ mit Bart. John Hammond jr. war ebenfalls anwesend. Wir sprachen über Musik. Ich wußte nicht besonders viel über Musik – wesentlich weniger, als ich heute weiß, was immer noch nicht viel ist –, aber er verblüffte mich als jemand, der auf seinem Gebiet durchaus sehr kompetent war. Wäre sein Gebiet etwas gewesen, von dem ich absolut keine Ahnung gehabt hätte, etwa Mathematik, hätte ich trotzdem denselben Eindruck von Kompetenz gewonnen. Dylan sagte, er hätte Talent zum Texteschreiben und war fest davon überzeugt, eine Menge Geld zu machen. Im Gespräch war er auf sympathische Weise direkt, gleichzeitig aber kühl und reserviert. Er war sehr jung und mit seinen scharfen Gesichtszügen einigermaßen hübsch. Er trug einen schwarzen Rollkragenpullover.

Ein Essen mit Stewart Meyer: New York, 1979

MEYER: Bill, wenn mir aus heiterem Himmel etwas zufällt, wo kommt das dann her?

BURROUGHS: Aus heiterem Himmel fällt einem gar nichts zu, Mann. Du hast deine Erinnerungsspur ... alles, was du jemals gesehen oder gehört hast, begleitet dich auf allen deinen Wegen. Du erinnerst dich an die Zeile aus *Naked Lunch*: »Alles, was ein Jude im Sinn hat, ist, ein Christenmädel zu verschaukeln, das wissen Sie selbst.« Diese Zeile habe ich wortwörtlich gehört. Ich dachte bei mir: »Guuuter Gott, jetzt habe ich aber was gehört!« Aber die Zeile kam mir sehr gelegen.

MEYER: In dem Moment?

BURROUGHS: Plus minus 30 Jahre.

MEYER: Was meinen Gedankenfluß hemmt, ist, daß ich beim Dasitzen und Schreiben und Vor-mich-hin-Träumen auf einmal anfange, mich selbst zu beobachten.

BURROUGHS: Wer beobachtet dich, wenn du dich selbst beobachtest?

MEYER: Ist ein Seiltänzer immerzu Seiltänzer?

BURROUGHS: Nun, ja. Ich ducke mich in meinem Bunker und überlasse solches Zeug den Profis.

MEYER: Zu schade, daß sich das Unbewußte nicht wie das Bewußte auslösen läßt.

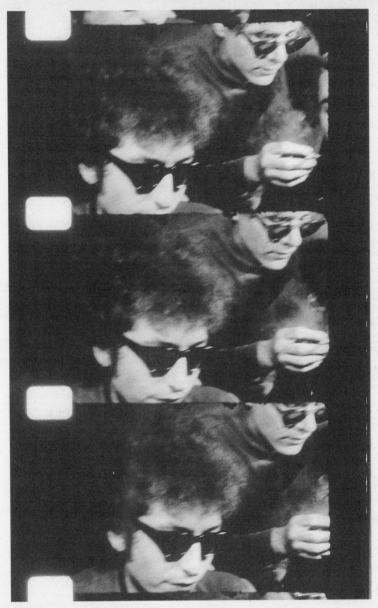

Bob Dylan und Andy Warhol rauchen einen Joint. Aus dem Streifen Film Notebooks *von Gerard Malanga.*

Stewart Meyer und Burroughs im Bunker. Man beachte den »NO METRIC«-Aufdruck auf Burroughs' T-Shirt. Foto: Victor Bockris

BURROUGHS: Läßt es sich aber.
MEYER: Was? Wie?
BURROUGHS: Nichtstun. Das einzige Geheimnis, das Unbewußte anzuzapfen, ist, nichts zu tun. Dies korrespondiert mit dem buddhistischen Ding.
MEYER: Aber es ist kein Auslöser.

BURROUGHS: Das Bewußte und das Unbewußte funktionieren vollkommen unterschiedlich.

MEYER: Wie nötig ist das bewußt Wahrgenommene deiner Meinung nach?

BURROUGHS: Meiner Meinung nach wird man den bewußten Wahrnehmungsapparat irgendwann als fehlgeschlagenes Experiment auslaufen lassen. Man stelle sich vor: Keine bewußten Egos mehr. Die ganze Negativität ein für allemal erledigt.

BOCKRIS: Woran glaubst du?

BURROUGHS: Glauben ist ein bedeutungsloses Wort. Was bedeutet es? Ich glaube etwas. Okay, nehmen wir mal jemanden, der Stimmen hört und an diese Stimmen glaubt. Das bedeutet nicht, daß sie notwendigerweise irgendeine Realität besitzen. Eure ganze Konzeption eures »Ichs« ist eine Illusion. Ihr müßt erst irgend etwas ein »Ich« genannt haben, bevor ihr davon redet, was das »Ich« glaubt.

BOCKRIS: Welches sind deine größten Stärken und deine größten Schwächen?

BURROUGHS: Meine größte Stärke liegt in meiner großen Fähigkeit, mich mit mir selbst zu konfrontieren, wie unangenehm das auch immer sein mag. Meine größte Schwäche darin, daß ich sie nicht habe. Ich weiß, das klingt rätselhaft, aber im Prinzip ist das eine allgemeingültige Formel für jedermann.

Ein Essen mit Allen Ginsberg: New York, 1980

BOCKRIS: Was macht dir am meisten angst?

BURROUGHS: Besessenheit. Mir scheint, als sei dies die grundlegende Angst. Es gibt nichts, das man mehr fürchtet oder dessen man sich mehr schämt, als nicht Herr seiner selbst zu sein. Trotzdem gibt es nur wenige Menschen, die sich auch nur einen Bruchteil ihres wahren Potentials bewußt sind. Die meisten Menschen müssen in unterschiedlichem Maße mit der Scham und der Angst leben, sich selber nicht vollkommen unter Kontrolle zu haben.

Stell dir vor, der Eindringling hat dein motorisches Zentrum übernommen. Du gehst zu einer Party, die Blitzlichter der Presseleute um dich herum, und mit einemmal weißt du, daß du dich entblößen und gleichzeitig scheißen wirst. Du versuchst wegzulaufen, aber deine Beine versagen dir ihren Dienst. Deine Hände hingegen, die bewegen sich und öffnen deinen Hosenstall.

Und all das im Rahmen moderner Technologie. Professor Delgado ist in der Lage, durch elektrische Reizung des Gehirns eine Versuchsperson dazu zu bringen, etwas aufzuheben. Ganz gleich, wie sehr sich die Versuchsperson auch bemühte, sich dem elektronischen Befehl zu widersetzen, sie war hilflos und es gelang ihr nicht, den eigenen Willen durchzusetzen.

Eine so gute Sache ist zweifelsohne in der Abteilung Niederträchtige Tricks untergekommen. Und schon scheißt Breschnew in die UN-Vollversammlung, und Reagan entblößt sich während einer Wahlveranstaltung vor einem fünfjährigen Kind. Vielleicht hat man ja versucht, diesen Trick hier für gesetzeswidrig zu erklären, wie die Jivaro [indianische Kopfjäger auf dem Staatsgebiet des heutigen Peru] die Verwendung von Kurare bei Stammesfehden für gesetzeswidrig erklärten. Es ist ein außerordentlich gräßlicher Tod. Auch die durch MK [Motorische Kontrolle] hervorgerufene Demütigung. Ihre Sanktion ist tatsächlich ein schlimmeres Schicksal als der Tod, eine entsetzlich verkrüppelte Existenz ... Wahnsinn oder Selbstmord.

Das sollte nicht mal deinem ärgsten Feind widerfahren, weil

so, wie dieses Universum angelegt ist, es auf DICH SELBST zurückfallen könnte.

Etwas, vor dem ich ziemliche Angst habe, sind Tausendfüßler, obwohl es keine Phobie ist, die die Leute beim Anblick eines Tausendfüßlers erstarren läßt. Ich gucke mich dann einfach nach etwas um, mit dem ich dieses Viech bekämpfen kann. Es gibt einen immer wiederkehrenden Alptraum, in dem ein giftiger Tausendfüßler oder ein Skorpion plötzlich auf mich losgeht, während ich etwas suche, mit dem ich ihn killen kann. Dabei wache ich dann auf und schreie und strample das Bettzeug vom Bett. Letztes Mal ist das 1973 in Griechenland passiert. Ich träumte von meiner Mutter in einem eher inzestuösen Zusammenhang. Ich glaube, der Idealzustand für eine Familie ist, rundum inzestuös zu sein. Hier bin ich also mit meiner Mutter, und es geht ein wenig inzestuös zu, und ich sage: »Mutter, ich werde den Skorpion jetzt töten.« Es war ein Riesending, ungefähr so groß [*spreizt Daumen und Zeigefinger weit auseinander*]. Auf einmal geht der Skorpion auf mich los, und ich hatte nichts, mit dem ich ihn hätte umbringen können. Ich sah mich nach einem Schuh oder irgendwas anderem um. Dann wachte ich auf und strampelte die Bettdecke weg. Ich erinnere mich an einen anderen Traum, der in *Exterminator* vorkommt, wo einer eines von diesen Viechern hatte, das ungefähr 40 Zentimeter lang war, und ich sagte: »Hau ab!« Ich hielt eine .38er mit kurzem Lauf in der Hand. Und ich sagte: »Hau ab mit diesem verdammten Ding, oder ich bringe dich um!« Es war ein Zwischending zwischen einem Skorpion und einem Tausendfüßler, ungefähr 15 Zentimeter lang, das sehr schnell laufen kann.

BOCKRIS: Bist du jemals tatsächlich einem Skorpion begegnet?

BURROUGHS: Ich hatte schon welche im Haus, und ich habe sie gekillt. Daß mich einer angegriffen hätte, ist niemals vorgekommen.

BOCKRIS: Hast du jemals einen in deinem Bett gefunden?

BURROUGHS: In Südost-Texas gab es in meinem Zimmer welche an der Wand; das hat mich wahnsinnig gemacht. Beim Gedanken, daß es einen Skorpion im Zimmer gibt, kann ich einfach nicht schlafen. Und wenn ich es nicht fertigbringe, ihn zu töten, schlafe ich die ganze Nacht lang nicht. Das ist ein schreckliches elektrisierendes Gefühl. Ich meine, die Vorstellung, daß so ein Ding auf mich fallen könnte, ist entsetzlich. Das ist etwas, mit dem man sich nun wirklich überhaupt nicht anfreunden kann; so was ist einfach nur widerlich. Die fühlen absolut gar nichts; und wenn ich daran denke, so was könnte mich berühren, jagt mir das den größten Schrecken ein – diese vielen Beine! Einer meiner Freunde berichtete mir von seinem schrecklichsten Erlebnis während des Zweiten Weltkriegs im Pazifik. Er lag in einer von diesen Hängematten mit einem Moskitonetz darüber. Er wachte auf, und ein gut 14 Zentimeter langer Tausendfüßler saß ihm im Gesicht und zog ihm die Wange zusammen. Er griff sich ins Gesicht und packte ihn und hatte dieses scheußliche Ding in der einen Hand und versuchte mit der anderen, den Reißverschluß aufzuziehen! Er sagte, das wäre gewesen, als hätte er einen glühenden Draht gehalten! Dies Viech wand sich unter seinem Griff und biß ihn in die Hand, und schließlich kriegte er den Reißverschluß auf und schmiß es hinaus.

BOCKRIS: Wäre es denkbar, Insekten für irgendwelche nützlichen Dinge einzusetzen?

BURROUGHS: Ich wüßte nichts Nützliches, das ein Tausendfüßler verrichten könnte.

BOCKRIS: Könnte man sie nicht als effiziente Mordgesellen einsetzen, wenn man sie richtig trainierte?

BURROUGHS: Fu Manchu arbeitete mit so einem Trick mit giftigen Insekten. Er applizierte irgendeinen Duftstoff auf Leute, der dann

84

so 'ne giftige Kreatur anzog. Ich glaube, eines der Tierchen war eine riesige rote Spinne, die er Rote Braut nannte.

GINSBERG: Hast du jemals geträumt, du hättest jemanden umgebracht, und die Schuld wurde vertuscht, und du hattest massive Angstgefühle?

BURROUGHS: Oh, sicher. Beispielsweise habe ich mal jemandem im Traum eine Verletzung zugefügt, und manchmal drücken sie sich dann immer noch heimlich herum ...

GINSBERG: Das ist etwas ganz Archetypisches, denn vor ein paar Tagen hab ich auch so was geträumt. In diesem Fall war es eine ältere Frau, eine Concièrge, die mich nicht mochte, und ich schmierte ihr Honig ums Maul und versuchte, ein Zimmer zu bekommen, oder mich in dem Land niederzulassen. Ich hatte Angst, daß sie längst wußte, daß ich insgeheim diese Leiche aus meiner persönlichen Vergangenheit mit mir herumschleppte, die ich mir selbst noch nicht so recht eingestanden hatte. Ich erinnerte mich auch nicht richtig, welches Verbrechen ich begangen hatte, aber ich wußte, daß es ein scheußliches Geheimnis war, das ihr oder mir auf der Zunge lag und jeden Augenblick gelüftet werden könnte. Aber erst mal saßen wir da und tranken Tee, und ich fragte sie nach einem Zimmer. Und dann sah sie mich an und sagte: »Übrigens, hätten Sie nicht Lust, mich zu ficken?« Und ich sagte: »Klar«, weil ich realisierte, daß es besser war, ihr schönzutun, damit sie nicht dahinterkäme, daß ich eine Frau umgebracht hatte oder so ...

BURROUGHS: Wieviele hast du umgebracht?

GINSBERG: Oh, die gesamte Rasse, indem ich sie aus meinem Kopf verbannt habe und sie einfach nicht mehr fickte. Hatte ich doch seit 1967 keinen Sex mehr mit einer Frau gehabt.

BURROUGHS [*ungeduldig*]: Das ist metaphysisch, das klingt rein metaphysisch. [*Gelangweilt*]: Du sprichst von Unsicherheit. [*Ärgerlich*]: Wovon reden wir überhaupt?!

GINSBERG: Dann wachte ich auf und merkte, daß es nur ein Traum gewesen war. Und dann fing ich an zu überlegen, warum ich einen solchen Traum träumen würde, doch nur, wenn irgendwelche Heuchelei oder Enttäuschung im Spiel wären.

BURROUGHS: Du großer Gott! Ich weiß nicht. Ich träume ständig davon, verhaftet zu werden oder verurteilt zu werden oder irgendwas in der Richtung.

GINSBERG: Aber der Traum, einen Mord zu verbergen, ist ein Traum, den ich bereits vier- oder fünfmal hatte, hervorgerufen von Angst und Furcht, ein geistiges, poetisches Watergate, weißt du. Also begab ich mich auf die Suche: war es 1968 bei meiner Zeugenaussage anläßlich des Chicago-Prozesses, als ich aussagte, niemand hätte vorsätzlich gewalttätig gehandelt? War es Einkommensteuerhinterziehung?

BURROUGHS: Das hört sich alles schleierhaft an ...

GINSBERG: Waren es die Wonnen des Vajrayana? Oder was? Ging es vielleicht ums Schwulsein und um die kategorische Ablehnung von Frauen und darum, keine Kinder zu haben?

BURROUGHS: Na und?

GINSBERG: Oder war es nur, weil ich am Abend zuvor eine Story mit genau dieser Handlung gelesen hatte?

ÜBER FRAUEN

Ein Essen mit Andy Warhol und Marcia Resnick: New York, 1980

BOCKRIS: Bill war zweimal verheiratet. Seine erste Frau war Ilse Burroughs. Genau wie W. H. Auden heiratete er eine Frau, um sie aus dem von den Nazis besetzten Europa herauszuholen. W. H. Auden heiratete Elsa Mann, die Tochter von Thomas Mann, stimmt's?

BURROUGHS: Um jegliche antisemitische Bezichtigung zu widerlegen.

ANDY WARHOL: Und sie wohnte an der Lower East Side.

BOCKRIS: Und Ilse Burroughs lebt noch.

WARHOL: Nein, nein, aber Mrs. Auden wohnte an der Lower East Side, St. Marks Place. Gott!

BURROUGHS: Mrs. Burroughs wohnt natürlich nicht an der Lower East Side. Sie wohnt an irgendeinem vornehmen Ort in Italien.

BOCKRIS: Sie ist offensichtlich sehr reich.

BURROUGHS: Ich wüßte nicht, wieso sie reich sein sollte. Durch mich bestimmt nicht.

MARCIA RESNICK: Hat sie dich geheiratet, um eine Green Card oder etwas Ähnliches zu bekommen?

BURROUGHS: Ja. Um den Nazis zu entkommen. Sie kam nach Amerika und ihr erster Job war, für Ernst Toller zu arbeiten. Toller war ein sozialistischer Dramatiker und hatte damals einen gewissen Ruf. Sie arbeitete als seine Sekretärin und hielt ihre Arbeitszeiten immer sehr korrekt ein und ging immer um exakt 1 Uhr zurück, nachdem sie zu Mittag gegessen hatte. Eines Tages traf sie einen alten Flüchtling auf der

Straße, den sie aus alten Weimarer Tagen kannte, also gingen sie Kaffeetrinken, und sie hatte sich etwa zehn Minuten verspätet. Als sie zurückkam, setzte sie sich an die Schreibmaschine. »Und dann« – sie machte eine Geste – »hatte ich so ein merkwürdiges Gefühl im Nacken, und wußte, daß er irgendwo hing.«

Also ging sie zum Badezimmer, und sah, daß sich Toller auf der anderen Seite aufgehängt hatte, und schaffte es, ihn runterzuholen. Aber er war bereits tot. Er hatte schon mehrmals versucht, sich das Leben zu nehmen, hatte es aber immer so arrangiert, daß irgendjemand rechtzeitig zur Stelle war, um das Gas abzudrehen oder den Krankenwagen zu bestellen. Der alte Flüchtling hatte ihm den Rest gegeben.

Burroughs wurde häufig nach seiner Haltung Frauen gegenüber gefragt. »Ich denke, jeder, der unfähig ist, seine Meinung zu ändern, ist nicht ganz dicht«, hatte er kürzlich mal geantwortet. Obwohl Bill gewöhnlich mit Männern zusammen ist, gibt es eine Reihe von Frauen, mit denen er sich regelmäßig trifft und für die er sogar echte Zuneigung empfindet: Mary McCarthy, die zusammen mit ihrem Ehemann, dem Diplomaten Jim West, in Paris lebt; Susan Sontag; die amerikanische Schickerialady Panna O'Grady, die in der Normandie wohnt; die italienische Übersetzerin Fernanda Pivano; die englische Herausgeberin Sonia Orwell; die Verlegerin Mary Beach und Felicity Mason alias Anne Cummings, Autorin von *Spätsommernächte: Intime Bekenntnisse* – über das William Burroughs geschrieben hat: *»Anne Cummings ist die Pionierin der wirklich emanzipierten Frau der Zukunft, für die ihre eigene Emanzipation etwas ganz Selbstverständliches ist. Liebesaffären sollten ihrer Meinung nach für Unterhaltung sorgen statt für Desillusionierung. Sex ist etwas, das Spaß machen und ein Mittel zur allgemeinen Unterhaltung sein soll, das die Kluft zwischen den Gene-*

rationen überbrückt« – sind alles langjährige Freundinnen. Zu seinen jüngeren Freundinnen zählen die Poetikdozentin Anne Waldman und die Rocksängerin Patti Smith. Dann gibt es eine Reihe von Schriftstellerinnen, die Bill sehr schätzt, unter anderem Mary McCarthy, Joan Didion, die bereits genannte Susan Sontag, Djuna Barnes, Carson McCullers, Flannery O'Connor, Jane Bowles, Dorothy Parker, Eudora Welty, Isabelle Eberhardt und Colette.

Seine zweite Frau, die er versehentlich erschossen hat, war Joan Vollmer, mit der er Kerouac, Huncke und Ginsberg zufolge eine sehr innige sich gegenseitig befruchtende und sehr zärtliche Beziehung hatte.

Ein Essen mit Bockris-Wylie: New York, 1974

BOCKRIS-WYLIE: Wie haben Sie sich gefühlt, als Sie Ihre zweite Frau erschossen?

BURROUGHS: Das war ein Unfall. Beziehungsweise, wenn jeder für das verantwortlich gemacht wird, was er tut, müßte man Verantwortung auch auf den Bereich des Vorsätzlichen ausdehnen. Ich wollte auf den äußersten Rand des Glases zielen. Die Pistole war allerdings sehr schlecht justiert.

BOCKRIS-WYLIE: Aber nachdem Sie sie erschossen hatten, dachten Sie, Sie seien von etwas anderem gesteuert, und daß es deshalb passiert ist?

BURROUGHS: Nein, ich habe überhaupt nichts gedacht. Es war viel zu furchtbar. Es ist viel zu kompliziert, Ihnen das zu erklären. Ganz offensichtlich war das eine Situation, die durch einen Teil von mir heraufbeschworen wurde, über den ich keine Kontrolle hatte oder immer noch nicht habe. Denn ich erinnere mich,

Zeitungsausschnitt über Burroughs aus dem Archiv der Times.

daß ich an dem Tag, an dem es passierte, durch die Straßen gelaufen bin und plötzlich merkte, wie mir die Tränen runterliefen. »Was zum Teufel hat das zu bedeuten? Was zum Teufel ist los mit dir?« Und dann nahm ich ein Messer, das ich in Ecuador gekauft hatte, um es schleifen zu lassen, und ging in das Apartment zurück. Und weil ich mich so elend fühlte, fing ich an, einen Drink nach dem anderen zu kippen. Und dann passierte diese Sache.

BOCKRIS-WYLIE: Wie ist es passiert?

BURROUGHS: Wir haben in diesem Apartment eine ganze Weile lang getrunken. Ich war sehr betrunken und sagte plötzlich: »Es wird Zeit für unsere Wilhelm-Tell-Nummer. Stell dir das Glas auf den Kopf.« Ich zielte auf den Rand des Glases, und dann gab es so etwas wie einen gewaltigen Blitz.

BOCKRIS-WYLIE: Wie weit waren Sie entfernt?

BURROUGHS: Ungefähr 8 Fuß.

BOCKRIS-WYLIE: Was ging Ihnen als erstes durch den Kopf, als Sie sahen, daß Sie das Glas verfehlt hatten?

BURROUGHS: Lewis Adelbert Marker war anwesend, und ich sagte: »Ruf meinen Anwalt an. Hol mich aus dieser Situation raus.« Ich war, wie die Franzosen sagen, *»bouleversé«*. Was hier passiert ist, ist was Furchtbares, aber ich muß meinen Arsch aus dieser Situation retten. Mit anderen Worten, was mir durch den Kopf ging, war: Ich habe meine Frau erschossen; das ist furchtbar; aber ich werde über mich nachdenken müssen. Es war ein Unfall. Mein Anwalt kam, um mit mir zu sprechen. Alle sind wegen dieser Sache offensichtlich völlig erschüttert, in Tränen aufgelöst, und er sagt: »Also, Ihre Frau hat keine Schmerzen mehr, sie ist tot. Aber seien Sie unbesorgt, ich, Señor Abogado, werde Sie verteidigen.« Er sagte: »Sie werden nicht im Gefängnis landen.« Ich war im Gefängnis. »Sie werden nicht im Gefängnis bleiben. In Mexiko gibt es keine Todesstrafe.« Ich wußte, daß sie mich nicht erschießen konnten. »Das hier ist der Bezirksanwalt«, sagte er. »Er arbeitet in meinem Büro, also machen Sie sich keine Gedanken.« Ich begab mich also zum Gefängnis. Das war vielleicht 'n Ding. Es gab da diesen Scheißzigeuner, der ein *May*-or, ein Oberaufseher war. In jedem Zellentrakt im Stadtgefängnis von Mexico City gibt es einen solchen May-or, einen Typen, der den Zellentrakt schmeißt, und der sagte: »Also, hier drinnen haben wir anständige Leute und solche, die dir das letzte Hemd abnehmen. Dich werde ich mit anständigen Leuten zusammentun, aber dafür brauche ich Geld.« Also hauste ich mit all den Rechtsanwälten, Ärzten und Ingenieuren zusammen, die sich der verschiedensten Verbrechen schuldig gemacht hatten, oder auch nicht. Einer meiner besten Freunde im Gefängnis war ein Typ, der im Diplomatischen Dienst tätig gewesen war und den man beschuldigt hatte, gefälschte Einreisepapiere ausgegeben zu haben. Ein eher sorgloser Haufen. Wir ha'm im Restaurant gespeist, mit Austern und allem Drum und Dran. Mit einemmal hatte der May-or das spitzgekriegt. Er sagt: »Dieser alte Arsch Burroughs kommt da mit irgendwas ungeschoren davon. Dich werden wir mal in den anderen Zellentrakt verfrachten, und ich steck dich in einen Verein, wo du von 15 Spastikern durchgevögelt wirst!« So kam ich dann in den anderen Zellentrakt, und ich sagte: »Hören Sie, mir passiert so was nicht. SO WAS KANN MIR EINFACH NICHT PASSIEREN!« Der reine Selbsterhaltungstrieb ... Also redete ich mit dem Typen und sagte: »Hören Sie, ich werd Ihnen soundsoviel dafür zahlen, damit so was nicht passiert.« Dann kriegt der May-or im anderen Zellentrakt Wind von meinem Angebot und sagt, er hätte den May-or drüben von seinen Plänen abgebracht. Und damit ging der Druck erst wirklich los. Es war genau der Zeitpunkt, an dem ich rauskam. Mein Anwalt holte mich raus. Und das genau im richtigen Augenblick, denn die haben wirklich ganz schön Druck gemacht. Irgend so 'n Typ – der May-or – kam vorbei und sagte: »Hör zu, willst du lieber in die colonía? Das ist der Ort, wo all die großen Bankräuber landen, und wo um großes Geld gepokert wird. Da gibt's anständige Betten und alles, was das Herz begehrt.« Ich sagte: »Mann, ich will mich hier nicht niederlassen und mein Leben lang bleiben; ich will hier raus!« Und genau an diesem Punkt hat mein Anwalt mich aus dem Knast geholt.

BOCKRIS-WYLIE: Nachdem Sie aus dem Gefängnis kamen, haben Sie Mexiko dann den Rücken gekehrt?

BURROUGHS: Nein, die Biege habe ich erst ungefähr ein Jahr später gemacht, weil ich jeden Montag um 9 Uhr früh antanzen und mich melden mußte. Sie hätten einen jederzeit wieder in den Knast stecken können. All diese Leute, die unter alles mögliche ihren Daumenabdruck setzten, weil sie nicht schreiben konnten – Bullen und so –, sie alle mußten morgens gegen 9 angetreten sein. Und dann kam diese Frau und sagte: »Hallo, Jungs.« Eine Lehrerin. Eine Bürokratin. Natürlich mußte ich, als ich noch einsaß, sehr auf meinen Ruf achten. Ich wollte nicht als Homosexueller oder sonstwas abgestempelt werden, denn das hätte fatale Folgen haben können. Von den Wärtern habe ich enormen menschlichen Zuspruch erhalten. Einer von ihnen sagte: »Es ist schon übel, wenn ein Mann wegen einer Frau in den Knast gesteckt wird.«

BOCKRIS-WYLIE: Gehen Sie häufig in Pornokinos?

BURROUGHS: Aber sicher doch.

BOCKRIS-WYLIE: Werden Sie gewöhnlich eher durch Frauen oder Männer erregt?

BURROUGHS: Sowohl als auch, ich habe hetero- und auch homosexuelle Pornofilme gesehen. Natürlich werde ich eher durch Männer als durch Frauen erregt. Aber gegen eine schöne Frau habe ich durchaus nichts einzuwenden ... Ich habe mal einen Pornofilm gesehen, in dem sehr schöne Frauen vorkamen und so was erregt mich durchaus. Das hat mich an die alten Zeiten in den Puffs von St. Louis erinnert. Nachdem ich es mit einer Nutte getrieben hatte, mußte ich eine Treppe hinuntergehen, und da kam es vor, daß mich die Puffmutter in einen kleinen Alkoven bugsierte, weil jemand anders reinkam. Vielleicht ein Freund meines Vaters. Oder vielleicht sogar mein Vater selbst.

BOCKRIS-WYLIE: Wie teuer war das damals?

BURROUGHS: 5 Dollar.

BOCKRIS-WYLIE: Wie lange durfte man dafür?

BURROUGHS: Für 5 Dollar konnte man eine halbe Stunde.

* * *

Burroughs wird häufig als Frauenhasser bezeichnet. Mit den Worten eines der großen Frauenhasser, nämlich Mr. Jones in Conrads *Sieg*: »Frauen sind der reine Fluch«, schrieb er in *Der Job* (1968). »Ich glaube, sie waren ein grundlegender Irrtum, und die ganze dualistische Welt entwickelte sich aus diesem Irrtum. Frauen sind bei der Vermehrung nicht mehr unentbehrlich. Und ich denke, daß die amerikanischen Frauen eine der verheerendsten Ausprägungen des weiblichen Geschlechts sind, weil man ihnen erlaubt hat, noch weiterzugehen. Liebe ist ein von Frauen verübter Schwindel.«

Ein Essen mit Bockris-Wylie und Miles: New York, 1974

BOCKRIS-WYLIE: Warum haben Sie geheiratet?

BURROUGHS: Das war wahrscheinlich eine Frage der Umstände. Ich habe nicht geheiratet. Ich hatte eine Frau, mit der ich in wilder Ehe zusammengelebt habe, was eigentlich dasselbe ist, denn der Anwalt erzählte mir: »Bruder, wenn du mit einer Frau zusammenlebst, und sie als deine Frau angesehen wird, dann ist sie auch deine Frau!« Rechtlich gesehen. Sie kann Unterhalt verlangen. Sie hat genau dieselben Rechte. Sie war ein außergewöhnlicher Mensch, einer der aufmerksamsten und intelligentesten Menschen, der mir je begegnet ist. Joan war zum Beispiel die erste, die – bevor ich zu schreiben begann, geschweige denn in solchen Dimensionen dachte – sagte, daß die Maya-Priester Erfahrungen mit telepathischen Kontrollmethoden gehabt haben mußten.

BOCKRIS-WYLIE: Wie lange haben Sie mit ihr zusammengelebt?

BURROUGHS: Drei oder vier Jahre.

BOCKRIS-WYLIE: Es bleibt immer noch unverständlich, wie Sie mit Ihrer Frau zusammengekommen sind.

BURROUGHS: Das hat mit einem gewissen Grad an Trägheit zu tun. Man lebt mit einem Menschen zusammen, man scheint ganz gut miteinander auszukommen und daraus ergibt sich dann eine Beziehung. Das könnte mir im Moment nicht passieren. Einfache Trägheit. Ich habe etwas an mir, was für alle meine Junkie-Freunde sehr gut nachvollziehbar ist, namentlich für eine Angetraute.

BOCKRIS-WYLIE: Haben Sie Ihre Frau geliebt?

BURROUGHS: Ich finde es sehr schwierig, zu definieren, was es bedeutet, jemanden zu lieben.

BOCKRIS-WYLIE: Sehen Sie es als den Punkt, an dem Sie beginnen, Macht einzubüßen.

BURROUGHS: Das ist eine gute Definition, wirklich, eine sehr gute Definition, nämlich, wenn man von einem anderen Menschen abhängig ist ... Nein, in diesem Sinne habe ich sie nie geliebt.

BOCKRIS-WYLIE: Waren Sie schon mal in irgendjemanden verliebt?

BURROUGHS: Aber sicher, in genau dem Sinn.

MILES: Als Bill in London lebte, war er noch wesentlich extremer. Er konnte beispielsweise allen Ernstes die Meinung vertreten, daß alle Frauen aus dem All kämen. Ich glaube kaum, daß er das heutzutage immer noch behaupten würde. Das war allerdings keine Metapher. Ich denke, daß er wirklich daran glaubte. Wir haben darüber mehrere unerfreuliche Auseinandersetzungen gehabt. Ich mußte mit ihm darüber reden, einfach weil es mir Unbehagen bereitete. Abgesehen davon, mußte ich mir auch überlegen, ob ich meine Freundinnen mitbringen konnte oder nicht. Das war einer der Hauptgründe, weshalb ich mich in den sechziger Jahren nicht so häufig mit Bill getroffen habe. William wollte sich lieber ausschließlich mit Männern umgeben, was ihm auch gelang, jedenfalls in London. Außer wenn Johnny diese merkwürdigen irischen Mädchen anschleppte. Hin und wieder trieb sich irgend so eine fette Blonde in der Wohnung rum, und William zog sich in seinen Schmollwinkel zurück, während Johnny versuchte, sie loszuwerden. Ich glaube, sie war Johnnys Schwester, aber sie hatte keine Kleider am Leib, und für Bill war das eine sehr peinliche Situation.

Ein Essen mit Patti Smith: New York, 1980

Ende des Jahres 1979 nahm Burroughs für *High Times* ein Gespräch mit Patti Smith auf Tonband auf. Das Transkript war zu lang und wurde abgelehnt. Gleichwohl beinhaltete es einige interessante Punkte, an denen ihre Meinungen auseinandergingen. Einer bezog sich aufs Kinderkriegen. Burroughs sagte, er hätte von vielen Frauen gehört, daß sie keine Kinder haben wollten. Patti sagte, daß sie ein Kind hätte und brachte ihre verhaltenen Gefühle darüber zum Ausdruck, indem sie sagte, daß

Stehend, von links nach rechts: Peter Orlovsky, Gregory Corso. Kniend: Allen Ginsberg. Sitzend: William Burroughs. Im Bunker, New York City, 1980. Foto: Marcia Resnick

sie kein Bedürfnis hätte, das Kind zu sehen. Sie hoffte, daß ihr Kind genügend Freiräume für seine Entwicklung und jemanden hätte, der es anständig großziehe. Bill wies darauf hin, daß es immer weniger Raum und immer weniger Möglichkeiten gäbe und daß »je mehr Gemeinsamkeiten die Menschen haben, desto einfacher viele von ihnen auf engstem Raum zusammenleben können, ohne daß es zu Reibereien kommt. Außerdem ist es eine Frage der Identifikation«, fuhr er fort. »Je mehr Kontakt man zu jemandem hat, vorausgesetzt, es ist einer der angenehmen Art, desto leichter fällt es natürlich, ihre Anwesenheit auf begrenztem Raum zu akzeptieren.« Smith war davon überzeugt, daß durch Inspiration Raum geschaffen wird. Sie erinnerte sich, daß man ihr in der Schule gesagt hätte, Burroughs' Werk sei schwierig zu lesen, aber als sie einmal darauf gestoßen war, hatte sie es überhaupt nicht schwierig gefunden.

Ein Essen mit Susan Sontag und John Giorno: New York, 1980

BOCKRIS: Susan, glaubst du, daß es heute immer noch schwieriger ist, in Amerika eine Frau zu sein, als vor zwei Jahren?

SONTAG: Es ist überall schwieriger, eine Frau als ein Mann zu sein. In Amerika ist es wahrscheinlich weniger schwierig als an vielen anderen Orten.

BURROUGHS: Ich denke, es ist verdammt schwierig, überhaupt irgendwas zu sein.

SONTAG: Wir alle wissen das; wäre ich aber andererseits schwarz und säße hier, und du würdest sagen, es ist schwerer, und ich dann sagen würde, nun, gewiß, es ist überall schwierig, und dann jemand anderes sagt, es ist schwierig, überhaupt irgendwas zu sein, könnte man denken, daß das die Sache nicht trifft. Natürlich ist es schwierig, irgendwas zu sein, aber dann gibt es da ja noch zusätzliche lähmende Faktoren.

BURROUGHS: Aber wenn du behauptest, es sei schwierig eine Frau zu sein, dann sagst du das doch von deinem Standpunkt als Frau aus, oder? Dinge, die für dich sehr schwierig sein mögen, können für mich sehr einfach sein, und umgekehrt. Was für den einen das Paradies ist, ist für den anderen die Hölle.

BOCKRIS: Wann hast du Jane Bowles kennengelernt?

BURROUGHS: Ich erinnere mich nicht, wann ich sie zum ersten Mal traf. Sie war jemand mit sehr viel Charme. Es dauerte eine Reihe von Jahren, bis ich ihre Bücher las und feststellte, was für eine außerordentlich begabte Schriftstellerin sie war.

BOCKRIS: Was für eine Beziehung hatten sie und Paul als ihr Kontakt miteinander hattet?

BURROUGHS: Ich weiß nichts über ihre Beziehung. Mein alter Onkel Willy hat immer zu mir gesagt: »Halt dich da raus, wenn ein Mann und eine Frau sich streiten.« Je weniger man über eine Beziehung zwischen zwei Menschen weiß, die miteinander verheiratet sind oder zusammenleben, desto besser ist es. Da sollte man sich nicht zwischenstecken.

BOCKRIS: Die Kluft zwischen den Geschlechtern wird immer tiefer. Männer finden, daß es schwieriger ist, ein Mann zu sein, während Frauen denken, daß es schwieriger ist, eine Frau zu sein ...

BURROUGHS: Was sollen diese semantischen Spitzfindigkeiten. Und was meinst du mit *schwierig zu sein*, und wer entscheidet überhaupt darüber? Wie schwierig ist es, was zu sein? Ich denke, es ist sehr schwierig, ein Mensch zu sein. Was weiß denn ich ...

SONTAG: Kommt drauf an, für wen.

BURROUGHS: Ich glaube, es ist einfach nur schwierig, man selbst

99

Felicity Mason (alias Anne Cummings, Autorin von Spätsommernächte: Intime Bekenntnisse) *mit dem Manuskript von* Die Städte der Roten Nacht. *Foto: Victor Bockris*

zu sein. Es ist schwierig, auf diesem Scheißplaneten auch nur Luft zu holen.
BOCKRIS: Auden behauptete, daß er froh gewesen wäre, als sein Sexualtrieb eingeschlafen war, weil das für ihn stets eine fürchterliche Quälerei gewesen sei.
BURROUGHS: Nun, wenn das für jemanden eine fürchterliche Quälerei ist, muß irgendein Konflikt damit einhergehen. »Gott! Gott sei Dank ist das vorbei!« Wie schrecklich englisch so etwas ist! Dem Leben gegenüber legen sie dieselbe Haltung an den Tag. Leben ist etwas, durch das man sich hindurchquält, und wenn

sie dann sterben, sagen sie: »Gott sei Dank ist das vorüber!«
England ist ausgesprochen sexualfeindlich. Das geht zum größten Teil auf das Konto der Queen!

BOCKRIS: Wie konnten die Briten trotz dieser zwei großen Probleme so erfolgreich sein?

BURROUGHS: Sie hatten ja nichts anderes zu tun, als sich aufzumachen und zu erobern – ihr wißt schon, im Dienste der Queen, dieser alten Hure von Windsor. Steinalt wurde sie, 83?

JOHN GIORNO: 93.

BURROUGHS: Ich meine, 83, weil man keine großen Worte darüber verlor, was man, wäre sie 93 geworden, sehr wohl getan hätte.

BOCKRIS: Ihr Mann starb 40 Jahre vor ihr.

BURROUGHS: Das läßt sich auch auf die westlichen Kulturen übertragen, und ganz speziell auf Amerika. Da überleben die Frauen ihre Männer um etliche Jahre. Da schuftet sich der Mann den Buckel krumm, wird fett und stirbt – wenn er ungefähr 55 ist – an dem ganzen Streß und an einem Herzinfarkt. Sie sahnt dann ordentlich ab und lebt noch 30 Jahre munter weiter, kutschiert mit ihren Damenkränzchen in der Welt herum und spielt Bridge. So viele alte Schachteln mit 3- oder 400 000 Dollar, und alle wohnen sie in derselben Art Motel. Als der Vater meines Freundes Kells Elvins starb, hat seine Mutter das ganze Geld geerbt, 250 000 Dollar, das war damals enorm viel Geld. Dann hat sie einen anderen geheiratet, der ebenfalls gestorben ist, und hat nochmal 300 000 Dollar eingesackt. Und was macht die alte Schachtel, die weder Hobbys noch Laster hat? Die nimmt ihre 550 000 Dollar und kauft sich in irgendeinen Eigentumsblock ein. Es gibt haufenweise Altenwohnungen für Frauen um die 55 oder 60 mit viel Geld, und alle spielen sie Shuffleboard.

William Burroughs schwingt ein langes Messer, ein Geschenk von Blondie-Gitarrist und Songschreiber Chris Stein.
Foto: Victor Bockris

ÜBER MÄNNER

Ein Essen mit Andy Warhol: New York, 1980

BURROUGHS: Cocteau hatte diesen Partygag drauf, den er manchmal abzog. Er legte sich hin, zog sich aus, und es kam ihm spontan. Das beherrschte er sogar noch mit über 50. Er legte sich hin, sein Schwanz fing an zu pulsieren, und es ging ihm einer ab. Eine Art Filmtrick, die er draufhatte.

BOCKRIS: Wie hat er das gemacht? Hast du es schon mal geschafft, allein durch geistige Anstrengung –

BURROUGHS: Oh, ja, das habe ich allerdings. Viele Male habe ich das gemacht. Das ist bloß eine Frage der sexuellen Phantasien, die es so lebendig zu gestalten gilt, daß es einem kommt.

WARHOL: Wie alt warst du, als du zum ersten Mal Sex hattest?

BURROUGHS: 16. Wir waren Internatsschüler auf der Los Alamos Ranch School, wo später die Atombombe gebaut wurde.

WARHOL: Mit wem?

BURROUGHS: Mit einem Schulkameraden.

WARHOL: Was hat er gemacht?

BURROUGHS: Wir haben uns gegenseitig einen runtergeholt. Aber während des Krieges wurde die Schule, die 37 Meilen nordwestlich von Santa Fe im Hochland gelegen war, von der Army übernommen. Und da haben sie die Atombombe gebaut. Oppenheimer [der Wissenschaftler, der die Bombe erfunden hat] hatte es wegen gesundheitlicher Probleme dorthin verschlagen, und er hielt sich in der Nähe auf einer Touristenranch auf und meinte: »Dies ist der ideale Ort.« Irgendwie scheint es so folgerichtig und passend zu sein, daß ausgerechnet ich dort zur Schule gegangen bin. Die Los Alamos Ranch School war eines von diesen

Fotos: Victor Bockris

Internaten, wo jeder auf einem Gaul rumritt. Scheißpferde. Was hasse ich sie. Ich hatte eine Nebenhöhlenentzündung und bin in den Sommerferien nach New Mexico gegangen, und dann hat meine Familie den Direktor, A. J. Connell, kontaktiert. Der war Unitarier und ein Verfechter des positiven Denkens, also ging ich für zwei Jahre dorthin. Es war auf einer Veranda, auf der wir übernachteten, 1929.

WARHOL: Das ist ja klasse! War der Sex wirklich wie eine Explosion?

BURROUGHS: Nein, nein ... Ich erinnere mich nicht. Das ist schon so lange her.

WARHOL: Ich glaube, ich war 25, als ich zum ersten Mal Sex hatte, aber von Sex etwas mitbekommen habe ich schon früher, unter einer Treppe in Northside, Pittsburgh, da hatten sie irgendei nen Knirps dazu gebracht, einem Jungen einen zu blasen. Was das zu bedeuten hatte, hab ich nie kapiert ...

BURROUGHS: Ihn wozu gebracht?

WARHOL: Diesem Jungen einen zu blasen, aber ich verstand nicht, was das sollte, ich saß einfach nur da und habe zugeschaut. Da war ich fünf. Wie hast du den Jungen dazu gebracht, es dir zu besorgen, oder ging der Impuls von ihm aus?

BURROUGHS: Keine Ahnung, wir haben einfach immer wieder darüber geredet ...

Time-Magazin-Recherche, New York-Paris, 15. November 1962

Recherche für die *Time*-Buchbesprechung von *Naked Lunch*: Für frühestens Freitag ist Burroughs verhaftet und in Mexiko wegen Unfalltods seiner Frau verurteilt oder falls freigesprochen weshalb oder einfach niemals zur Rechenschaft gezogen, wenn ja, warum. Auch macht unser Anwalt darauf aufmerksam daß es Probleme wegen Verleumdung geben könnte wenn man Burroughs als homosexuell bezeichnet es sei denn wir können es durch seine eigenen Worte beweisen oder irgendeine andere Quelle vorzugsweise schwarz auf weiß. Nach hier vorliegenden Unterlagen nicht dazu in der Lage. Können Sie helfen? [Aus dem *Time*-Archiv über Burroughs]

Antwort, Paris-New York, 16. November 1962

[Dies wurde von David Schnell verfaßt, siehe auch das Kapitel »Über Interviews«.]
Burroughs vermittelt Eindruck Tod seiner Frau und nachfolgende Ereignissen sehr nebulös in seinem wirren Hirn. »Es steht alles in den Akten«, sagt er. »Einige Tage nach der Gerichtsverhandlung fand eine Anhörung statt, aber ich war nicht anwesend, als ein oder zwei Jahre später über den Fall entschieden wurde. Das Rechtssystem dort unten unterscheidet sich sehr von unserem. Glaube, sie entschieden, daß es ein Unfall war, ›imprudentia criminale‹ nannten sie es, und ich schätze, die Sache wurde zur Bewährung ausgesetzt. Erinnere mich nicht mehr so genau.«
Bezüglich seiner Homosexualität antwortete Burroughs: »Sie haben alle Freiheit zu sagen, daß ich über Homosexuelle und das Wesen der Homosexualität schreibe. Ich glaube, daß ein Schriftsteller alles, was er zu sagen hat, in seinen Büchern zum Ausdruck bringt, daß das Leben eines Schriftstellers für gewöhnlich ereignislos verläuft und auf die Gefilde der My-

thologie übergreift. Aber ich glaube nicht, daß sich das Time-Magazine damit zufriedengeben wird. Ich versuche wirklich nicht, ausweichend zu sein. Was ich sagen will ist, daß ich bezweifle, daß ein Schriftsteller neben seiner Arbeit überhaupt noch ein anderes Leben führt – wenn er sie wirklich ernsthaft betreibt.« Maurice Girodias von Olympia Press sagte, daß die *Time*-Anwälte nur Burroughs' Bücher zu lesen bräuchten, um sich von seiner Homosexualität zu überzeugen. Auch Wilde ließ keinen Zweifel bestehen. [Aus dem *Time*-Archiv über Burroughs]

Ein Essen mit Andy Warhol und Allen Ginsberg: New York, 1980

BOCKRIS: Es gibt da diese neuartige Methode, mit der man das Geschlecht seines Kindes im voraus bestimmen kann. Scheinbar will jeder einen Jungen.

BURROUGHS: Wenn jeder einen Jungen will, werden wir mehr und mehr Jungen haben. Ist auch am besten so. Mir wäre es völlig egal, wenn es überhaupt keine Mädchen mehr geben würde.

BOCKRIS: In die Richtung wird es auch gehen. In Südamerika gibt es die Siebenjahrespille.

BURROUGHS: Das stimmt. Eine Frau ging dorthin und stieß auf diese Pille. Als sie zurückkam, äußerte sie: »Die Pharmariesen werden sicher ein sehr großes Interesse daran haben.« Die wollten aber nichts davon wissen. Die ziehen es vor, lieber jeden Tag eine Pille zu verkaufen, statt eine, die sieben Jahre wirkt. Sie war sehr desillusioniert. Außerdem kann es rückgängig gemacht werden. Falls sie vor Ablauf der sieben Jahre ein Baby haben will, schluckt sie eine andere Pille.

WARHOL: Ich habe nie verstanden, weshalb Männer nie Kinder kriegen.

BOCKRIS: Allen [Ginsberg] und Peter [Orlovsky] wollten ein Kind zusammen haben.

WARHOL: Da muß es doch eine Möglichkeit geben. Man weiß, daß es immerzu irgendwelche Mißgebildete gibt. Ich meine, da müßte es doch auch welche drunter geben, die irgendwann mal ... über die sagt man doch, sie seien Genies, weil sich die Hälfte ihres Gehirns in Luft aufgelöst hat und sie deshalb Dinge entdecken, auf die kein Mensch sonst kommt, wie beispielweise die Atombombe. Es müßte dafür doch einen Mann geben ... es gibt doch andauernd Mißgebildete, Freaks ...

BURROUGHS: Es gab eine Überlieferung, derzufolge es hieß, Mohammed sei durch einen Mann wiedergeboren worden.

WARHOL: Wer ist Mohammed?

BURROUGHS: Na, na, na: der Prophet Mohammed.

WARHOL: Ach so. Wir kennen jede Menge Kellner, die Mohammed heißen.

BOCKRIS: Bei dem rapiden wissenschaftlichen Fortschritt wird es für einen Mann eines Tages bestimmt möglich sein, ein Kind zu bekommen.

BURROUGHS: Warum sich darüber den Kopf zerbrechen, wenn es auch mit Klonen geht?

WARHOL: Klonen ist besser.

BURROUGHS: Hat keiner *In His Image* gelesen? Was mich interessiert hat, waren die Einwände der Wissenschaftler. Ihrer Meinung nach wäre es ganz furchtbar, wenn man sich selbst reproduzieren könnte. Wissenschaftler sind das dümmste und unvernünftigste Pack, was rumläuft ...

GINSBERG: Ich habe versucht diesen fünfzehnjährigen Jungen anzubaggern, der ein Mitglied der Schwulenbewegung in Newcastle ist ...

BURROUGHS: Ich sehe keine großen Alternativen.

GINSBERG: Aber der steht auf junge Kids. Ich dachte, er würde mich als irgendeinen Helden bewundern.

BURROUGHS: Der braucht doch keinen so alten Sack wie *dich*!

GINSBERG: Er hat mich als Helden der Schwulenbewegung bewundert, aber nicht als jemanden, mit dem man auch ins Bett geht.

Ein Essen mit Bockris-Wylie, Jeff Goldberg, Gerard Malanga, Paul Getty jr., Andy Warhol und André Leon-Talley: New York, 1980

BOCKRIS-WYLIE: Gore Vidal behauptete, daß zwischen der Ober- und der Unterschicht eine enorme sexuelle Anziehungskraft besteht. Der Mittelstand hingegen ist verklemmt.

BURROUGHS: Ich erinnere mich, daß Lord Montague während seines Prozesses von einem Belastungszeugen gefragt wurde: »Lord Montague, sie scheinen eine Vorliebe für den Umgang mit den niederen Rängen zu haben. Würde es Ihnen etwas ausmachen, die Gründe für diesen Umgang zu erläutern?«

»Wegen ein bißchen Spaß, verstehen Sie.«

BOCKRIS-WYLIE: Das ist, was Frank Harris 1888 geäußert hat. Man geht nach Tanger wegen des Kiff ...

BURROUGHS: Und wegen Sex.

BOCKRIS-WYLIE: Wie ist der Sex in Tanger?

BURROUGHS: Furchtbar einfach. Die Jungen sind arm.

BOCKRIS-WYLIE: Hatten Sie in letzter Zeit irgendwelche wichtigen Liebesaffären?

BURROUGHS [*kramt in seinem Gedächtnis*]: »... hatte ich in letzter Zeit irgendwelche aufregenden Affären?« Ja, doch, ungefähr jeden Tag ... Es ist immer dieselbe alte Geschicht', um Ehre und um Liebesglück ... Unschlagbar, sage ich.

JEFF GOLDBERG: Ich habe das nie genau verstanden: Gibt es nun Aphrodisiaka oder nicht?

BURROUGHS: Pot ist so was wie ein Aphrodisiakum. Dann gibt es Yohimbin, was eindeutig ein Aphrodisiakum ist, weil es die Blutgefäße in den Geschlechtsteilen erweitert. Dann gibt's natürlich Poppers, das ebenfalls die Blutgefäße erweitert. Sie gelten als gefäßerweiternde Mittel.

GOLDBERG: Ist das ein gemeinsames Wesensmerkmal? Bewirkt die Gefäßerweiterung einen Blutandrang?

BURROUGHS: Ja, die Erweiterung der Gefäße ist das gemeinsame Charakteristikum. Dadurch staut sich Blut im Genitalbereich und sorgt nachweislich für die Stimulation der Geschlechtsorgane.

BOCKRIS-WYLIE: Haben Sie jemals Angst zu kommen?

BURROUGHS: Das ist die Hauptangst, mein Lieber, das *ist* Angst. Angst, die Tod bedeutet, die Bedauern heißt.

BOCKRIS-WYLIE: Glauben Sie, daß, wenn Sie eine Geschlechtsumwandlung vornehmen lassen würden, das einen nachhaltigen Einfluß auf Sie ausüben würde?

BURROUGHS: Da würde ich nicht im Traum dran denken.

MALANGA: Wann verliebst du dich, und woran merkst du es?

BURROUGHS: Ich weiß eigentlich nicht genau, was *verlieben* für mich bedeutet. Der Begriff der romantischen Liebe hat seine Wurzeln im Mittelalter. Man stelle sich vor, daß es bei den Arabern für Liebe nicht mal ein Wort gibt – genauer gesagt, ein Wort für Liebe, die über körperliche Anziehung und Sex hinausgeht. Dieser Unterschied zwischen Liebe und Sex ist eine westliche, beziehungsweise christliche Vorstellung. Ich bin mir nicht sicher, was sich verlieben bedeutet. Liebe, nun, das heißt einfach nur, daß man einen Menschen gern hat und ihn gleichzeitig körperlich anziehend findet.

MALANGA: Glaubst du an Kräfte, die stärker sind als du selbst?

BURROUGHS: Ich glaube, daß das, was wir als unser *Selbst* bezeichnen, nur die Spitze eines Eisbergs ist. Ein Zehntel dieses Eises ragt aus dem Wasser, und der Rest ist unter Wasser. Wenn man Zugang zu seinem gesamten ungenutzten Potential hätte, wäre das schier unglaublich! Jeder Mensch weiß beispielsweise rund um die Uhr, wie spät es ist. Ich kann mich mental darauf einstellen und mir sagen, daß ich um 6 Uhr aufstehen muß. Ich brauche mir nur zu sagen, daß ich um 6 Uhr aufstehen muß, und werde um Punkt 6 wach. Ich glaube, daß das, was wir als unser Selbst ansehen, eine sehr unwichtige und nur eine sehr kleine Facette unseres tatsächlichen Potentials ist, das wiederum zweifellos Teil eines noch größeren Potentials ist. Ich kann sagen, daß ich natürlich an Kräfte glaube, die stärker sind als ich. Ich fände es schwierig, nicht an so was zu glauben. Wir sollten lieber über das geheimnisvollste Thema überhaupt sprechen, nämlich über Sex. Sex ist ein elektromagnetisches Phänomen.

PAUL GETTY, JR.: Ich glaube, daß den meisten von uns überhaupt nicht klar ist, wie ernstzunehmend Sex wirklich ist.

BURROUGHS: Es ist das einzige menschliche Bedürfnis, das im Traum befriedigt werden kann. In welchem Maße manifestiert sich Sex, deiner Meinung nach, in dem Wunsch, jemand anderes zu sein, im Körper von jemand anderem zu sein? In einer homosexuellen Beziehung ist es der entscheidende Faktor, im Körper des anderen sein zu wollen.

BOCKRIS: Ich verstehe nicht, wie das gemeint ist.

BURROUGHS: Bei gleichgeschlechtlichem Sex weiß man ganz genau, was die andere Person empfindet, weil man sich hundertprozentig in seinen Partner hineinversetzen kann. Bei heterosexuellem Geschlechtsverkehr hast du keine Ahnung, was die andere Person empfindet.

BOCKRIS: Aber sie empfinden nicht zwangsläufig dasselbe was man selber fühlt.

BURROUGHS: Das nicht, aber man kann sich in einem Maß in den anderen hineinversetzen, daß man seine Identität annimmt, was bei heterosexuellem Verkehr ziemlich unmöglich ist, weil man selber keine Frau ist und deshalb die Gefühle einer Frau nicht nachvollziehen kann. Meine Erfahrungen mit dem anderen Geschlecht sind reichlich begrenzt, aber als ich in Missouri festgesessen habe, wie jemand, der im Knast sitzt und sich in Ermangelung einer Frau an kleine Jungs ranmacht, bin ich in den Puff gegangen. Aber diese Erfahrung hat mich auch nicht schlauer gemacht.

BOCKRIS: War das sexuelle Verlangen so stark, daß du es mit allem und jedem getrieben hättest?

BURROUGHS: Wie jener Typ, der meinte, ich brauche nur zwei fikkende Fliegen zu sehen, und schon hatte ich einen stehen.

GETTY: Wie steht's mit Sadomaso?

BURROUGHS: Was das betrifft, beschränkt sich mein Kontakt auf Bücher und auf Gespräche mit Leuten, die das praktizieren. Dabei hatte ich aber den starken Verdacht, daß das furchtbar stereotyp abläuft. Eine Art der Beziehung läuft unter »Böser Bube«, da wird dann der Hintern versohlt, aber ich weiß nicht, wie einer das ertragen kann, ohne eine Miene zu verziehen, im Ernst ... nichts als Reglementierung. Wie auch immer, Sex kann es auch bei strikter Abkopplung der Persönlichkeit geben. Wir sind nah dran, all unsere sexuellen Wünsche mittels elektronischer Stimulation befriedigen zu können. Das wäre nicht nur sichtbar, sondern auch fühlbar.

LEON-TALLEY: Sollte man Ihrer Meinung nach für Sex bezahlen?

BURROUGHS: Das hängt von den Umständen ab. Solche Fragen lassen sich nicht verallgemeinern. Wer sollte wen bezahlen?

WARHOL: Ich finde, daß das Mädchen, das auf den Strich geht,

113

den Typen bezahlen soll, der sich mit ihr einläßt, weil sie geil ist, oder? Der Typ ist nicht geil. Sie sollte es sich gutgehen lassen und den Typen dafür bezahlen, daß er's ihr besorgt, findet ihr nicht auch?

BOCKRIS: Die Prostituierten sollten städtische Unterstützung erhalten?

WARHOL: Ganz genau. Sie sollten vom Staat angestellt und bezahlt werden, statt daß man sie in den Knast steckt.

BOCKRIS: Steigert die Bezahlung für Sex die Lust?

BURROUGHS: Nein. Die einzige Möglichkeit die Lust zu steigern, wäre, wenn man mittendrin zahlen würde, und das ist ...

MALANGA: Ist Schönheit nur oberflächlich?

BURROUGHS: Was meinst du denn *damit*?

MALANGA: Beschränkst du dich auf das, was sich dir an der Oberfläche bietet, oder interessiert dich auch, was sich darunter verbirgt?

BURROUGHS: Hat man es mit einem relativen, komparativen Universum zu tun, dann existiert Schönheit nur in Relation zu Häßlichkeit. Was verstehst du unter Schönheit? Du meinst, etwas ist schön in Relation zu etwas Häßlichem? Dann wird zwischen diesen beiden Begriffen ein totaler Zusammenhang hergestellt. Das trifft ebenfalls auf alle anderen Begriffe zu. Was bedeutet Schwäche? Schwäche hat nur eine Bedeutung, wenn ihr der Begriff Stärke gegenübergestellt wird. Schwäche bedeutet, daß jemand stärker ist als man selbst.

BOCKRIS: Schwäche kann aber auch ein Vorteil sein.

BURROUGHS: Gutes Beispiel.

BOCKRIS: Was war in den Siebzigern die grundlegendste Veränderung beim Sex? An ihr könnten wir ablesen, was in den Achtzigern auf uns zukommt. Ich glaube, es wird immer weniger gevögelt werden.

WARHOL: Nein: immer mehr, weil es immer mehr Menschen gibt.

BOCKRIS: Ist das Sexproblem ein Bevölkerungsproblem?

BURROUGHS: Da besteht ein Zusammenhang.

WARHOL: Redet ihr von Amüsiersex?

BURROUGHS: Zwischen der Bevölkerung und ...

WARHOL: Amüsiersex ist was ganz anderes.

LEON-TALLEY: Was ist denn Amüsiersex?

WARHOL: Amüsiersex, das ist diese Sadomaso-Geschichte, wenn man in so eine Sadomaso-Bar geht und sich davon amüsieren läßt.

BURROUGHS: *Gewisse* Leute amüsiert so was.

WARHOL: Was für Menschen magst du?

BURROUGHS: Junge Männer.

LEON-TALLEY: In welchem Alter bevorzugen Sie sie?

BURROUGHS: Sagen wir zwischen 14 und 25.

LEON-TALLEY: Ist es, abgesehen vom Sex, einfacher, mit jüngeren Männern Beziehungen einzugehen? Kann man mit ihnen ausgehen, kann man sie zum Essen ausführen?

BURROUGHS: In den meisten Fällen nicht.

LEON-TALLEY: Ihnen mangelt es an der nötigen Konzentration.

BURROUGHS: Aber das verlange ich ja überhaupt nicht. Das ist das letzte, was ich verlange ... Ich will gar keine Beziehung.

BOCKRIS: Findest du es nicht schwieriger, überhaupt an Sex zu kommen?

WARHOL: Ja, wirklich sehr, sehr schwierig.

BURROUGHS: Schwieriger als wann?

BOCKRIS: Als vor zehn Jahren, als du noch ein agiler und hitziger junger Mann gewesen bist. Findest du es heutzutage nicht schwieriger?

BURROUGHS: Vermutlich wird es mit zunehmendem Alter immer schwieriger, das habe ich mir auch schon sagen lassen.

BOCKRIS: Für Bill war es wohl noch nie so einfach wie heute, Sex zu haben.

WARHOL: Er sieht ja auch hinreißend gut aus und hat einen umwerfenden Charme!

MALANGA: Gibt es was Besseres als Sex?

BURROUGHS: Das ist die schwierigste Frage überhaupt. Da spielen sehr viele Faktoren mit hinein. Es ist ja so, daß uns auf diesem Planeten eingeimpft worden ist, zu denken, Sex sei etwas Unangenehmes oder etwas Lustvolles oder die Hölle. Oder, daß Sex das Größte *sei*. Ebenso wissen wir, daß es Freuden gibt, die dem Sex abträglich sind, so wie Junk die Lust killt. Was ließe sich auf diese Frage antworten?

MALANGA: Du konntest deine sexuelle Energie immerhin in dein Schreiben einfließen lassen.

BURROUGHS: Die Antwort müßte klarstellen, was Sex im Grunde genommen ist. Und das ist etwas, von dem ich nicht glaube, daß viele etwas darüber wissen. Was ist Sex? Warum macht Sex Spaß. Hat darauf irgendjemand eine Antwort?

MALANGA: In gewissen Momenten kann Vergnügen auch Schmerzen bereiten; oder kann Vergnügen zu Schmerzen führen.

BURROUGHS: Ich vertrete die Theorie, daß Sex einfach ein Mittel zur Spannungsentladung ist.

MALANGA: Vielleicht sind Leute, die vor Sex zurückschrecken, besonders anfällig für Krebs oder sonstige Krankheiten.

BURROUGHS: Die Schriften Wilhelm Reichs dürften bekannt sein. Er behauptet, daß Krebs im wesentlichen eine Krankheit ist, die ihren Ursprung in der Unterdrückung der Sexualität hat. Daß alle Krebspatienten sexuell unterdrückt sind. Eine sehr deutliche Aussage.

MALANGA: Hattest du jemals eine enge Beziehung zu einem Mann, die rein platonisch war?

BURROUGHS: Ja, viele sogar. Kommt darauf an, was du unter eng verstehst. Ich hatte alle möglichen Beziehungen. Geschäftsbeziehungen in großem Maße. Intellektuelle Beziehungen. Ich habe zu Paul Bowles und Brion Gysin ziemlich enge Beziehungen gehabt, die beide in keiner Weise sexuell geprägt waren. Und dann habe ich natürlich langjährige geschäftliche Beziehungen zu Verlegern und Agenten gehabt, was ebenfalls soziale Beziehungen sind. Und freundschaftliche Beziehungen zu Leuten wie Terry Southern, der ein sehr guter Freund von mir ist.

New York City, 1979

Terry Southern traf gegen 7 Uhr abends in meiner Wohnung ein und brachte eine Einkaufstüte voller »Drogenmuster« mit, die ihm, wie er sagte, ein »geselliger Apotheker – ein Emporkömmling, an dem ein Künstler verlorengegangen war –, aber auf seine Art anständiger Typ« gegeben hatte. Er ließ die Tüte auf den Tisch fallen. »Ich fürchte, daß du in diesem ganzen Kram kaum etwas von den guten alten harten Sachen finden wirst, Vic«, fuhr er fort und hatte augenblicklich einen albernen britischen Akzent angenommen, von dem er offenbar vermutete, daß er meinen damit nachäffen könnte. »Ich habe sie nur für Bill mitgebracht – der liebt es doch, in derlei Pillenproben rumzuwühlen.«

Ich erinnerte Terry daran, daß wir Bill wegen des Abendessens anrufen müßten, also rief er an und sagte, daß wir in 20 Minuten bei ihm sein würden. Ich ging ins Badezimmer, um mich frischzumachen, und fast gleich darauf hämmerte Terry an die Tür. »Bockris!«, brüllte er. »Mach um Himmelswillen auf! *Ich muß Wasser lassen!*« Es war mir in ebendiesem Augenblick nicht möglich, das Feld zu räumen, und ich sagte es ihm – woraufhin ich ein lautes Poltern und ein Ächzen und Stöhnen aus dem

Nebenzimmer hörte, dann Geschirrgeklapper und schließlich laufendes Wasser. »Ter!«, rief ich, »was machst du da?«

»Ich wasche bloß ab«, antwortete er.

Wenig später stürzte ich aus dem Badezimmer. »Du kannst jetzt rein«, sagte ich, aber Terry saß völlig zufrieden auf dem Sofa und baute einen Joint. »Nein, nein, ist nicht nötig«, sagte er. »Ich bin gerade mit was anderem beschäftigt.«

»*Verfluchte Scheiße!*«, brüllte ich, stinksauer. »*Du hast in die Spüle gepißt!*«

»Nein, nein,« versicherte er mir blitzschnell, »ich habe in der Spüle *Wasser gelassen.*«

»Verfluchte Scheiße!«, wiederholte ich aufgebracht. »Der gewaltige Drang der Körpersäfte«, fuhr Ter theatralisch fort, »meines gigantischen tierähnlichen Glieds hat das Geschirr mit Leichtigkeit saubergespült. Du hast keinen Grund, hier rumzukeifen wie ein pingeliger Exzentriker.« Und damit zündete er den dikken trichterförmigen, mit Columbian Gold gefüllten Joint an.

Wir zogen ein bißchen am Joint, bunkerten ihn für später, steckten eine Flasche Whisky ein und gingen runter.

In der Nähe stand ein weißer Rolls-Royce, und Terry versuchte einzusteigen, im Glauben (oder dem eingebildeten Glauben), daß dies die Limousine von *High Times* sei, die bloß auf uns gewartet hat. Ich bugsierte ihn ins nächste Taxi.

Ein Essen mit Bockris-Wylie und James Grauerholz, 1974

BOCKRIS-WYLIE: Sind Sie eifersüchtig?

BURROUGHS: Ich kann eifersüchtig sein. Ich sehe das als persönlichen Makel an. Eifersucht ist etwas Furchtbares. Das Ekelhafte-

Das Interviewteam Bockris-Wylie, das von 1973 bis 1975 unter diesem Namen arbeitete, 1974 beim ersten Interview mit Burroughs. PR-Foto: Anton Perich

ste was es gibt. Aber ich werde Ihnen erklären, wie man damit umgeht. Man verhält sich absolut passiv und läßt dieses Gefühl durch sich hindurchgehen. Das Problem ist, daß die meisten Leute überhaupt nicht erkennen können, daß da bei ihnen irgend etwas nicht stimmt; ich schon. Ich kann erkennen, daß bei mir einiges im Argen liegt. Und dazu gehört eben auch jegliche Form von Eifersucht.
BOCKRIS-WYLIE: Glauben Sie, jedesmal, wenn Sie eifersüchtig sind, sich selbst die Schuld zuschieben zu müssen?
BURROUGHS: Auf jeden Fall.
BOCKRIS-WYLIE: Sie finden nicht, daß es gut ist, besitzergreifend zu sein?
BURROUGHS: Sehen Sie, ich meine, daß man die Situation im Griff haben sollte. Wenn man eifersüchtig ist, hat man die Situation nicht im Griff. Und das ist dumm.

BOCKRIS-WYLIE: Ist Liebe, die Sie geben, gleichwertig mit Liebe, die Sie machen?

BURROUGHS: Ich würde sagen, daß ich mir meine Objekte der Begierde erschreibe.

BOCKRIS-WYLIE: Ist das nun ein frommer Wunsch oder Tatsache?

BURROUGHS: Beides. Ich behaupte folgendes: Ein Schriftsteller, der sich nicht auf seine Romanfiguren einen runtergeholt hat, dessen Romanfiguren werden bei sexuellen Beschreibungen auch nicht zum Leben erweckt. Ich hole mir auf meine Romanfiguren selbstverständlich einen runter. Ich kann sexuelle Situationen aufs Papier bringen, sehr heiße sexuelle Situationen sogar. Ich bekomme dabei keine Erektion, wissen Sie. Stierkämpfer bekommen während des Stierkampfes eine Erektion. So habe ich es mir jedenfalls sagen lassen und kann das zum Teil auch glauben.

BOCKRIS-WYLIE: Das ist doch was ganz anderes, weil der ganze Körper eingesetzt wird; beim Schreiben werden doch bloß die Finger benutzt.

BURROUGHS: Verzeihung, aber da besteht kein Unterschied. Das ist dieses Entweder/Oder-Prinzip, als ob es einen Unterschied gäbe zwischen ...

BOCKRIS-WYLIE: Sie wollen doch wohl nicht behaupten, daß Sie auf Ihren Schreibtisch losgehen wie auf einen Stier?

BURROUGHS: Habe nicht behauptet, daß ich auf meinen Schreibtisch losgehe.

JAMES GRAUERHOLZ: Doch, Bill geht auf seinen Schreibtisch los; zwar nicht wie ein Stier, aber wie der sprichwörtliche Elefant im Porzellanladen; er hat ein unglaubliches Talent, mit seinem Arbeitsmaterial, aus dem diese grandiosen Sachen entstehen, ein heilloses Durcheinander anzurichten.

BOCKRIS-WYLIE: Genet behauptet, Wichsen ist besser, als es mit jemand anderem zu treiben.

BURROUGHS: Stimmt, aber andererseits ist es auch wesentlich destruktiver.

BOCKRIS-WYLIE: Wieso das?

BURROUGHS: Nun, wenn man sich einen runterholt, dann tut man das mit imaginären Sexualpartnern.

BOCKRIS-WYLIE: Warum onanieren Sie dann nicht und denken dabei an jemanden, mit dem Sie's schon mal getrieben haben?

BURROUGHS: Dagegen ist nichts einzuwenden, wenn man keinen Partner hat. Wenn man alleine ist, ist das in Ordnung. Aber wenn man nicht alleine ist, was dann? Dann ist das Gift. Wenn man in dem Moment onaniert, wo man eine sexuelle Beziehung zu jemandem hat, dann ist das Betrug am anderen. Es gibt nichts Verwerflicheres als mit jemandem ins Bett zu gehen und dabei an jemand anderen zu denken. Das ist übel und wird in den meisten Fällen entlarvt. Nun, alles was ich jetzt sage, ist absolut simpel. Wenn man einen Partner hat, sollte man seine ganze Aufmerksamkeit auf ihn richten, man sollte nicht an jemand anderen denken oder in Gedanken an jemand anderen onanieren oder mit einem anderen ins Bett gehen. Während meines Tanger-Aufenthalts hatte ich über ein oder zwei Jahre jede Menge Jungs. Ich habe nie onaniert. Warum zum Teufel hätte ich das auch tun sollen?

BOCKRIS-WYLIE: Vielleicht weil Sie wie Genet entdeckt hätten, daß Onanieren frei von Liebe und emotionaler Abhängigkeit funktioniert und Ihnen mehr Zeit für Ihre Arbeit bleibt.

BURROUGHS: Nein, nein, nein, nein, nein, nein, nein. Das ist doch ganz großer Quatsch. Wenn man eine feste sexuelle Beziehung hat, warum sollte man da onanieren? Mir sind, was das betrifft, sehr extreme Fälle bekannt. Ich kannte beispielsweise in Tanger jemanden, der sich Jungs nach Hause einlud, Aktfotos von ihnen machte, die Jungs wieder wegschickte und die Fotos als Wichsvorlage benutzte.

BOCKRIS-WYLIE: Was halten Sie von Genets Behauptung, das Onanieren sei besser, als mit jemandem ins Bett zu gehen?

BURROUGHS: Tja, wie real ist eine reale Person überhaupt, oder eine feste sexuelle Beziehung?

BURROUGHS IN LONDON

Ein Essen mit Andy Warhol: New York, 1980

BOCKRIS: Sexuell sind die Engländer sehr sonderbare Leute.

WARHOL: Sie sind wirklich sonderbar, aber sie sind so raffiniert, deshalb ...

BURROUGHS: Sie haben es gern, mit Linealen und Haarbürsten geprügelt zu werden.

BOCKRIS: Ich glaube, die Engländer ...

WARHOL: ... sind die sexysten Leute von allen ...

BOCKRIS: Hast du jemals wirklich guten Sex in England gehabt?

WARHOL: Oh yeah, den besten überhaupt.

BURROUGHS: Yeeess ...

BOCKRIS: Hast du in London nicht Leute gekannt, die sich damit vergnügten, nackte Knaben mit Tischtennisbällen zu bewerfen?

BURROUGHS: Ich habe Jungen gekannt, die mir von verschiedenen Praktiken erzählten. Es gab da etwa den Eiermann, der aus irgendeinem Grund mit Eiern beworfen werden mußte. Dann gab es da einen anderen Mann, der seine Jungens in einen großen Käfig trieb. Er hatte einen riesigen Vogelkäfig, und da warf er dann Brotstückchen rein und rief: »Freßt es auf!«

BOCKRIS: Hat er beim Zuschauen ejakuliert?

BURROUGHS: Nun, beim besten Willen, ich weiß es nicht. Er sagte: »Ein Junge muß für seinen Lebensunterhalt sorgen ...«

BOCKRIS: Andy, du hast den besten Sex in England gehabt?

WARHOL: Nein, das beste Mal war, als dieser Typ diesem anderen Typen die Nase abbiß. Das war der beste Sex.

Burroughs in der Nummer 8 Duke Street (St. James's), London, 1972. Foto: Gerard Malanga

BURROUGHS: Ich hab davon gehört.

WARHOL: War das nicht der beste Sex, Bill?

BURROUGHS: Hm, ja, ich denke schon.

WARHOL: Der beste.

Ein Essen mit Miles: London, 1978

MILES: 1964 arbeitete ich im Londoner ICA [Institute of Contemporary Art] und half einen Abend zu organisieren, bei dem William anwesend war. Es war die Vorführung des Anthony-Balch-Films *Towers Open Fire*. Brion Gysin malte zu einem Cut-up-Tonband mit Musik, Radiostatik und zu William, der Zeitungsausschnitte vorlas, in denen jedesmal die Nummer 23 vorkam: Entweder gab es 23 Tote bei einem Flugzeugabsturz oder 23 Tote bei einer Überschwemmung oder dergleichen. Den Film zeigten sie nicht, denn er war noch nicht ganz fertig, also setzte sich William in seinem alten braunen Regenmantel mit dem Samtkragen und seinem Hut auf dem Kopf auf die Bühne. Neben ihm stand ein großes Tonbandgerät, und er wurde von einem blauen Licht beschienen. Über ihm wurden Standbilder aus dem Film projiziert. William tat nichts anderes, als das Publikum anzustarren, und alle fühlten sich äußerst unwohl.

BURROUGHS: Anfang der sechziger Jahre war London ein sehr preiswerter, relaxter und angenehmer Ort zum Wohnen. Für ungefähr 3 Shilling [ungefähr 50 Cents] konnte man in einer Arbeiterkneipe eine sehr gute Mahlzeit bekommen. Auch was Drogen anging, war es damals ein sehr cooler Ort. Alles in allem war es viel befriedigender.

MILES: Ich spürte eine ziemliche Distanz zu Bill. Es war äußerst

126

schwierig herauszufinden, wie man sich ihm nähern sollte, und
Ian [Sommerville, Burroughs' damaliger Mitarbeiter und Lebensgefährte, der an Bills zweiundsechzigstem Geburtstag bei einem
Autounfall ums Leben kam] hatte das auch noch hochgespielt:
»William ist heute Abend ziemlich nervös ...« Ich vermute, er
war stoned, befand sich in seiner eigenen kalt-blauen Stille, ziemlich weit weg von allem, was man auf ihn projizierte. Ich glaube
nicht, daß er auf H oder irgend so was war, aber wahrscheinlich
hatte er ein paar Joints geraucht.

BURROUGHS: In den sechziger Jahren war ich immer mal wieder
in London. Vor 1966, nachdem ich 1965 in New York verbracht
hatte, zog ich nicht eigentlich dorthin. Das Empress Hotel, in
dem ich bei diesen frühen Besuchen jeweils wohnte, war das
Londoner Äquivalent zum Pariser Beat Hotel, und wir alle stiegen dort ab. Die Adresse war Earl's Court, ein paar Schritte
von der Old Brompton Road. 1 Pfund [1964 ungefähr 3 Dol-
lar] pro Tag mit Frühstück für ein gutes, sehr komfortables
Zimmer.

BOCKRIS: Was war ausschlaggebend für den Umzug nach London?

BURROUGHS: Nichts Besonderes. Ich kannte Leute dort. Es war ein
angenehmer Ort. Kurze Zeit darauf verschlechterte es sich dann.
Gut war es eigentlich nur in den frühen sechziger Jahren, als
ich hin und wieder mal da war. Heute existiert das Empress Hotel
nicht mehr. Auch jene billigen Gaststätten nicht. Heute legt man
in sogenannten »billigen« Restaurants 15 Shilling auf den Tisch,
und es ist ungenießbar. Die Mieten sind um das Vierfache gestiegen.

BOCKRIS: Du hast mal gesagt: »Ein Schriftsteller geht häufig intuitiv auf Reisen, um Bilder und Szenen zu sammeln, die er vielleicht 30 Jahre später braucht.« Welche Beziehungen unterhältst
du zu den verschiedenen Städten, in denen du gelebt hast, und
wie haben sie deine Arbeit beeinflußt?

BURROUGHS: Die verschiedenen Städte, in denen ich gelebt habe ... Nun, Mexico City ist eine davon. Tanger eine andere; London, Paris und New York. Das sind die Orte, in denen ich jeweils eine gewisse Zeitlang gelebt habe, und ich glaube, der Einfluß auf meine Arbeit ist sehr klar. Ganze Passagen aus *Naked Lunch* stammen eindeutig aus Tanger. Es gibt einen anderen Abschnitt über Mexiko. In Südamerika habe ich niemals gelebt, aber ich bin ungefähr sechs Monate lang dort herumgereist, und das macht es zu einem weiteren Einfluß. Skandinavien hat mich beeinflußt. Dort bin ich lediglich einen oder anderthalb Monate oder so was gewesen. Die ganze Idee von Freeland wurde dort geboren. Kopenhagen. Schweden. In Schweden bin ich nur ungefähr zwei Tage geblieben.

BOCKRIS: Ich weiß, es ist schwierig, darüber zu reden, da das Schreiben ein magischer Vorgang ist, aber kannst du irgend etwas darüber sagen, warum das Reisen an einen Ort plötzlich diese Art von Wirkung auf dich hat?

BURROUGHS: Mir ist häufig aufgefallen, daß, wenn man in einer Stadt ankommt, in der man früher noch nie gewesen ist, man sehr viel mehr sieht als die Leute, die dort leben. Auch ist mir aufgefallen, daß wenn man eine Zeitlang in einer Stadt gewesen ist, sie einen immer weniger stimuliert und interessiert. Meine kurze Erfahrung in Skandinavien beispielsweise, ungefähr anderthalb Monate, die meiste Zeit davon in Dänemark, war sehr nützlich. Aber wenn ich über Orte spreche, spreche ich auch über eine scheinbar willkürliche Entscheidung wie *das Piratenlager ist hier*; später finde ich dann heraus, daß sich dort tatsächlich mal ein Piratenlager *befunden hat*. Oder nehmen Sie meinen Essay »Roosevelt nach der Amtseinführung« [in dem Roosevelt als römischer Imperator porträtiert wird]. Das habe ich 1953 geschrieben. Allen Ginsberg hat später ein Foto von Roosevelt auf einer Toga-Party ausgegraben. Genau so etwas meine ich. Nicht unbedingt den eigentlichen Ort. Obwohl es sich zweifellos so verhält, daß Paris, Tanger, London und New York sehr wichtige Orte sind wie auch Mexiko und Südamerika.

MILES: 1966 hatten Paul McCartney, ich, Marianne Faithful und John Dunbar die Idee, eine Monatszeitschrift in Form einer Schallplatte herauszubringen. Einer von uns würde zu all den guten Dichterlesungen gehen, hier und da würden wir Ausschnitte aus den Proben von Musikgruppen verwenden, ich würde für *International Times* die Interviews machen, und Teile davon könnten auf Band aufgenommen werden. Wie man sich vorstellen kann, rauchten wir Unmengen von Shit und dachten, das sei die großartigste Idee von der Welt. Also brauchten wir jemanden, der wußte, wie man mit Tonbandgeräten umgeht, und niemand kannte wen, der das konnte, außer mir: Ian Sommerville wußte eine Menge über Tonbandgeräte. Außerdem brauchten wir ein Studio, und Ringo hatte diese alte Bude in Montagu Square, die er nicht benutzte, ein lächerliches Loch mit grünen Seidentapeten, und er meinte, das könnten wir haben. Ian zog da sogar ein. Ich glaube nicht, daß das so gedacht war, es war eher als Studio gedacht. Meines Wissens zog Bill nie mit ein, obwohl er, wenn man Ian besuchen wollte, normalerweise dort herumhockte; aber er hielt sich aus allem raus, weil er entschieden der Meinung war, daß das Ganze eine Sache der Beatles war und er dort nichts zu suchen hätte.

BURROUGHS: Es war dort auch irgendwie ungemütlich ... Dies war zu einer Zeit, als die Beatles gerade auf die Möglichkeiten des Überblendens, Rückwärtslaufenlassens, auf alle technischen Möglichkeiten des Tonbandgeräts kamen. Und Ian war als Techniker auf diesem Gebiet einfach brillant.

Ian lernte Paul McCartney kennen, und Paul kam für die Kosten für diese Wohnung, Nummer 34 Montagu Square, auf. Allerdings gab es Leute wie Leibwächter und Manager, die nicht so begeistert waren und ständig damit drohten, vorbeizukommen und die technische Ausrüstung einzusacken. Paul bin ich mehrere Male begegnet. Zu dritt sprachen wir dann über die Möglichkeiten der Tonbandtechnik. Meistens schaute er einfach so herein, um an seinem »Eleanor Rigby« zu arbeiten. Ian war für die Probenaufnahmen verantwortlich. Ich war dabei, wie der Song Gestalt annahm. Ich wiederhole, obwohl ich nicht viel über Musik wußte, konnte ich doch beurteilen, daß er genau wußte, was er tat. Paul war sehr angenehm und sehr einnehmend. Ein gutaussehender junger Mann, der hart arbeitete.

MILES: Ich erinnere mich, wie Peter Asher, Ian und ich eines Tages dort waren. Bill war auch da, war aber irgendwie abwesend und nicht oft im Zimmer, er machte sich meistens in den anderen Räumen zu schaffen. Paul traf ein mit den Bändern von »Rubber Soul«. Es war das erste Mal, daß das irgendwer zu hören bekam; sie waren gerade mit dem Mixen fertig geworden. Wir sprachen darüber, in welche Richtung sich Rockmusik entwickeln würde, zweifellos in Richtung elektronische Musik, aber niemand hatte eine Ahnung, was das wirklich bedeutete. Digitale Elektronik existierte damals eigentlich noch nicht. Wir alle wußten, daß es eines Tages irgendwie eine Kombination aus Elektronik und Rockmusik geben würde, die wirklich aufregend sein würde, und daß Musik längst eine Barriere überschritten hatte und mehr war als einfach nur ein paar Typen mit Musikinstrumenten. Und Bill und Paul unterhielten sich darüber.

Ich erinnere mich an eine andere Situation, an eine Riesenszene auf einer Party, wo ein berühmter englischer Dichter den Liebhaber seiner Frau zusammenschlug. Die Sache eskalierte, und irgendwer rief die Polizei. Die stand bald vor der Tür und fragte: »Was geht hier vor? Wir wurden soeben gerufen.« Es war ein großes beeindruckendes Anwesen, also nahmen sie die Helme ab. Panna O'Grady, die Gastgeberin, war völlig durcheinander, und William stand hinter ihr und sagte: »Es ist nichts los, absolut gar nichts.« Er strahlte einfach ein Gefühl der Sicherheit aus. Tatsächlich fand die Prügelei oben statt. Er aber versperrte den Zugang nach oben, stand am unteren Treppenabsatz und hielt eine Hand ums Treppengeländer geklammert. Grünschnäbelige Absolventen irgendeiner Public School, die gerade angekommen waren, wollten nach oben, aber William stand auf der zweiten oder dritten Stufe und machte keine Anstalten, seine Position zu räumen. »Wir würden gern nach oben gehen«, baten die Jungs, und er gab zur Antwort: »Oben ist gar nichts los, aber auch absolut gar nichts«, und starrte sie nur an. Und die ganze Zeit über konnte man hören, wie es oben polterte und Sachen kaputtgeschmissen wurden.

Mick Jagger traf auf der Party ein, und Allen Ginsberg bat mich, ihn vorzustellen, was ich auch tat. Jagger und Allen gingen hinaus auf den Balkon, setzten sich und unterhielten sich eine ganze Weile über Musik und Gesang und Atemtechnik, dann forderte ich Allen auf, Jagger Burroughs vorzustellen.

BURROUGHS: Mick vermittelte den Eindruck von berstender Energie und Intelligenz und einer Art von spezieller Gelassenheit zu wissen, wo es für ihn langging. Ich hatte seine Arbeit bewundert, zumindest das, was ich gehört hatte, und auch ihn bewunderte ich wegen des Drucks, dem er ausgesetzt war. Da ist jemand, der idolisiert und trotzdem erschreckend grob behandelt wird. Sechs Taxifahrer weigerten sich, ihn einsteigen zu lassen, als er mit Marianne Faithful am Flughafen eintraf. Es ist da irgend etwas an Mick, das bei gewissen Leuten einen enormen Antagonismus auslöst, bei den Redneck-Taxifahrer-Deppen dieser Welt, aber er bringt es fertig, damit umzugehen und sein Gleichgewicht und seine Coolness zu bewahren, das ist schon was.

131

BOCKRIS: Hast du jemals Kontakt zum vielbeschworenen »Swinging London« gehabt?

BURROUGHS: Nein, überhaupt nicht. Das gab es zwar; aber ich hatte damit praktisch nichts zu tun, und wenn, dann nur am Rande; es interessierte mich auch nicht. Das sogenannte »Swinging London« schien sich abzuspielen, als London, meiner Meinung nach, eher auf dem absteigenden Ast war, und ich habe mich immer wieder gefragt, *wo* denn dieses Swinging London sei?

BOCKRIS: Mit dieser Meinung stehst du nicht allein. Gab es irgendwelche englischen Schriftsteller, zu denen du Kontakte pflegtest?

BURROUGHS: Anthony Burgess lernte ich in London kennen. Wir zogen durch verschiedene Pubs. Ich war von seinem Roman *Uhrwerk Orange* sehr beeindruckt gewesen und hatte darüber geschrieben; das war die Grundlage der Beziehung. Ich fand ihn äußerst liebenswürdig. Er war sehr an meiner Arbeit interessiert, wie ich an seiner Arbeit. Ich fragte ihn, ob er zu vielen anderen Autoren in London Kontakt hätte, und er sagte: »Nein, das ist ein solch gewöhnliches Pack.«

MILES: Ich glaube, William spürte ein Übergreifen literarischer Ideen auf die Musik, aber ich glaube nicht, daß er irgendwelche musikalischen Ideen aufgriff, die er hätte verwenden können. Er war durchaus beeindruckt, daß die Literatur nicht länger das Betätigungsfeld von Gentlemen war und er mit Leuten darüber reden konnte. Die Avantgarde war mal wieder im Gespräch, er selbst begann mit Musikern zu reden. Das war etwas, das William begeisterte, glaube ich, aber das, was William in den Jahren 1964, 1965 und 1966 zu Papier brachte, war für kommerzielle Zwecke absolut ungeeignet. Entweder waren es Cut-up-Tonbandexperimente oder vielfarbige Collagen in Notizbüchern, die zu reproduzieren ein Vermögen gekostet hätte und die wiederum nichtkommerziell waren. Finanziell gesehen, waren das ein paar sehr magere Jahre, in denen er sich auf eine Menge zerebraler Aktivitäten stürzte und die Cut-ups weit über das Zerschneiden von Wörtern nicht als Entitäten, sondern als Bildwerke ausdehnte. Ich denke, Bill stellte damals sein Medium wirklich in Frage. Schließlich kam er zum Schreiben zurück, weil das Schreiben etwas war, das er beherrschte, und immerhin war er, wie Genet es ausdrückte, »ein Mann des Wortes«.

Damals stand William sehr unter Brions Einfluß. In Williams persönlichem Werdegang wird Brion stets einen wichtigen Stellenwert einnehmen. Brion pflegte beispielsweise zu sagen: »Wir werden heute die Rolling Stones besuchen. Da kannst du unmöglich diese schrecklichen Klamotten tragen; wir werden dir ein paar Schlaghosen kaufen müssen.« Und schon steckte William in diesen furchtbaren Schlaghosen, die ihm überhaupt nicht standen und die für 40 Jahre jüngere Leute gedacht waren, und er fühlte sich überhaupt nicht wohl, machte aber mit, weil Brion es verlangte.

BOCKRIS: 1967 bezog William das Apartment 22, Nummer 8 Duke Street (St. James's), und fing – nach einer ausgedehnten Periode des Experimentierens mit Tonbandgeräten, Skizzenbüchern und Cut-ups, bei dem nichts Wesentliches herausgekommen war – wieder zu schreiben an. Im August 1969 schloß er die Arbeit an *Die wilden Boys* ab und begann anschließend, Anfang der siebziger Jahre, nach und nach in eine isolierte und unproduktive Existenz abzugleiten.

Sein Domizil war nicht gerade geräumig, aber ziemlich teuer. Burroughs traf kaum jemanden, außer seinen ständigen Begleiter Johnny – von dem Fotos in der Covent-Garden-Ausgabe von *Port of Saints* [London 1973] enthalten sind – und Brion Gysin und Anthony Balch, die im selben Gebäude wohnten.

MILES: Während er in der Duke Street wohnte, hatte Bill nicht viel Kontakt zur Außenwelt. Es gab absichtlich keinen Telefonbucheintrag. Leute kamen einfach vorbei, Studenten und andere, eben die Art Leute, zu denen er heute wahrscheinlich sehr nett sein würde. Damals ging er zur Tür, und irgendwer fragte: »Sind Sie William Burroughs?«, und er antwortete: »Ja.« Dann ließ er sie geradewegs unter seinen Blicken zur Salzsäule erstarren, bis es ihnen wirklich unangenehm und peinlich wurde und sie sich umdrehen und gehen mußten.

Er hatte immer seinen Johnny. Ihr wißt schon –*Johnny*. Aus irgendeinem Grund hießen sie alle Johnny. Aber, als er in der Duke Street wohnte, war er mehr oder weniger ganz auf sich allein gestellt. Er schrieb und schrieb und beschäftigte sich intensivst mit ägyptischen Texten. Er war froh, Brion und Anthony in greifbarer Nähe zu haben. Sein liebstes Restaurant war eines, das vollkommen leer war.

BOCKRIS: Johnnys Einfluß war eine zweischneidige Angelegenheit; einerseits war er für Burroughs der entschlossene Beschützer, und beide verband eine starke Zuneigung zueinander. Andererseits brachte er ständig Zuhälter, Prostituierte und Kleinkriminelle mit nach Hause.

Burroughs mag die dickenssche Dimension des Londoner Gesindels ja vielleicht sogar genossen haben, seiner Gesundheit war es allerdings eher abträglich, wenn die Gangster bis spät in die Nacht blieben, sich kaum um seine Bedürfnisse scherten und seine Gastfreundschaft ausnutzten. Um die Sache komplett zu machen, war Johnny nicht gerade der Hellste, und Burroughs verläßt sich zu einem großen Teil auf seine Freunde und Gefährten, wenn es ums Editieren und Abtippen seines Werkes geht.

Ein Bild nimmt Gestalt an, wie Burroughs Tag für Tag in seinem Londoner Apartment sitzt, Zigaretten raucht, Tee trinkt und alte Arbeiten durchgeht. Er hat mal gesagt, er sei niemals einsam, räumt allerdings ein, daß ein Romanschriftsteller »den Leser braucht, weil er hofft, daß einige seiner Leser sich in sei-

*Brion und William in der Nummer 8 Duke Street
(St. James's), London, 1972. Foto: Gerard Malanga*

ne Charaktere verwandeln. Er benötigt sie als Gefäße, auf denen er schreibt.«

Mit zunehmender Isolation verlor Burroughs den Kontakt zum Publikum, den er brauchte, und verlor seine Fähigkeit, Fiktion zu schreiben, so daß sein Leben ihm zur Last wurde.

MILES: Ich denke, Bill merkte, daß er seit 1964, seit *Nova Express* nichts Substantielles geschrieben hatte. Er hatte ein paar Jahre Tonband- und Collagenexperimente hinter sich, und die meisten Leute in literarischen Kreisen hatten fast schon vergessen, daß es ihn gab. Er hatte lange nichts veröffentlicht, und als es dann mal wieder soweit war, war es *Die wilden Boys*, ein Titel, der nicht gerade als der Roman des Jahrhunderts aufgenommen wurde. Tatsächlich wurde er gar nicht verstanden. Und William arbeitete in einem Vakuum.

BURROUGHS: Im Gegenteil, *Die wilden Boys* war in England ein Bestseller. Des weiteren entstanden in dieser Zeit: *Die letzten Worte von Dutch Schultz*, die Mayfair-Artikel und *Der Job*, *Port of Saints* und *Exterminator*. Ich würde sagen, daß ich weniger zugänglich war, daß ich nicht so viele Leute sah. In Paris hatten wir ein ganzes Hotel, und da wimmelte es nur so von Leuten mit denen man sich traf. Auch in Tanger traf ich für gewöhnlich mehr Menschen. In London, Mitte bis Ende der sechziger Jahre, da gab es einfach nicht so viele Leute, die ich überhaupt sehen wollte.

MILES: Ich glaube, William fragte sich, ob er noch Schriftsteller war oder nicht, weil er fast ausschließlich auf Brion angewiesen war, der ihm das versichern mußte. Andere Schriftsteller sah er nicht. Viele Abende verbrachte er still für sich. Wann immer Brion unterwegs war, nahm er, weil er nicht gerne alleine aß, einfach keine Mahlzeiten ein. Es muß ein sehr merkwürdiges und einsames Leben gewesen sein, in seiner Londoner Bleibe, die er die ganze Zeit, die er darin wohnte, nicht saubermachte – der Staub lag meterhoch.

Aber als William in London lebte, betrachteten wir ihn alle als eine bedeutende Figur, als Denker und Teil der Underground-Szene. Ich erinnere mich, wie er an einem Weihnachtsabend in den Indica Shop kam [Miles' Buchladen], um ein Poster zu begutachten, das wir gemacht hatten. Er wünschte allen Fröhliche Weihnachten und hängte einen Zettel auf, auf dem stand, daß ihn jeder, der auditiert werden wollte, anrufen könne. Damals hat er sich intensiv mit Scientology beschäftigt, was ihn vielen Leuten allerdings entfremdete.

BOCKRIS: In genau diesem jämmerlichen Zustand fand Allen Ginsberg den alten Freund – den er jahrelang immer nur kurz gesehen hatte, und den er jetzt, im Sommer 1973 hauptsächlich besuchte, um ein wenig Zeit mit ihm zu verbringen – in London vor. Als Organisator, der er schon immer war, fand Ginsberg die Lösung. Er wußte, daß das New Yorker City College auf der Suche nach einem etablierten amerikanischen Schriftsteller war, der zwischen Februar und Mai 1974 Vorlesungen zum kreativen Schreiben halten sollte. Hätte Burroughs vielleicht Lust, diesen Kurs durchzuführen? Das ließe sich gewiß arrangieren.

Burroughs hatte vorher schon Vorträge gehalten, aber niemals an einer amerikanischen Universität und auch nicht ein ganzes Trimester lang. Er ließ sich den Vorschlag durch den Kopf gehen – sah sich sein Leben an, sein Apartment, sein Scheckbuch und seine Aussichten – und entschied, daß es, wenn er den Job annahm, nichts zu verlieren gab. Immerhin würde er damit auch Geld verdienen, mit dem er nach London zurückkehren und dort weitermachen konnte ...

Burroughs kam noch im Februar 1974 in New York an. Ginsberg machte ihn mit James Grauerholz, einem jungen Mann aus Kansas bekannt, der soeben in New York eingetroffen war. James wurde sein Amanuensis und Gefährte, und Burroughs begann, Lehrveranstaltungen zu geben. Für jede Vorlesung benötigte er zwischen sechs und acht Stunden Vorbereitung. Der Kurs wurde mit seinen zwei Vorlesungen und zwei Sprechstunden die Woche sowie Unterlagen, die des Abends studiert werden mußten, zu einem regelrechten Full-time-Job.

GRAUERHOLZ: Schon bald nach seiner Rückkehr nach New York, sagte Bill mir mal: »Ich weiß nicht, ob ich überhaupt noch Fiktion verfassen kann.« Ich hatte ihn gerade erst kennengelernt und stand ihm immer noch mit großer Ehrfurcht gegenüber. Ich weiß gar nicht, wie ich beschreiben soll, wie ich mir vorkam, als er das sagte; alles, was ich erwidern konnte, war: »Au Mann ... sag doch so was nicht.« Was William aus diesem Sumpf rettete, waren eine ganze Reihe öffentlicher Lesungen, die er praktisch zum ersten Mal im Leben gab. Die Reaktionen auf seine

William schaut aus seinem Londoner Fenster, 1972.
Foto: Gerard Malanga

Vorlesungen, veranlaßten ihn, seine Londoner Bude aufzugeben und in New York zu bleiben.

ANDREAS BROWN: Burroughs war in London sehr paranoid geworden, und es war großartig mitzuerleben, wie er wieder zum Leben erweckt wurde. Bei seiner ersten Lesung in New York war ich dabei. Man konnte beobachten, wie sein Gesichtsausdruck sich veränderte, als er merkte, daß das Publikum ihn hören wollte.

Ein Essen mit Susan Sontag: New York, 1980

BURROUGHS: In England gibt es die erbärmlichste literarische Szene, die mir jemals untergekommen ist. Alle treffen sich im selben Pub. Dieser Typ schreibt ein Vorwort für diesen Typen. Alle schreiben sie fürs Radio; sie *müssen* das, einfach nur, um über die Runden zu kommen. Und einer hilft dem andern, über die Runden zu kommen. »Ich schreib dir ein Vorwort, wenn du mir einen Waschzettel schreibst.«

BOCKRIS: Ist es für einen Schriftsteller von Vorteil, in New York zu leben?

SONTAG: In New York leben die Leute sehr isoliert, im Prinzip ist hier jeder einsam, aber wahrscheinlich gibt es hier weniger Schreiberei aus einer Verpflichtung heraus. Ich stimme nicht nur mit dem, was Bill über die englische Literaturszene sagte, überein, es gelingt mir sogar kaum, irgendwelche Schriftsteller in England zu nennen, die ich bewundere. Alles dort ist so gestelzt und so verwässert. Ballard, den mag ich.

BURROUGHS: Der ist auch gut.

SONTAG: Es ist so philisterhaft.

BURROUGHS: Inzestuös! Inzestuös!

SONTAG: Schriftsteller verschleudern ihre Talente, indem sie für das Fernsehen schreiben und alle möglichen Besprechungen, zwei Dinge, die hier weit weniger verbreitet sind. Bei uns existiert das Fernsehen für einen seriösen Schriftsteller als Betätigungsfeld nicht, und Besprechungen zu schreiben ist eine sehr unbedeutende Beschäftigung.

BURROUGHS: Englische Schriftsteller schreiben vier Besprechungen die Woche und dazu noch ein paar Sachen fürs Radio, einfach nur um zu überleben.

SONTAG: Das Witzigste ist, daß es dort dazugehört so etwas zu tun, auch wenn man nicht unbedingt auf das Geld angewiesen ist. Virginia Woolf zum Beispiel, die bestimmt nicht auf das Geld angewiesen war, schrieb zwei oder drei Besprechungen pro Woche, was eine enorme Menge literarischen Journalismus ausmacht. Das ist genau das, womit man sich beschäftigt, wenn man dort drüben Schriftsteller ist, man produziert eine enorme Menge Junk.

William Burroughs und Patti Smith bei der Nova Convention, New York City, 1978. Foto: Marcia Resnik

BURROUGHS IN NEW YORK

BOCKRIS: Du hast erstmals während des Zweiten Weltkriegs in New York gelebt. Was herrschte damals dort für eine Atmosphäre?

BURROUGHS: In der Stadt wimmelte es von Uniformierten, und in allen möglichen Geschäftsbereichen wurden Unsummen verdient. Man brauchte nur eine Wäscherei oder irgendeinen anderen Scheißladen zu betreiben und konnte ein Vermögen machen, weil die gesamte Wirtschaft am Boden lag. Sie holten die Leute von der Straße und zwangen ihnen egal welche Arbeiten auf. Es war unbeschreiblich. Ich habe mich dadurch hervorgetan, daß ich tatsächlich aus einem Rüstungsbetrieb rausgeflogen bin.

Ich wohnte für fünf Monate in der Bedford Street 69. Das war in der Zeit, als David Kammerer um die Ecke in der Morton Street 35 wohnte. Die Wohnung in der Bedford Street lag im dritten Stock; es war ein möbliertes Apartment. Es gab dort ein Sofa, ein paar Stühle und einen Tisch, ein Klo, eine Küche und ein Badezimmer. Sehr mittelmäßig also. Ich lebte allein dort. Das war die Zeit, als ich als Barkeeper und später dann als Privatdetektiv gearbeitet habe. Ich tat nicht sehr viel. Die meiste Zeit habe ich nicht gearbeitet. Ich hatte zwei Jobs. Einen großen Teil der Zeit verbrachte ich auf meiner Bude.

Kerouac griff das Bild des stets zuvorkommenden Burroughs in der Bedford Street 69 auf und verarbeitete es in seinem Romanerstling *The Town & The City*:

Dennison [Burroughs] war mit seinen persönlichen Verrichtungen fertig und reinigte seinen Augentropfer und seine Nadel penibel mit Wasser.

»Ja, Johnson war in der Tat absolut kein übler Bursche«, sagte er.

»Ja«, erwiderte Al, während er seine blutende Wunde mit einem Wattebausch betupfte, »er kam aus einer anständigen Familie, weißt du, aber er hatte Mühe, ihrer bizarren Lebenseinstellung gerecht zu werden, könnte man sagen.«

»Also, ich nehme an, daß sie ihm seinen Führerschein entziehen werden, aber er wird sich schon anderswo einen neuen besorgen.«

»Ja, ich denke, er wird seinen Kopf schon aus der Schlinge ziehen. Wir müssen alle mit unseren Tiefschlägen fertig werden und versuchen, das Beste draus zu machen.«

Sie machten alles sauber, verstauten ihre Pillen, Nadeln und ihre Watte sorgfältig, Dennison spülte Gläser und Löffel, Al wischte die Tischplatte mit einem Lappen, und alles war wieder blitzblank. Al zog sich Mantel und Hut an, und Dennison sagte, er würde ihn nach unten begleiten.

»Ich muß im Lebensmittelladen noch ein paar Liter Milch besorgen und im Drugstore noch etwas Benzedrine und Codein-Hustensaft und ein paar Zäpfchen, die ich ausprobieren möchte, und Kopfschmerzpulver, um mich morgens wieder aufzumöbeln, ein paar Kleinigkeiten eben, so daß es mir nichts ausmacht, mit dir runterzugehen.«

Woraufhin der große hagere Al die Tür öffnete und sagte: »Nach Ihnen, Bill.«

Aber Dennison machte eine leichte Verbeugung und lächelte: »Bitte sehr, Al, ich bin hier zu Hause.«

Ein Essen mit Gerard Malanga: New York, 1974

MALANGA: Überrascht dich dein Leben?

BURROUGHS: Manchmal schon. Aber wenn man von seinem Leben nicht überrascht würde, würde man gar nicht leben. Das Leben ist die Überraschung.

MALANGA: Bietet dir New York City etwas, das dir noch keine andere Stadt geboten hat, in der du bisher gelebt hast?

BURROUGHS: Eine ganz entscheidende Sache. Jede andere Stadt, die mir einfällt, ist dem Untergang geweiht, verliert an Qualität, was man von New York nicht behaupten kann. New York ist heute ein wesentlich angenehmerer Ort zum Leben, als es das bei meinem letzten Aufenthalt im Jahre 1965 gewesen ist. Mit London ging es rapide bergab. Ich bin tatsächlich an einem Punkt angelangt, wo ich das nicht mehr ertragen konnte. Alles wurde immer teurer. Man brauchte immer mehr Geld, um immer weniger dafür kaufen zu können. Es wurde zusehends langweiliger. Ich denke, das ist wirklich das einzigartige an New York, daß auf schlechte Zeiten auch wieder bessere folgen. Es ist eine der freundlichsten Städte, in denen ich bisher gelebt habe. Und ich bin sehr zufrieden mit meiner Entscheidung, wieder hierher zurückzukehren.

MALANGA: Wirst du auf der Straße von Leuten angesprochen? Wirst du von den Leuten erkannt?

BURROUGHS: Das passiert hier wesentlich häufiger als in London. Ich hatte in New York eine Reihe von äußerst angenehmen Begegnungen auf der Straße.

Ein Essen in der Franklin Street, 1974

In den ersten paar Monaten wohnte Burroughs in einem Loft am Broadway. Dann zog er in die Franklin Street 77 in ein Loft ohne Fahrstuhl, das im dritten Stock lag. Ich habe ihn dort kurz nach seinem Einzug besucht und habe später, noch in der selben Nacht, diesen Bericht über unseren ersten gemeinsamen Abend verfaßt:

Es ist ein regnerischer Dienstagabend, als ich an der Kreuzung Broadway und Franklin Street in Lower Manhattan auf dem Weg zu einem Dinner mit William Burroughs aus dem Taxi steige.

Ich lasse meinen Blick eine ehemalige Lagerhäuserzeile entlangschweifen, vor der eine wahllose Mischung aus kleinen Lieferwagen und alten Autos geparkt steht, entdecke Burroughs' viergeschossiges Gebäude, eile quer über die Straße, stoße die Tür auf und betrete das Foyer. Das Flurlicht ist aus, und ich taste mich, wegen der zwei gekühlten Flaschen Weißwein, die ich mir unter den Arm geklemmt habe, vorsichtig an das Treppengeländer heran. Ausgetretene Treppenstufen führen an Wandgemälden vorbei zum obersten Stock.

Ich klopfe an Burroughs' grüne Tür, und James läßt mich hinein. Burroughs steht in der Mitte des Raums. Er kommt mit ausgestreckter Hand auf mich zu. Das Loft ist tadellos sauber. Die alten Holzböden sind auf Hochglanz poliert, das Bett ist ordentlich gemacht, und überall steht nur das Allernotwendigste herum. Auf der Küchenanrichte liegt ein Manuskript und daneben ein Stapel großformatiger Schwarzweißfotografien von Burroughs, die Peter Hujar gerade vorbeigebracht hat. Auf einem liegt Burroughs auf dem Bett, den Kopf in eine Hand gestützt, lächelt, hat einen Seidenschal um den Hals drapiert und trägt ein kariertes Sakko mit breitem Revers.

Als James mir Hut und Mantel abnimmt und Burroughs damit beschäftigt ist, den Wein im Kühlschrank zu verstauen, bemerke ich, daß eine nagelneue Küche installiert worden ist, die einen sehr funktionellen Eindruck macht. Das Loft strahlt trotz perfekter Durchorganisation Gemütlichkeit aus, und man merkt, daß hier wirklich gewohnt wird. Drei kleinformatige Tuschebilder von Brion Gysin zieren eine Wand.

Bill mixt mir einen Wodka-Tonic. Wir trinken alle dasselbe, ohne Eis, und beginnen unsere Unterhaltung mit einer Diskussion über die Geburtstagsfeier des marokkanischen Königs, auf die maschinengewehrbewaffnete Terroristen einen Anschlag verübt hatten.

»Das muß man sich mal vorstellen, da reißen sich die Leute um eine Einladung zu dieser Geburtstagsparty, und dann gehen sie hin und werden abgeknallt«, lacht sich Bill ins Fäustchen. »Ich glaube, der belgische Botschafter wurde erschossen. Andere Typen waren pfiffiger und sind hinter Säulen in Deckung gegangen ...«

Seit sich Burroughs in New York niedergelassen hat, hat er sich angewöhnt, amerikanische Kleidung zu kaufen. Normalerweise übernimmt er einen Kleidungsstil, um sich seiner Umgebung anzupassen. Er trägt einen gutaussehenden dunkelgrünen einreihigen Blazer mit Goldknöpfen, eine gutsitzende hellbraune Hose und dunkelbraune hochglanzpolierte englische Lederstiefel mit flachen Absätzen. Eine etwas breitere grüne Krawatte ist akkurat zwischen dem langen schmalen Kragen eines hellbraunen Hemdes geknotet. Burroughs trägt seine Kleidung wie eine zweite Haut, und man merkt, daß er sich wohl und entspannt fühlt.

»Deine Lesung neulich hat mir wirklich sehr viel Spaß gemacht«, erzähle ich ihm. »Das Timing war perfekt.«

»Ich übe sehr gründlich für solche Lesungen und widme dem

sehr viel Zeit. So was ist eine Performance«, gibt er zu verstehen.

Wir sitzen am Küchentisch und reden über Kollaborationen in der Literatur. »Joseph Conrad hat in Zusammenarbeit mit Ford Madox Ford einige bemerkenswerte Bücher geschrieben, die allerdings inzwischen kaum noch gelesen werden. *The Inheritors* und *Romance* halte ich für besonders erwähnenswert. Es gibt dort Passagen, in denen er den Wörtern zu entkommen scheint oder die Wörter zu überwinden versucht und das mit einer sehr konventionellen und ziemlich klassischen Erzählweise«, klärt Burroughs mich auf.

20 Minuten später ist das Abendessen fertig, und wir tragen unsere Teller an einem Bettvorhang vorbei zu einem niedrigen Tisch in der Nähe des Bettes. Bill öffnet eine Flasche Wein, und wir lassen uns zu einem ausgezeichneten Essen nieder – Fisch mit Reis und Broccoli. Ich frage ihn, was er von Alexander Solschenizyn hält.

»Nie was von ihm gehört.«

»Aber ...«

»Wirklich nicht.«

»Er war auf dem Titelblatt von *Time*.«

»Nie was davon gehört.«

»Was würdest du tun, wenn du kein Schriftsteller wärst?«

»Ich schätze, so einiges – vielleicht ein Unternehmen leiten –, aber man läßt mich ja nicht.«

Beim Kaffee sagt Burroughs: »Die meisten Menschen merken überhaupt nicht, was um sie herum passiert. Ich kann Schriftstellern nur den einen guten Rat geben: Haltet um Himmels willen eure Augen offen.«

Meine Augen wandern zu Burroughs' Brille, als er sich umdreht und sagt: »Waffen sind ein Teil meines Lebens. Ich bin damit aufgewachsen.« Plötzlich steht er während des Essens auf,

146

geht ganz gemächlich rüber in eine Art Rumpelkammer hinter einem begehbaren Kleiderschrank und kommt mit einem M-16-Spielzeuggewehr wieder heraus. Dann postiert er sich in der Mitte des Raums in circa 6 Fuß Entfernung vom Tisch, legt mit Schwung an und zielt genau auf das andere Ende des Lofts. »Jawoll! Hiermit sind sie ausgerüstet«, kommentiert er trocken – und für einen Augenblick bekomme ich einen Eindruck von ihm, der sich gewaschen hat, eine Nahaufnahme, die mich aus den Socken haut.

An einem gewöhnlichen Tag in New York steht Burroughs zwischen 9 und 10 Uhr auf und rasiert sich. In einer Traumnotiz vom 13. August 1975 schreibt er: »Ein paar Sachen benötigt. Rasierspiegel. Jeder, der ans Rasieren gewöhnt ist, fühlt Verschlechterung eintreten, wenn er's nicht kann.« Aus *Zwischen Mitternacht und Morgen*. Für Burroughs ist Rasieren der Inbegriff des Kultiviertseins, und er hat sich während seiner Reisen niemals einen Bart oder Schnauzer stehen lassen.

Dann nimmt er eine 100-mg-Kapsel Vitamin B1, weil er glaubt, sich damit das Vitamin B1 zuführen zu können, das der Alkohol seinem Körper entzogen hat. Dann zieht er sich an, spült das Geschirr vom Vorabend und frühstückt. Am liebsten mit Kaffee und Donuts, englischen Muffins oder Kuchen.

Gegen 11 steigt er drei lange Treppen hinab, um seine Post zu holen (fünf bis zehn Sendungen täglich). Zwischen 11 Uhr 30 und 12 Uhr 30 hantiert er im Loft herum, geht seine Notizen durch, verfaßt Notizen und blättert in diversen Büchern herum.

Zwischen 12 Uhr 30 und 13 Uhr geht Bill häufig Lebensmittel einkaufen oder neuerdings auch Kleidung. Normalerweise ist er gegen 13 Uhr wieder zu Hause, ißt nichts zu Mittag, sondern schreibt von circa 13 bis gegen 16 Uhr.

Falls er gemeinsam mit James an einem Manuskript arbeitet oder eine Lesung vorbereitet, trifft James gegen 16 Uhr ein und bleibt dann bis zum Abendessen. Das kommt im Durchschnitt dreimal die Woche vor. Zwischen 16 und 18 Uhr redigieren sie Texte, danach entspannt sich Burroughs häufig in einem Schaukelstuhl am Fenster. »Es ist ein sehr schöner Ausblick«, findet James. »Ich arbeite am anderen Ende des Lofts. Wenn ich mal hochschaue, sehe ich, wie William völlig ruhig in seinem Stuhl sitzt und Gelassenheit ausstrahlt.«

Um 18 Uhr genehmigt sich Burroughs einen Drink. Zwischen 19 Uhr 30 und 20 Uhr 30 gibt es Abendessen.

Burroughs hat sein Leben lang in Restaurants gegessen. Heute geht er einkaufen und kocht für sich selbst und hat häufig Freunde zu Gast oder besucht Freunde, um bei ihnen zu essen. Nach dem Abendessen wird die Unterhaltung bis circa 23 Uhr oder sogar bis Mitternacht fortgesetzt, und dann geht er normalerweise nach Hause und ins Bett. Manchmal bleibt er aber auch auf und redet die ganze Nacht hindurch.

An einem ganz normalen Tag produziert Burroughs sechs Seiten. Manchmal sind es sogar 15. Als er mit dem Verfassen von *Die Städte der Roten Nacht* begann, schrieb er 120 Seiten in zwei Wochen. »William hat ein sehr gutes Gespür dafür, wann es besser ist, die Arbeit ruhen zu lassen oder sie wieder aufzunehmen. Er weiß genau, wann Schluß sein muß«, berichtet James. »Es kommt schon mal vor, daß ich ihn zu etwas zwingen will – beispielsweise, wenn er ein sechshundertseitiges Manuskript verfaßt hat und ich ihm vorschlage ›Wir sollten anfangen, das zu redigieren‹ – und er nur antwortet: ›Lieber nicht, daß dauert ja nochmal Jahre.‹ Er hat genügend Zeit verstreichen sehen, so daß er genau weiß, welches Tempo gut für ihn ist.«

Er hat genügend Zeit verstreichen sehen.
Foto: Gerard Malanga

Ein Essen mit Debbie Harry und Chris Stein:
New York, 1980

DEBBIE HARRY: Waren Sie schon mal in Portugal?

BURROUGHS: Ja, ich war einmal in Lissabon zum Essen, aber ich kenne Portugal überhaupt nicht. Es war sehr eigenartig, weil es dort aussieht wie nirgendwo sonst. Ich war in Lissabon. Die Menschen dort sehen nicht aus wie die Menschen, die ich bisher gesehen habe, und auch die Architektur sieht aus wie nirgendwo sonst. Ich kann mich an eine Situation in Tanger erinnern, als plötzlich ein portugiesisches Fischerboot durch irgendeinen Sturm in den Hafen getrieben wurde und man auf einen Häuserblock Entfernung erkennen konnte, daß es portugiesische Seeleute waren. Das ist schon ein merkwürdiger, leicht ungehobelter und archaischer Menschenschlag mit dieser seltsamen Kleidung. Aber einige von ihnen sind wirklich schöne Menschen, andere wiederum sehen echt zum Weglaufen aus.

HARRY: Da stehen sie den Bewohnern von Atlantis und den Druiden in nichts nach, oder?

BURROUGHS: Aber sie stachen derart hervor. Man konnte einen Häuserblock entfernt und auf Anhieb erkennen: »Das ist ein Portugiese.«

CHRIS STEIN: Je mehr ich reise, desto weniger gern möchte ich irgendwo anders leben als in New York. Bill, Sie wohnen im Nachbargebäude unserer ehemaligen Wohnung an der Bowery.

HARRY: Wir hatten eine Wohnung, in der es spukte.

BURROUGHS: Was für eine Art Spuk war das?

HARRY: Oben, über dem Schnapsladen, da hatten wir eine ehemalige Puppenfabrik, in der Kinder angestellt waren.

STEIN: Als wir in diese Wohnung einzogen, begannen die Dinge verrückt zu spielen, sie flogen ständig in der Gegend rum.

HARRY: Feuer!

STEIN: Es war eine wirklich riesige Fläche, die sich über drei Stock-werke erstreckte, total heruntergekommen, aber dort fand ich diese alten Sachen aus den vierziger Jahren, alte Plaketten.

HARRY: Es gab noch Einschußlöcher in den Fenstern, aus der Zeit, als die Mafia sich dort eingenistet hatte.

BURROUGHS: Was hatte es mit diesen übersinnlichen Phänome-nen auf sich, die sich dort abgespielt haben? Erzählt doch mal.

HARRY: Es gab dort einen Eingang, der auf gleicher Höhe mit der Straße lag, und eine enge und sehr dunkle lange Treppe und am Ende der Treppe eine glatte Wand mit einer Eingangstür. Chris hatte beschlossen, diese Wand schwarz zu streichen. Plötzlich ertönte ein lautes Klopfen, und er sah so was wie einen kleinen Jungen.

STEIN: Huschte vorüber wie ein kleines Kind. Es war mehr wie ein Gefühl. Es war eher wie eine unsichtbare Erscheinung.

BURROUGHS: Habt ihr eine Ahnung, wie alt das Kind gewesen sein könnte?

STEIN: Acht oder neun.

BURROUGHS: War bei dieser Sache irgendjemand in diesem Alter in der Nähe?

STEIN: Nein, es waren keine kleinen Kinder dabei.

BURROUGHS: Weil – wie ihr ja vielleicht wißt – Poltergeister fast immer nur durch junge Menschen Gestalt annehmen.

STEIN: Unser junger Bassist hatte ständig Nervenzusammenbrü-che.

BURROUGHS: Na bitte. Mein Reden.

STEIN: Gary wäre beinahe durch einen elektrischen Schlag drauf-gegangen.

BURROUGHS: Himmel! Das hört sich ja nach echten Poltergeistern an.

STEIN: Ich kam in sein Zimmer, und er hatte seine Lampe fest umklammert. Ich schlug sie ihm aus der Hand. Er stand da, und seine Kleidung war verschmort.

BURROUGHS: Oh Gott, das ist ja schrecklich.

Im Bunker

Derzeit wohnt Burroughs an der Bowery in einem großen Drei-zimmer-Apartment, das ehemals der Umkleideraum einer Turn-halle gewesen ist. Er bezeichnet es als den Bunker. Ein Besuch im Bunker kann ein riskantes Unterfangen sein, und in der Tat verkörpert William mehr als alle anderen, denen ich bislang begegnet bin, einen Menschen, der sich der Gefahren bewußt ist, die ihn umgeben. Erst kürzlich hat er mich mit einem Geh-stock, einer Dose Tränengas und einem Totschläger ausgestat-tet. »Ich würde das Haus niemals verlassen, ohne diese drei Dinge bei mir zu haben«, erklärte er unverblümt.

Und in der Tat, mit seinem dunkelblauen einreihigen Mantel, seinem Filzhut, den er sich tief über ein Auge gezogen hat, und seinem Gehstock, der einsatzbereit in seiner rechten Hand schwingt, könnte Bill geradewegs einem Roman von Kerouac entstiegen sein ... Mir kam ständig die Ähnlichkeit zwischen Kerouacs Beschreibungen von Bill und dem William in den Sinn, als der er sich mir allmählich offenbarte, während ich damit beschäftigt war, dieses Porträt auszuarbeiten.

Erst gegen Ende 1975 fand Burroughs, was sein New York City Hauptquartier werden sollte. Der Bunker ist ein elegantes rotes Backsteingebäude. Einer der ersten Leute, die ich zu einem ge-meinsamen Besuch zu ihm mitnahm, waren der englische Schriftsteller Christopher Isherwood, dessen Romane und Rei-sebeschreibungen Burroughs sowohl gelesen und für gut befun-

152

Bockris mit Chris Stein, Burroughs und Deborah Harry nach dem Essen in seinem Apartment. Foto: Bobby Grossman

den als auch benutzt hatte, und dessen Freund, der Künstler Don Bachardy. In dem Moment, da das Taxi vor dem verschlossenen Eisentor des Bunkers auf der kalten, menschenleeren und zugigen Bowery hielt, schaltete ich meinen Kassettenrecorder an.

BOCKRIS [*auf der Straße*]: Ein Eingang, der Dunkles ahnen läßt. Es ist manchmal verdammt schwierig, hier reinzukommen; es hängt davon ab, ob das Gitter auf oder zu ist. Bill wird runterkommen und das Gitter aufschließen.

DON BACHARDY: Hat das damit zu tun, daß hier ein unsicheres Viertel ist?

BOCKRIS: Ich glaube nicht, daß das der Grund ist. Es ist ein großes Gebäude, und deshalb schließen sie das Tor ab. Bill schließt es nicht ab. [*Wir gehen über die Straße zu einer Bar, einen halben Block entfernt. Eisiger Wind. In den Hauseingängen in*

Decken gehüllte, schräg dreinblickende Gestalten.] Diese Bar ist absolut ungefährlich, wir werden Bill anrufen, und er wird runterkommen. *[Wir öffnen die Tür, betreten die Bar, Geräusche von lautem Lachen, Rufen, zerbrechendem Glas und Schreien. Christopher und Dan bleiben sehr dicht beieinander. Stimmen aus verschiedenen Gesprächen erscheinen auf Band. »Das sind meine zwei Dollar« und so weiter.]*

Gibt's hier in der Bar ein Telefon?

BARKEEPER: Nein, aber auf der anderen Straßenseite, direkt gegenüber.

CHRISTOPHER ISHERWOOD *[vergnügt]*: Eugene O'Neill läßt grüßen! *[Wir öffnen die Tür der zweiten Bar. Dieselbe Atmosphäre wie oben. Auf dem Band wabern Stimmen: »Wir zwei sprechen uns noch. Kannst dich drauf verlassen! Wenn dein Freund nicht dabei ist. Ich hab die Schnauze voll von deinem Scheiß! Du mit deinen verschissenen ›Freunden‹«!]*

BOCKRIS: So was gehört zu einem Besuch bei William Burroughs durchaus dazu, oder? *[am Telefon]*: Hallo James, wir sind hier unten an der Ecke ... *[legt auf]*. Sie kommen runter. *[Wendet sich zum Gehen]*. Was denkst du? Ist es schlimmer, ein Drogenabhängiger oder ein Alkoholiker zu sein?

ISHERWOOD: Gott, woher soll ich denn das wissen, ich habe noch keins von beidem ausprobiert.

BOCKRIS: Man sieht mehr Alkoholiker auf der Welt. Sieht so aus, als würden Drogenabhängige entweder sterben oder nicht in einen so miserablen Zustand geraten.

ISHERWOOD: Ich habe in meinem Leben eine ganze Menge getrunken, aber ich war immer weit davon entfernt, Alkoholiker zu werden.

BOCKRIS *[Burroughs' Sekretär James Grauerholz erscheint hinter dem Eisengitter mit einem Schlüsselbund. Wir gehen eine steinerne Treppe hinauf]*: Ich werde vorgehen. *[Sie betreten*

Burroughs' geräumiges Apartment.] Ich werde alle miteinander bekannt machen. *[Sie schütteln sich die Hände, nicken sich zu, lächeln.]*

BURROUGHS: Warum legen Sie nicht Ihre Mäntel ab, meine Herren. *[Alle legen ihre Mäntel in Bills Zimmer neben seinen Schlafanzug, der ordentlich zusammengelegt auf seinem Bett liegt, gehen in den Wohnraum zurück und lassen sich auf orangefarbenen Bürosesseln nieder, die um einen großen Konferenztisch gruppiert sind, der im Küchentrakt von Burroughs' Apartment steht.]*

GRAUERHOLZ: Kann ich Ihnen was zu trinken anbieten?

ALLE: JA!

ISHERWOOD *[blickt sich um]*: Dies ist ein phantastischer Ort.

BURROUGHS: Es gibt keine Fenster. Aber andererseits gibt es auch keinen Lärm. Das gesamte Gebäude war mal ein CVJM-Haus. Dies ist der ehemalige Umkleideraum. Der Mann über mir bewohnt die ehemalige Turnhalle, und unten war das Schwimmbad. Da ist jetzt ein Möbelgeschäft drin.

BOCKRIS: Warum bist du von der Franklin Street in den Bunker umgezogen?

BURROUGHS: Ich hatte keine Lust mehr, diese Treppen in der Franklin Street hochzulaufen, außerdem wurde die Miete erhöht. Ich bin über John Giorno drangekommen, der seine Wohnung über mir hat. Der Vermieter zeigte mir die Räumlichkeiten. Keiner wollte sie haben, weil es keine Fenster gibt. Deshalb wurden sie als Lagerraum benutzt. Die Spüle war bereits vorhanden und die Dusche und Toilette ebenfalls. Ich habe mich entschieden, es zu nehmen. Es war ursprünglich nur ein Raum, und deshalb haben wir diese Trennwände eingezogen. Zuerst zog James für etwa ein halbes Jahr ein, und dann zog ich aus der Franklin Street aus. Die Wohnung in der Franklin Street habe ich zu verkaufen versucht, weil ich dort sehr viel Geld reingesteckt habe.

Als ich dort einzog, war alles in einem total heruntergekommenen Zustand, und ich habe im Laufe der Zeit einen Kühlschrank gekauft und eine Spüle eingebaut und einige Schränke aufgestellt und hier und da den Fußboden ausgebessert, was mich 7000 Dollar gekostet hat. Aber es wollte mir niemand etwas dafür zahlen, und so habe ich den ganzen Laden Malcolm McNeil überlassen, der jetzt dort wohnt. Ich habe zum falschen Zeitpunkt versucht, Geschäfte zu machen. Außerdem wollte niemand ständig drei Treppen hochlaufen. Es ist ein mörderisches Unterfangen, sich seinen Kühlschrank in den dritten Stock bringen zu lassen. Das kostet einiges extra.

BOCKRIS: Wie bist du auf die Idee gekommen, den Fußboden vom Bunker weiß zu streichen?

BURROUGHS: Als ich einzog, war er grau wie ein Kriegsschiff und sah schmuddelig aus. Selbstverständlich braucht man hier drinnen soviel Licht wie möglich, weil es keinen natürlichen Lichteinfall gibt, und ich war mit dem Ergebnis sehr zufrieden. Man hat hier natürlich keine Aussicht, aber was hatte ich denn in der Franklin Street für eine Aussicht. Da konnte ich mir ein paar Häuser anschauen. Außerdem habe ich vier Türen zwischen mir und der Außenwelt, und während des Tages habe ich Leute da unten. Die Stellung ist also so gut wie uneinnehmbar.

BOCKRIS: Dieses System der telefonischen Anmeldung ist sehr gut. Da kann keiner kommen, unvorhergesehen an der Tür klopfen und dich belästigen.

BURROUGHS: Ich denke, es ist besser so. Ich fühle mich hier sehr sicher.

Vor dem Burroughs-Gebäude, New York, 1975. Ein Foto-Porträt von Gerard Malanga

Ein Essen mit Sylvère Lotringer, Gerard Malanga und Debbie Harry: New York, 1979

SYLVERE LOTRINGER: Als ich William im Bunker besuchte, um mit ihm das Konzept für die Nova Convention zu besprechen, kam er mir wie ein typischer Amerikaner vor. Diese Distanz, diese Verschrobenheit und dieser sarkastische Tonfall waren in meinen Augen sehr amerikanisch. Seine Art zu sprechen ist auf der einen Seite sehr elaboriert und auf der anderen Seite stark vom mittleren Westen geprägt. Allein sein Humor stellt eine Verbindung her zwischen dem, was er sagt und was er schreibt, obwohl seine Art zu sprechen in unmittelbarer Verbindung zu seinem Schreiben steht. Der Duktus seiner Stimme ist sehr präzise. Er erinnerte mich an T. S. Eliot.

BURROUGHS: Natürlich, wenn man es sich recht überlegt, war *Das wüste Land* die erste bedeutende Cut-up-Collage.

LOTRINGER: Ich habe T. S. Eliot einmal getroffen, als ich in England war. Seine poetische Sprechweise wird mir immer in Erinnerung bleiben. Er sprach, genau wie Burroughs, als ob die Sätze bereits schriftlich fixiert gewesen wären.

MALANGA: Hast du den Eindruck, daß deine Arbeit den Umgang mit anderen Menschen erschwert?

BURROUGHS: Ich verbringe einen Großteil meiner Zeit allein. Ich bin nicht besonders gesellig. Ich mag keine Partys oder irgendwelche Treffen ohne besonderen Anlaß. Je größer sie sind, desto verfehlter sind sie auch. Solche Partys finden hier nicht statt. Man wacht am nächsten Morgen auf und schätzt den entstandenen Schaden an seinem Besitz. Ich habe ein paar enge persönliche Freunde, die ich regelmäßig sehe. Ich treffe nicht sehr viele Leute und gehe auch nicht häufig aus.

HARRY: Sind Sie ein guter Koch?

BURROUGHS: Doch, ein ganz passabler.

HARRY: Machen Sie Dosen auf oder kaufen Sie Sachen ein, die Sie selbst zubereiten?

BURROUGHS: Ich kann ohne weiteres für zehn Personen ein schmackhaftes Essen kochen.

Victor Bockris (im Hintergrund) reicht William Burroughs eine Schachtel Aspirin, während Frank Zappa die Nase rümpft und zusieht. Aus Howard Brookners Dokumentarfilm Burroughs

ÜBER DROGEN

Bei Burroughs im Bunker. Ter leerte soeben einen Beutel voller Medikamentenmuster auf Bills großem Eßtisch, und während ich den Kassettenrecorder einschaltete und einen Riesenjoint anrauchte, lud Bill uns ein, uns selber mit Drinks zu versorgen, setzte seine Lesebrille auf und machte sich – mit einem Vergrößerungsglas bewaffnet, wie ein Juwelier, der kostbare Steine prüft – daran, sorgfältigst die Etiketten zu studieren.

BURROUGHS: Also, Terry, was ist denn das alles für ein verdammter Mist?

TERRY SOUTHERN: Bill, das alles sind pharmazeutische Muster, die die Drogenindustrie Big Ed Fales, dem freundlichen Drogisten, und Doc Tom Adams, dem schreibenden Kurpfuscher, überlassen hat. Alles, was sich nicht aufkochen läßt, werden wir oral einnehmen. Nimm's also genau unter die Lupe, Bill.

BURROUGHS: Das werde ich.

SOUTHERN: Auf die eine oder andere Weise werden wir uns das schon in die alte Rübe knallen! Doppelt auf der Hut vor Demerol, Dilaudid und dem großartigen Talwin!

BURROUGHS: *Schmerz* – ich bin auf der Hut vor dem Wort Schmerz ... *[murmelt, indem er ein Etikett prüft, vor sich hin]*: Hmm ... ja ... ja ... ja, tatsächlich ... *[liest von einem Etikett ab]*: »Flüssigkeitskontrolle, die das Leben lebenswert gestalten kann.« Nun, das ließe sich anwenden auf Blut, Wasser ... *[liest das nächste Etikett]*.

SOUTHERN: Alle unsere wertvollen Körpersäfte!

BURROUGHS: Ich werde eines nach dem anderen untersuchen. Alles, was irgendwie interessant sein könnte, werde ich auf eine Seite legen ... *[sortiert]*.

SOUTHERN *[der eine Papiertüte zur Hand nimmt]*: Den Ausschuß tun wir hier hinein.

BURROUGHS *[mit abwehrender Geste]*: Ich suche nur aus, was interessant sein *könnte* ... *[untersucht ein weiteres Etikett]*: Dies hier könnte was sein *[schiebt's zur Seite]*.

SOUTHERN: Nun ja, eine Menge von dem Zeug gehört zu den neuen Synthetika, Bill – Namen, die dir nicht unbedingt was sagen müssen, weil sie das enthaltene starke Rauschmittel *verschleiern*! Das könnte ernsthafte Forschungen rechtfertigen und einen guten Artikel für eines der Drogen-Magazine ergeben – darüber, wie die pharmazeutische Industrie es anstellt, die US-Arzneimittelbehörde FDA hinters Licht zu führen – und Cosonal *[Kodein-haltiger Hustensirup, den es jahrelang rezeptfrei zu kaufen gab]* wieder in die Regale zu kriegen!

BURROUGHS *[der ein weiteres Fläschchen prüft]*: Was das hier sein soll, kann ich mir nicht so recht vorstellen ...

SOUTHERN *[voller Begeisterung]*: Dann runter damit, immer runter damit, Bill! Probieren geht über studieren!

BURROUGHS *[trocken]*: Ich denke, nicht ...

SOUTHERN *[nimmt ein Fläschchen in die Hand und liest]*: »Gegen Pickel und Akne« *[schiebt es angewidert zur Seite]*. Aber das hier ... »Icktazinga« *[reicht es Bill]*: Sagt dir das was?

BURROUGHS *[liest]*: »Kaubar.« Etwas, das *kaubar* ist, interessiert mich nicht sonderlich ... *[verzieht das Gesicht]*.

SOUTHERN: Aber hier heißt es, »Jeweils eines kauen.« Ich aber sage: »Koche acht Stück auf einmal auf!« *Wenn eins dich kaut, werden acht dich sieden!* Wär das nicht 'n Titel für dich?

BOCKRIS: Hier haben wir ein Diureticum.

SOUTHERN: Ein Diureticum könnte *Paregoric* enthalten – und was *das* bedeutet, weißt du ja!

BURROUGHS: Nein, nein ...

SOUTHERN: Ich sage, ein Diureticum ist ein randvoll mit krampf-

162

William und Terry in der Garderobe. Nova Convention, New York, 1978. Foto: Marcia Resnick

lösenden Nervenkillern ... ganz bestimmt ein auf Kokain basierendes Heilmittel!
BURROUGHS: Ein Diureticum ...
SOUTHERN: Das läßt sich in jedem Fall aufkochen, Bill.
BURROUGHS: ... ist etwas, um *Harn* zu treiben, mein Lieber – das ist *alles*, was es damit auf sich hat.
SOUTHERN: *Das* soll die ganze Wirkung eines Diureticums sein? *Harn treiben?*
BURROUGHS: Ja.
SOUTHERN *[mit ernster Stimme]*: Nun, Doktor, ich vermute, wir kommen nicht darum herum, uns der gräßlichen Aufgabe eines weiteren Eigenversuchs zu stellen.
BURROUGHS: Ja, ich fürchte, es geht nichts anders. Das sind nun mal die Kümmernisse der legitimen Drogenindustrie.
BOCKRIS: Nikotinsäure! Was soll das denn sein?

BURROUGHS: Das sind *Vitamine*, mein Lieber.

SOUTHERN: Einen Augenblick, Doktor, das könnte durchaus auch eine Art synthetisches Speed sein!

BOCKRIS: Ja; hier steht: »Für verlängerte Wirkung.«

BURROUGHS *[der ein weiteres Etikett untersucht]*: Schmerz! – achtet auf das Wort »Schmerz« ... das ist der Schlüssel.

SOUTHERN: Laßt »Schmerz« unsere Losung sein!

BURROUGHS: Schaut mal her, das hier könnte es sein. *[Er untersucht ein alt aussehendes Fläschchen mit dunkelgrünem Etikett]*: Ja, genau das ist es. Hat ein bißchen Kodein drin.

SOUTHERN: Das werden wir probieren müssen ... Aber, Bill, ich hoffe, daß du diese synthetischen Schmerzmittel nicht unterschätzt, nur weil sie nicht als *Heroin* oder *Morphin* gekennzeichnet sind ...

BURROUGHS *[ungehalten]*: Mann, ich kenne doch alle synthetischen ...

SOUTHERN: Nein, nein, die legitimen Drogen sind in den Underground gegangen. Alle machen da jetzt schon mit – es ist eine Frage des alten Miltown-Syndroms [Miltown ist ein Psycho- und Muskelrelaxans]. Ich meine, der FDA gegenüber müssen sie sich absolut cool geben – die können nicht einfach sagen: »Nun, das hier macht Sie in jedem Fall high.«

BURROUGHS: Mann, die FDA muß informiert sein, bevor die überhaupt auch nur ein Muster verschicken können, glaub mir das.

SOUTHERN *[zu Bockris]*: Bills Toleranzschwelle nimmt ab.

BOCKRIS: Und hier haben wir was gegen Hypertonie – das ist also ein Downer, stimmt's?

BURROUGHS: Nein, Hypertonie deutet lediglich auf erhöhten Blutdruck hin ...

SOUTHERN: Aber gewiß ist's ein *Downer*, Mann, wenn es Antihypertonie ist, muß es ein *Downer* sein ...

BURROUGHS: Nein, ist es nicht.

BOCKRIS *[mit irgendwas anderem]*: Also, das hier könnte Speed sein. »Verlängerte Aktivität« steht drauf.

SOUTHERN: Gut!

BURROUGHS: Welche Art von Aktivität? Ich weiß gar nicht, ob ich überhaupt mehr Aktivität *will*.

BOCKRIS *[liest]*: »Niacin!«

BURROUGHS: Mein Gott, weißt du nicht, was Niacin ist?

SOUTHERN: Immer runter damit, auf daß es eine starke Wirkung entfalte, Bill!

BURROUGHS: Du weißt, was Niacin ist, oder nicht? Es ist ein Vitamin-B-Komplex.

SOUTHERN: Mit einem bißchen gute alte Spanische Fliege drin, falls ich richtig vermute! Und nun lassen Sie mich diese Frage stellen, Dr. Benway: Bestätigen Sie die Existenz eines Versuchs, einer *nicht nichtsahnenden* Öffentlichkeit – *au contraire*, einer allzu eifrig wartenden Öffentlichkeit – irgendeine Substanz zu verabreichen, die sie erkennen würden als etwas, das Schmerz ausschließt?

BURROUGHS: Dies streite ich kategorisch ab – denn, seht ihr, um irgendeine Substanz oral einzunehmen, braucht man die Zustimmung der FDA.

SOUTHERN: Und wie ist Cosonal durchgekommen?

BURROUGHS: Was hat das mit Cosonal zu tun?

SOUTHERN: Cosonal, das war dieser Hustensirup – das war zu einer Zeit, als du außer Landes warst –; da gab es einen Zeitraum von ungefähr sechs Monaten oder mehr, wo man in ein Zimmer hineinspazierte, in dem man buchstäblich knöcheltief in leeren Cosonal-Flaschen watete. Junkies auf Entzug machten pro Tag 15 oder 20 Flaschen leer, die Flasche zu 85 Cent. Und dann ging der Preis in die Höhe, keiner wußte, warum; und schließlich gab es einen Skandal, und das Zeug wurde vom Markt genommen. Es war praktisch reinstes Kodein.

BURROUGHS: Glaubt mir, an der FDA kommt nichts vorbei. Solange die nicht ihr Okay geben, hast du keine Chance.

SOUTHERN: Gut, aber können sie nicht für irgendwas ihr Okay geben, das einen high macht, ohne daß sie's wissen? Irgendwas *Neues*, von dem sie noch nicht wissen, daß es die Sinne verwirrt? *Oder*, mal aus einer ganz anderen Ecke heraus betrachtet, könnte die Pharmaindustrie nicht irgendwas auf den Markt bringen, das die Patienten einnähmen, ohne zu realisieren, daß sie davon high werden?

BURROUGHS: Nein, und ich werd dir auch sagen, warum: Erstens arbeiten alle großen Firmen Hand in Hand mit der FDA – die FDA stellt sozusagen die *Firmen-Cops*, das ist genau das, was sie sind.

SOUTHERN: Ich rede von Korruption *innerhalb* dieser Firmen ...

BURROUGHS: Ja, es gibt da schon Korruption, aber es ist wahrscheinlich, daß es dabei um Mittel geht, die die Leute eher *umbringen*, als daß sie sie high machen. Gelegentlich bringen sie was raus ... so was wie Milanite. So was kann durchaus mal ein Schlupfloch finden. Auch andere Sachen schlüpfen durch, aber dann findet man heraus, daß es Leberschäden verursacht ... es gibt nur verschwindend wenig, was durchschlüpft und einen high macht ... *[nimmt ein weiteres Fläschchen in die Hand].* Nun, hier haben wir was – es enthält ein Gran Kodeinsulfat – nicht viel, wenn man aber ein ganzes Fläschchen davon trinken würde, würde man möglicherweise schon was merken.

SOUTHERN: Runter damit, Bill!

BOCKRIS: Als nächstes sollten wir William zum Essen ausführen.

BURROUGHS *[der das überhört]*: In Frankreich oder in der Schweiz kriegst du soviel Kodein, wie du nur willst, über'n Ladentisch, aber hier kriegst du's nicht. *[Er nimmt ein anderes Fläschchen hoch und liest]*: »Verwirrte, vergeßliche, griesgrämige, ungepflegte, verdächtige Persönlichkeit ... vorübergehende zerebrale Ischä-

166

mie, der Gesundheit abträgliche psychologische Beschwerden an zwei aufeinanderfolgenden Tagen, und sie befassen sich mit den zugrundeliegenden Kreislauf- ...«

BOCKRIS: Ich will auf die richtige Bahn. »Ungepflegt«. Davon werde ich eins nehmen.

BURROUGHS: Jeder nach seinem Geschmack, wie der Franzose sagt, aber ich rate davon ab. *[Brummelt vor sich hin]*: Und das hier ist was, das geradewegs im Papierkorb landet – »nicht-narkotisierend«! ... In diesen Räumlichkeiten will ich nichts Nicht-Narkotisierendes! Hi-hi-hi.

SOUTHERN: Hör zu, die können doch sagen »nicht-narkotisierend«, aber vielleicht von einer völlig verdrehten Definition von »narkotisierend« ausgehen, wie irgendwas aus *Dracula* ... denk doch nur mal an die phantastische Konkurrenz, die unter diesen Kopfschmerzmittelleuten herrschen muß – beim Versuch, Kopfschmerzen zu beheben und einem ein gutes Gefühl zu verpassen.

BURROUGHS *[studiert noch ein anderes Etikett und schiebt das Fläschchen beiseite]*: Also, Entzündungsmittel gegen Uralt-Arthritis brauchen wir nun wirklich nicht.

SOUTHERN: Wart mal! Das ist ein *Schmerzmittel!* »Arthritis« ist der Begriff, den man heute für »Schmerz« verwendet, und das heißt: jede *Menge Kodein*, Bill!

BOCKRIS: Dies Gebräu ist mir nur allzu bekannt – es ist nichts als Ihr freundlicher Hustensirup mit den ganz normalen Zutaten.

SOUTHERN: Aber wenn man's aufkocht, kommt vielleicht was wirklich Sensationelles dabei heraus! Du kochst es solange auf, bis alles weg ist, bis auf die *Essenz*, die, was die Verwirrung der Sinne betrifft, möglicherweise pures Dynamit darstellt ...

BOCKRIS: Was wir brauchen, ist ein Isolierer, um es zu isolieren.

SOUTHERN: Nein. Ausprobieren, ausprobieren ...

BURROUGHS: In diesen Räumen werden wir nicht die Ausprobier-Route einschlagen.

BOCKRIS: Sollen wir noch einen Joint rauchen, bevor wir ausgehen?

SOUTHERN *[indem er eine kleine Metalldose aufmacht]*: Und das hier ist aus der Republik Kolumbien – Dynamo-Dynamit. Ich werd mal einen zurechtzwirbeln *[nimmt pinkfarbenes Zigarettenpapier heraus]* und dieses klitorale Zigarettenpapier benutzen, um ihm den rechten Pfiff zu verpassen.

BOCKRIS: Warum drehst du nicht gleich noch so ein Rohr? Es sieht ganz so aus, als würde Bill den einen ganz alleine rauchen. *[Burroughs hat mehrere Zeitungsausschnitte über Mordfälle vom Tisch genommen und spielt die verschiedenen Rollen auf der anderen Seite des Bunkerinneren und hält dabei Terrys ersten Joint in der Hand.]* Bill, gab es zu Hemingways und Fitzgeralds Zeiten viel Kokain in Paris?

BURROUGHS: Mann, Kokain und Heroin gab es in *Hülle* und *Fülle*. In den ausgehenden zwanziger Jahren gab es das in Europa überall, sofern man wußte, wie da ranzukommen war. Es kostete ungefähr hundertmal weniger als heute.

SOUTHERN: Hemingway und Fitzgerald haben es niemals erwähnt – keine Bezugnahme auf Dope ... in ihrem sogenannten »ganzen kollektiven Oeuvre« nicht. Die hingen beide ziemlich an der Flasche.

BOCKRIS: Was ich wissen will ist, haben Picasso, Gertrude Stein und Hemingway Koks geschnupft?

SOUTHERN: Nein, aber in Paris, wo es einen großen arabischen Bevölkerungsanteil gibt, kann man ziemlich offen Haschisch rauchen – in den Cafés nahe des Hôtel de Ville. Die haben das stärkste Hasch, das man kriegen kann, also hatten sie das, ganz in der Tradition von Gide, Baudelaire ...

BURROUGHS: Du verwechselst die Epochen bei dem, was du da rüberbringen willst. Bei dir sitzen Gide und Baudelaire an demselben verdammten Tisch und schnupfen Koks. Warum setzt du nicht Villon gleich mit dazu, Himmel nochmal!?! Sie alle zusammen haben ein bißchen Koks geschnupft! Ich hab den Eindruck, du schnupfst *Zeitreisen*, Baby!

SOUTHERN *[mit gespielter Entrüstung]*: Doktor! Ich beziehe mich auf die *überlieferte Tradition* der Sinnesverwirrung unter dekadenten Franzmännern des sogenannten Qualitäts-Lit-Haufens! Baudelaire! Rimbaud! Verlaine! Und den großen verstorbenen Andy Gide!

BURROUGHS *[unnachgiebig]*: Zeitreisen!

SOUTHERN: Bills Toleranzschwelle ist ungefähr so breit wie ein Thai-Stick.

BOCKRIS: Ich hasse Quaaludes.

BURROUGHS: Man fühlt sich wirklich fix und fertig am nächsten Morgen. Ein fürchterliches Zeug. Ich mag es überhaupt nicht.

BOCKRIS: Ich hasse das Zeug – und Mandrax.

SOUTHERN: Das großartige Mandrax! Ist das dasselbe wie Quay?

BOCKRIS: Stärker als Quay. Das englische Äquivalent, aber stärker. Es wird häufig zum Verführen benutzt.

SOUTHERN: Das ist, was Quaaludes ausmachen – die Mädels *lieben* Quaaludes –, das macht sie weniger selbstbewußt, schätze ich mal, was das Ficken angeht. Drogisten behaupten, NUTTEN stünden drauf. STUDENTINNEN und NUTTEN. Irgendwas müssen die gemeinsam haben.

BURROUGHS: Intensiven Schmerz.

SOUTHERN: Man nennt sie auch »Schwimmer« – ich vermute, sie schwimmen überm Schmerz.

BURROUGHS: Viel wahrscheinlicher darauf – auf einem Meer aus Schmerzen schwimmen!

SOUTHERN: Wieder mal ins Schwarze getroffen, Doktor! A.J. persönlich würde dem zustimmen!

BURROUGHS *[murmelt, als er erneut ein Etikett studiert]*: Manchmal mache ich mir so meine Gedanken über A.J. ... habe ihm

immer wieder mal Vorhaltungen gemacht ... riet ihm, sich exklusiv in meine Behandlung zu begeben ... hat alles nichts ge-
nützt ...

SOUTHERN: Man sagt, daß er menschliches Leben wenig oder gar
nicht achtet ...

BURROUGHS: Genau so verhält es sich ... außer seinem eigenen,
natürlich.

Wir machen uns auf den Weg zu Mickey Ruskins Restaurant,
One University Place, um dort zu Abend zu essen.

BURROUGHS: Ich habe ein Alter erreicht, in dem ich in Chicago
einen Drink bestellen kann, ohne meinen Ausweis zeigen zu
müssen. Mein Gott nochmal, hört euch das an: Wir gehen in
diese Bar, und sie verlangen Ausweise dort. Die Kellnerin mißt
mich mit kaltem Blick und sagt: »Ich schätze, für Sie ist's okay.«
Warst du dabei? Hast du einen Drink gekriegt, Terry? Warst du
»okay«? Sollte mich jemand nach meinem Ausweis fragen, sollte ich mich schwer geschmeichelt fühlen.

Das Taxi fährt vorm Restaurant vor. Als wir zur Tür hinüber-
gehen, knurrt Burroughs wie ein Gangster: »Euch Boys krieg
ich rein, das schwöre ich.« Im Inneren beginnt Roy Orbison
gerade »Pretty Woman« zu singen. Die Musik schwappt über
uns hinweg, als wir uns an einem Tisch niederlassen ...

BOCKRIS: Terry, was, glaubst du, könnte die zur Zeit interessanteste Entwicklung auf dem Gebiet der Drogen sein?

SOUTHERN: Ich glaube, das erste wäre eine Preis- und Qualitäts-
kontrolle ... die Etablierung eines Standardisierungssystems. Es
gäbe da eine Art Dr. Benway, der die Kriterien für eine Bewer-
tungsprozedur festlegen würde; die Preisgestaltung würde sich
nach der Qualität richten. Diese Kriterien sollten wahrscheinlich technischer Art sein – etwa wieviele Einheiten THC es gäbe
und nicht auf der Grundlage, wie sehr eine bestimmte Person

darauf *abfahren* würde ... mit anderen Worten, so objektiv wie
möglich. Innerhalb eines solchen Rahmens wird man natürlich
seine Kritiker haben. Es wird Scharlatane geben, die mit diversen Kreuzungen anrücken. Man kann's direkt sehen: »Okay,
warum versuchst du nicht mal ein wenig von der Sorte X – kostet nur die Hälfte deiner üblichen Marke.« So etwas sollte dann
verboten sein.

BURROUGHS: So was nennt man auch das Verarzten von Experten.

BOCKRIS: Dies Gespräch sollten wir *Das Verarzten von Experten*
überschreiben. Aber wenn wir schon über Preise reden, warum
reden wir dann nicht auch über landwirtschaftliche Subventi-
ons-Fakultäten? Wir brauchen landwirtschaftliche Subventions-
Fakultäten.

SOUTHERN: Was Reis für China ist, wird der Cocastrauch für Mr.
und Mrs. Unterernährt US von A als Schmerzmittel ihres Hun-
gers wegen all des Überflusses sein – Hunger wird von der Notwendigkeit effizienter Produktion verursacht werden.

BURROUGHS: Ja, gewiß kann das quälenden Hunger lindern.

BOCKRIS: Jedermann könnte seinen eigenen Cocastrauch züch-
ten.

BURROUGHS: So leicht ist das nicht; die gedeihen nur in einem
bestimmten Klima.

BOCKRIS: Wenn es den Chinesen gelingt, auf ihrem Hinterhof Stahl
zu produzieren, dann kann ich auch Coca pflanzen.

SOUTHERN: Moment mal, eigentlich sollte man das schon können,
Bill – die lassen einen ja sogar eigenen Schnaps brennen. Tatsächlich gibt es da eine legale ...

BURROUGHS *[ungehalten]*: Wir haben mal *versucht*, unseren eigenen Schnaps zu brennen; aber das Zeug war so entsetzlich,
daß allen schlecht geworden ist.

BOCKRIS: Ist es nicht so, daß die Droge, die sich am besten verkaufen ließe, die wäre, die besseren Sex verspricht? Stellt euch vor, man könnte eine Droge anbieten und verkünden, damit hätte man besseren Sex. Das wäre eine Droge, die sich am besten verkaufen ließe, oder?

BURROUGHS [mit Nachdruck]: Nein, das glaube ich nun überhaupt nicht ... Weil die Droge, die sich auf jedem beliebigen Markt am besten verkaufen läßt und jede Droge, die sexuell stimuliert, verdrängen wird, die Droge ist, die Sex überflüssig macht, insbesondere Heroin. Auf einem freien Markt würde Heroin Marihuana, das eine einigermaßen gute Sexdroge ist, sofort verdrängen. Ich meine, die meisten Menschen stehen gar nicht auf Sex – die wollen Sex loswerden. Ihr Sexleben ist auf fürchterliche Weise unbefriedigend. Sie haben eine Frau, zu der sie sich vor 40 Jahren mal hingezogen fühlten. Es ist schrecklich, wofür wollen die ihr Sexleben stimuliert haben? Ihr Sexleben ist so entsetzlich. Nun versetzt Heroin sie in die Lage, diesen Trieb loszuwerden, und das ist es, was sie wirklich wollen.

SOUTHERN: Welche Drogen sind sexuell stimulierend?

BURROUGHS: Marihuana.

BOCKRIS: Eine gute Mixtur aus Koks und Marihuana kann bisweilen funktionieren; das hängt vom Katalysator ab, schätze ich.

BURROUGHS: Ich mag kein Koks.

BOCKRIS: Nein, aber eine kleine Menge kann durchaus helfen.

BURROUGHS: Zieh ordentlich durch und dann ein paar Poppers.

BOCKRIS: Hast du Poppers auf dem Nachttisch?

BURROUGHS: Aber klar doch, alle jungen Leute haben das. Man sagt, der Gestank von Amylnitrat erfüllt die Hotelhallen von Bellows Falls.

BOCKRIS: Terry, welche Droge würdest du am liebsten nehmen?

SOUTHERN: Für mich ist Kokain die Droge, die ich am meisten genieße – in kleinen Mengen natürlich, schon wegen des Preises.

BOCKRIS: Was sollte sie deiner Meinung nach weiterentwickeln?

SOUTHERN: Das würde von den Empfehlungen des guten Doktors abhängen – Dr. Benways. Das ist eine Frage des Stoffwechsels, weißt du.

BURROUGHS: Wenn ich ein Sündenbock wäre, würde ich sagen, verlaßt einfach euern Körper und geht irgendwo hin und kommt vielleicht nicht einmal mehr zurück. Das würde mir eine Menge Ärger ersparen ...

SOUTHERN: Beeilung, Doktor. Ich glaube, es gilt da einen Bürger festzunehmen. Ich vermute, Sie sind der Leibhaftige, der den durchgeknallten Dr. Benway ersetzt. Ich vermute ... *[wendet sich unvermittelt an die Kellnerin]*: Würden Sie gern mal in einem Film mitspielen, meine Liebe, mit dem durchgeknallten Dr. Benway?

BOCKRIS: Ich sehe keinen Grund zur Annahme, daß es in der Art und Weise, wie Drogen unter die Leute gebracht werden, eine Änderung geben wird.

BURROUGHS: Wovon redest du da?

SOUTHERN: Wenn die Akzeptanz erst mal eine andere wird, dann werden sich auch die Gesetze ändern, um dieser Tatsache gerecht zu werden.

BURROUGHS: Redest du davon, was man im Drugstore kaufen kann? Wovon redest du?

BOCKRIS: Ich rede davon, wie Drogen zukünftig an diejenigen verteilt werden sollen, die sie wollen. Wie soll man solche Sachen verfügbarer machen?

BURROUGHS: *My dear*, das hat sich, solange ich mich erinnern kann, ständig verändert. Der Grad der Veränderung ist unglaublich.

BOCKRIS: So leicht ist es immer noch nicht, an die Drogen ranzukommen, die man möchte.

SOUTHERN: Eine Regulierung dieser Sache wird es geben, wenn es bestimmten Leuten in den Kram paßt, denselben Leuten, die

William und Terry machen sich – hinsichtlich dessen, was die Presse meldet – Gedanken über die Zukunft. Foto: Marcia Resnick

den Preis für einen Farbfernseher auf 400 und für Schwarzweiß auf 50 Dollar festsetzen. Das ist eine unglaubliche Diskrepanz, die offensichtlich auf eine Verschwörung innerhalb der Industrie zurückzuführen ist. Die sagten sich: »Sehen wir zu, daß wir unsere gesamten Lagerbestände an Schwarzweißfernsehern losschlagen, bevor wir uns exklusiv auf Farbgeräte festlegen – wie beim Film –, schröpfen wir sie, wie wir sie nur schröpfen können.« Ähnliches wird sich auch auf dem Drogenmarkt abspielen. Aber irgendwann wird es da eine Art regulatorische Instanz geben – eine entsprechende Behörde, die diese Fragen regelt. Eine Legalisierung wäre auch auf anderen Ebenen höchst willkommen – nicht zuletzt als Einnahmequelle für den Staat, etwa durch Besteuerung, um derlei Dinge wie öffentliche Verkehrsmittel, sozialen Wohnungsbau, klinische Einrichtungen und so weiter finanziell zu unterstützen – wie bei der Besteuerung von Alkohol, Tabak, Lotterie und Glücksspiel ... eine enorme Einnahmequelle. Von entscheidender Bedeutung wäre allerdings, daß beides – Legalisierung und Standardisierung – gleichzeitig vorgenommen werden sollte. Andernfalls werden die Leute sehr schnell anfangen, Katzenminze zu rauchen.

Ein Essen mit Peter Beard und Raymond Foye: New York, 1978

BOCKRIS: Wird man künftig in der Lage sein, Arzneimittel gegen praktisch alle Gebrechen zu produzieren?
BURROUGHS: Man ist auf dem besten Wege dahin. Es wird nicht mehr lange dauern, bis man Endorphin synthetisiert hat. Das ist ein körpereigenes Opiat, dreißigmal stärker als Morphin, das bislang aus Tiergehirnen gewonnen wird, insbesondere von

Kamelen, die eine sehr hohe Schmerzgrenze haben. Und man hat herausgefunden, daß es akuten Schmerz beseitigt und die Symptome des Opiatentzugs lindert; aber noch ist es furchtbar teuer – 3000 Dollar die Dosis. Es befindet sich in seiner Entwicklung jetzt ungefähr dort, wo Cortison bei seiner Entdeckung stand. *Sehr* kostspielig. Aber es ist nur eine Frage von zusätzlicher Forschung und Synthese, obwohl es weitere fünf Jahre dauern wird, bis Endorphin auf den Markt kommen wird, weil die verdammte FDA wirklich jede Art von Forschung blockiert. Es könnte sehr gut sein, daß das gesamte Suchtproblem damit in den Griff zu kriegen wäre, weil es, da es eine natürliche Körpersubstanz ist, vermutlich keine Sucht erzeugt.

BOCKRIS: Kann man davon ausgehen, daß die durchschnittliche Lebenserwartung schon bald erheblich länger sein wird?

BURROUGHS: Dazu gibt es ein sehr interessantes Buch: *Die Biologische Zeitbombe* von Gordon Taylor. Er schreibt, daß die Möglichkeit, das Leben bis auf 200 Jahre zu verlängern, nicht in 100 Jahren erreicht sein wird, sondern in 10 oder 15 Jahren. Das wirft allerdings die Frage auf: Gehen wir mal davon aus, daß jedermann so lange lebt – wo sollen die alle hin? Es gibt schon jetzt viel zuviele Menschen.

Jede Art *selektiver* Verteilung eines lebensverlängernden Mittels würde soziale Schwierigkeiten mit sich bringen. Worauf er im Wesentlichen hinweist, ist, daß unser brüchiges Sozialgefüge die biologischen Entdeckungen, die im Begriff sind, gemacht zu werden, gar nicht verkraften kann. Durch den Einsatz gewisser Medikamente wird man auch in der Lage sein, die Intelligenz zu steigern. Es fragt sich nur, wer derlei Arzneien erhält, und wer über die Vergabe entscheidet.

BOCKRIS: Das weist auf eine wesentlich stärker kontrollierte Gesellschaft hin.

BURROUGHS: Daran glaube ich nun überhaupt nicht. Ein Punkt,

auf den Leary hingewiesen hat, und das in meinen Augen zu Recht, ist, daß Washington längst kein Machtzentrum mehr ist, es ist kein Zentrum für irgendwas mehr, sondern der reinste Witz. Es hat immer weniger Einfluß auf das, was derzeit so läuft. Es besteht für niemanden die Notwendigkeit, eine wie immer geartete Kontrolle auszuüben, weil alles darauf hindeutet, daß man die in Washington überhaupt nicht erst bemühen würde.

Angenommen, ich wäre ein wohlhabender Mann und würde ein paar Wissenschaftler anheuern, und die entdeckten eine Langlebigkeitspille. Nun, es wäre *meine* Entscheidung, was damit geschähe. Ich könnte sie allen meinen Freunden geben oder den Wissenschaftlern, die sie zusammengeschustert hätten. Das ist es, worauf Taylor hinweist, daß unsere Regierung derlei Entscheidungen nicht treffen könnte, also würde man sie auch gar nicht erst bemühen. Die hätten gar keinen Auftrag dazu. Es gibt keinerlei Möglichkeit, daß die Regierung alle wissenschaftlichen Entdeckungen monopolisieren kann. Deshalb glaube ich nicht, daß wir eine kontrolliertere Gesellschaft haben werden. Es ist sehr schwierig, Wissenschaft zu monopolisieren, das liegt in ihrer Natur, denn sobald etwas bekannt geworden ist, wird es in wissenschaftlichen Kreisen zum Allgemeingut, und jeder kann damit was machen.

BOCKRIS: Was ist es eigentlich genau, das die wachsende Akzeptanz von Drogen verursacht?

BURROUGHS: Vor allem die weniger schlecht recherchierte Berichterstattung in den Medien gibt der Sache ein völlig anderes Gesicht. Man wird Marihuana legalisieren, und früher oder später wird man sich irgendeine Form der Heroinabgabe überlegen. Viele Leute, die mit der Durchsetzung von Drogengesetzen zu tun haben, sagen sich inzwischen, daß es keinen Zweck hat, zu versuchen Gesetze durchzusetzen, die nicht durchzusetzen sind, und daß das ein ebensolcher Fehlschlag gewesen ist wie die

Prohibition. Das würde enorme Veränderungen nach sich ziehen. Es würde den gesamten Schwarzmarkt für Heroin zerstören und der Drug Enforcement Administration, der US-Behörde zur Drogenbekämpfung, die Daseinsberechtigung entziehen.

RAYMOND FOYE: Sie haben kürzlich auf einer Pressekonferenz verlauten lassen, es gäbe ein paar Mittel, deren Herstellung eingestellt werden sollte – zum Beispiel Speed.

BURROUGHS: Gewiß. Dafür gibt es keinerlei Verwendung.

FOYE: Keine medizinische Verwendung.

BURROUGHS: Fast keine. Ich habe mich darüber mit Ärzten unterhalten; sie sagen, es gäbe nur sehr wenige Fälle, wo es eine medizinische Indikation gäbe.

BOCKRIS: Ist Heroin eine Droge, die produziert und vermehrt eingesetzt werden sollte?

BURROUGHS: Grundsätzlich gibt es keinen Unterschied zwischen Heroin und Morphin. Heroin ist volumenmäßig stärker, das bedeutet, daß es auch qualitativ stärker ist. Schmerzen, die eine noch so große Dosis Kodein nicht zu lindern vermag, können durch Morphin gelindert werden. Wahrscheinlich gibt es Beschwerden, wie lepröser Augenaussatz oder Fischvergiftung, wo man sich noch so viel Morphium reinpumpen kann, ohne daß es helfen würde. Heroin könnte da möglicherweise etwas ausrichten. Natürlich sollte Heroin häufiger medizinisch angewendet werden. Man denkt bereits darüber nach, Heroin für medizinische Zwecke herzustellen, weil es ein besseres Schmerzmittel ist als Morphin und weil es weniger Übelkeit verursacht. Es gibt Situationen, wo Übelkeit nach bestimmten Operationen tödlich sein kann. In solchen Fällen ist Heroin ein weitaus nützlicheres Mittel als Morphin. Auch bei unheilbaren Krebserkrankungen ist es sehr viel hilfreicher. Ich habe mich mein Leben lang für Arzneien, Medizin und Krankheiten interessiert, und die Pharmakologie war seit jeher mein Hobby. Ich habe in Wien

178

Ginsberg erzählt Burroughs im The Gramercy Arts Club, daß er jetzt einen Joint rauchen wird, während Burroughs mißtrauisch die anwesenden CIA-Agenten beäugt, die er meilenweit riechen kann. Derweil erzählt Mailer unserem stillen Amerikaner Orlovsky einen Witz.
Foto: Marcia Resnick

sogar ein Jahr lang Medizin studiert. Ich beschloß dann, nicht weiterzumachen, weil es ein viel zu langes Studium war. Und dann war ich auch gar nicht sicher, ob ich überhaupt je praktizieren würde. Aber mein Interesse an Krankheiten und ihren Symptomen, an Giften und Medikamenten hat nie nachgelassen. Seit meinem dreizehnten Lebensjahr habe ich Bücher über Pharmakologie und Medizin gelesen. Kranke Menschen gehen mir allerdings auf die Nerven.
PETER BEARD: Wie kam es, daß Sie Ihren Finger verloren?
BURROUGHS: Oh ... ähm ... eine Explosion. Hat mir die ganze Hand weggefetzt. Schauen Sie, ich habe fast die ganze ...

BEARD *[betrachtet aufmerksam die Narben auf Burroughs' Hand]*: Oh ... ja.

BURROUGHS: ... Hand verloren. Aber ich hatte einen sehr guten Chirurgen.

BEARD: Und der rettete die anderen Finger?

BURROUGHS: Er rettete sie.

BOCKRIS: War das ein Schießunfall?

BURROUGHS: Nein, nein, nein, das waren, äh ... Chemikalien! Kaliumchlorat und roter Phosphor.

BEARD: Was haben Sie denn damit gemacht?

BURROUGHS: Chemikalien! Jungs! Ich war 14 Jahre alt ...

BEARD: Phantastisch, einfach phantastisch.

BURROUGHS: ... und habe den Deckel auf ...

BEARD: Eine frei herumlaufende Charles-Addams-Figur ... beim Spielen.

BURROUGHS: Ganz und gar nicht, ganz und gar nicht. Als ich ein Junge war, hatte jeder so was, einen Chemiebaukasten, und darin waren kleine, mit sehr frischen gefährlichen Chemikalien gefüllte Holzbehälter und Instruktionen, wie man Mischungen und alles mögliche anfertigte. Und es kam häufig vor, daß sie explodierten, wenn man den Deckel draufmachte.

BOCKRIS: Ging der Finger genau an dieser Stelle ab?

BURROUGHS: Ja.

BOCKRIS: Hat das sehr wehgetan?

BURROUGHS: Und wie. Ungefähr 15 Minuten später hat es sehr weh getan. Zuerst war es eine Zeitlang so ein taubes Gefühl, aber dann hat es wirklich Schmerzen verursacht. Als ich im Krankenhaus ankam, mußten mir die Ärzte eine Morphiuminjektion verpassen, von der sie sagten, es wäre »fast eine Erwachsenendosis«.

BOCKRIS: Glückwunsch.

BURROUGHS: Das kann man wohl sagen. Seither bin ich süchtig gewesen.

BOCKRIS: Wie bist du eigentlich heroinsüchtig geworden?

BURROUGHS: Als erstes wurde ich von Morphin abhängig. Drogen-abhängigkeit ist eine Krankheit des Ausgesetztseins – im gro-ßen und ganzen werden solche Leute süchtig, die mit einer Droge ständig in Berührung kommen: Ärzte und Pflegepersonal zum Beispiel. Es gab unter den Leuten, die ich damals kannte, wel-che, die es benutzten. Ich setzte mir mal einen Schuß, fand das gut, und so wurde ich zum Süchtigen.

BOCKRIS: Warst du dir der Gefahren nicht bewußt?

BURROUGHS: Das Federal Narcotics Bureau, die US-amerikani-sche Drogenbehörde, erweist der Öffentlichkeit einen schlech-ten Dienst, indem es eine Menge Fehlinformationen verbrei-tet. Das meiste, was die einem erzählen, ist Unsinn, so daß ich ihnen kein Wort von dem glaubte, was sie zu Sucht zu sagen hatten. Ich glaubte, daß ich's nehmen und wieder sein lassen könnte. Die verbreiten, daß Marihuana eine gefährli-che und süchtigmachende Droge sei, und das ist es einfach nicht. Sie behaupten, daß man nach nur einem Schuß süch-tig sei, und das ist ein weiteres Märchen. Sie überschätzen die negativen physischen Folgen. Ich habe denen einfach kein Wort geglaubt.

Ein Essen mit Tennessee Williams: New York, 1976

BURROUGHS: Paul Bowles hatte eine Erstausgabe deines Buches *The Angel in the Alcove*. Ich lieh mir sein Exemplar zum Lesen aus. Damals war ich auf Junk und tröpfelte das Buch mit Blut voll. Paul war furchtbar wütend. Es sollte ein begehrtes Samme-lobjekt werden – Erstausgabe und mit meinem Blut darauf.

WILLIAMS: Nimmst du eigentlich immer noch irgendwelche Drogen?

BURROUGHS: Nein, jedenfalls so etwas nicht. Ich bin nicht mehr süchtig oder so.

WILLIAMS: Ich wollte es immer mal mit Opium versuchen. Ich habe es in Bangkok probiert. Ich war mit einem Freund unterwegs, einem Professor, und der hatte die Angewohnheit, hin und wieder ein bißchen davon in seinem Tee aufzulösen und zu trinken. Jedenfalls war er wütend auf mich oder einfach nur durcheinander, ich weiß es nicht mehr so genau, und ich rief ihn eines Morgens an, nachdem er mir einen langen schwarzen Streifen Opium besorgt hatte, und fragte: »Paul, was mach ich denn jetzt damit?« Und er sagte: »Tu's einfach in deinen Tee.« Also habe ich den ganzen Streifen in den Tee getan. Natürlich wäre ich beinahe an einer Überdosis gestorben. Ich hab so grün gekotzt wie deine Jacke. Und hundeelend hab ich mich gefühlt, den ganzen Tag. Ich rief einen siamesischen Arzt. Er sagte: »Eigentlich sollten Sie längst tot sein.« Ich sagte: »Ich fühle mich auch so, als ob ich – würde ich hier nicht rumtorkeln – es wäre.« Ich habe immer gesagt, ich wollte unter dem Einfluß dieser Droge schreiben, so wie Cocteau und plötzlich fühlte sich mein Schädel an wie ein Ballon, und er schien geradewegs ab unter die Decke zu schweben. Hast du es jemals mit Barbituraten probiert?

BURROUGHS: Hab ich, aber ich bin kein großer Freund davon. De Quincey berichtet, daß Coleridge jemand anheuern mußte, der ihn von Drogerien fernhielt. Und dann feuerte er ihn gleich am nächsten Tag, als der Mann versuchte, seine Instruktionen zu befolgen, und sagte: »Wissen Sie überhaupt, daß es Männer gegeben hat, die tot umgefallen sind, wenn ihr Verlangen nach Opium nicht rechtzeitig befriedigt wurde?« Wirklich sehr witzig.

WILLIAMS: Das alles ist ein großer Witz. Vielleicht ein schwarzer Witz, aber ein großer Witz.

BURROUGHS: Hast du eigentlich jemals ein Drehbuch verfaßt?

WILLIAMS: Ja, eins habe ich geschrieben, das hieß *One Arm*, ist lange herumgeflogen, und ich weiß gar nicht, wo es ist. Ich schrieb es in einem Sommer, während ich mich mit Dr. Max Jacobson vollpumpte. Unter seiner Wirkung habe ich mit das Beste überhaupt geschrieben und war von einer unglaublichen Vitalität erfüllt. Und als Schriftsteller habe ich Riesensprünge gemacht in eine ganz andere Dimension hinein. Niemals sonst habe ich das Schreiben so genossen. Du hast nie unter Einfluß von irgendwelchem Speed geschrieben, Bill?

BURROUGHS: Nein – ich bin überhaupt kein Speed-Mann.

WILLIAMS: Ich bin ein Downer-Mann.

BURROUGHS: Ich mag weder das eine noch das andere besonders.

WILLIAMS: Speed war wunderbar, als ich jung genug war, es zu nehmen; aber du magst jetzt weder das eine noch das andere? Du brauchst keinerlei künstliches Stimulans?

BURROUGHS: Nun, Cannabis in jeglicher Form ist ...

WILLIAMS: Cannabis hat auf mich die umgekehrte Wirkung. Ich glaube Paul Bowles empfindet es als sehr hilfreich. Ich hab's versucht: *nichts*. Hat mich völlig bewegungsunfähig gemacht.

Ein Essen mit Jeff Goldberg und Glenn O'Brien: New York, 1980

BURROUGHS: Ich habe jede Menge Huren gekannt. Der bei weitem größte Teil der Huren ist süchtig, und sie ficken nur, um ans Geld für Junk zu kommen.

BOCKRIS: So viele junge Frauen scheinen für Sex Quaaludes zu benötigen. Würde Heroin sie genauso entspannen?

BURROUGHS: Heroin ist auch nicht annähernd so ein Hammer, wie

183

Quaaludes es sind. Drogensucht bei Huren ist schon immer weit verbreitet gewesen. Sie stellen den süchtigsten Bevölkerungsanteil. Und ihre Zuhälter versorgen sie mit Junk.

GOLDBERG: Das stellt dann eine der grundlegendsten Kontrollsituationen dar.

BURROUGHS: Außer, daß es im 19. Jahrhundert kinderleicht war, überall an Junk ranzukommen, bevor dieser ganze Nonsens losging. Aber die drogensüchtige Hure ist ein sehr altes Syndrom aus der Zeit, als der Konsum von Opiaten etwas Alltägliches war. An Markttagen standen in den Drogerien große Krüge mit Opiumpillen auf dem Tresen, und die Leute konnten einfach hineingehen und sie kaufen. Sie waren billiger als Alkohol und viel besser; wieviel Tausende von Süchtigen es damals gab, weiß nur der liebe Gott. Kein Mensch wußte etwas davon, weil es legal war. Nachdem es illegal wurde, die ganzen zwanziger und dreißiger Jahre hindurch, war der Konsum auf die ganz oben und die ganz unten beschränkt, auf Millionäre, Filmstars, Playboys, Playgirls und, auf der anderen Seite, auf Kriminelle, Huren und Diebe. Es war halt billig und einfach dranzukommen. In den zwanziger Jahren kostete eine Unze Heroin 28 Dollar. Eigentlich gab es eher Morphin auf der Straße als Heroin. Die zwanziger Jahre waren die Zeit des Morphiums. Ende der zwanziger Jahre kam dann Heroin. Heute kostet eine Unze Heroin ungefähr 9000 Dollar; man stelle sich das vor, von 28 Dollar die Unze auf 9000 Dollar, und schon gibt Junk – als überteuertster Artikel – ein Modell für Inflation ab. Einer meiner Freunde, Phil White, der in den dreißiger Jahren auf Rikers Island einsaß, erzählte mir, daß die Wärter jeden Morgen mit einem Schuhkarton voller Heroinbriefchen reinkamen, die je 50 Cents kosteten. Mit einem Briefchen konnte man sich den ganzen Tag lang volldröhnen und seine Zeit im Kopfstand absitzen. Auf Junk ist man gegen Langeweile und Unbehagen immun.

Andy Warhol stimmt William Burroughs ein. Chelsea Hotel, New York, 1980. Foto: Victor Bockris

GOLDBERG: Wie kam es zu diesem Sprung vom Image eines Habitué, der sein Laudanum sippt, zum Junkie mit der schmutzigen Nadel?
BURROUGHS: In den frühen vierziger Jahren, als Harry Anslinger sein Amt antrat, gingen die Preise in die Höhe. Sobald die Droge illegal war, wurde die Einhaltung der Gesetze zu einem sehr wichtigen Faktor. Wie während der Prohibition machte die Tatsache, daß Whisky illegal war, ihn teurer.
BOCKRIS: Es sieht ganz so aus, als könne man den Preis beliebig in die Höhe treiben, der Süchtige aber zahlt immer weiter.
BURROUGHS: Wenn der Preis zu hoch wird, können sie nicht mehr zahlen, und die Preise gehen wieder runter.
BOCKRIS: Soll das heißen, daß es wirklich einen Punkt gibt, wo der Süchtige sagt, so, das reicht jetzt aber?

BURROUGHS: Es ist nicht so, daß sie sagen, so, das reicht, aber sie können einfach nicht mehr zahlen. Gehen wir davon aus, daß es auf den Straßen wieder gutes Heroin gibt und man seine Sucht mit 12 Dollar am Tag befriedigen kann. Schließlich geht es soweit, daß keiner mehr mithalten kann; dann erscheint jemand anderes, senkt die Preise und übernimmt den Markt. Früher wurde der Preis für Heroin genauso manipuliert wie jeder andere für Bedarfsgüter. Irgendwer geht nach Marokko, kauft den ganzen Zucker auf, lagert ihn irgendwo ein und nimmt ihn damit vom Markt. Die Folge sind Zuckerunruhen in Tanger. Wenn er wieder auf den Markt geworfen wird, geschieht dies zu einem erhöhten Preis. Mit Heroin haben sie hier wieder und wieder dasselbe gemacht. So was wird dann Panik genannt. Plötzlich wird nirgendwo Heroin zum Kauf angeboten, die Junkies klappern alle Ärzte ab und versuchen, denen Stoff abzuluchsen, und die Ärzte sagen: »Verschwindet! Verschwindet! Verschwindet! Du bist heut schon der Zehnte an meiner Tür. Ich bin ein anständiger Arzt! Leuten wie dir kann ich nicht helfen!« Aber die Panik hält nie lange genug an, daß die Leute wirklich runterkämen von den Drogen. Es geht vielleicht eine Woche lang so, und dann ist das Zeug wieder da, und zwar zum *doppelten* Preis – und das entspricht dann dem, was man Preismanipulation von Bedarfsgütern nennt. Eine Menge Leute haben riesige Vermögen auf Kosten armer Leute gemacht, indem sie Bedarfsgüter monopolisierten und vom Markt fernhielten, sie dann wieder einführten und soviel rauszogen, wie die Leute nur zahlen konnten.

GOLDBERG: Mohn ist im Grunde genommen so was wie ein Dritte-Welt-Grundstoff, also befinden *die* sich in einer Art chaotischen Situation.

BOCKRIS: Wo ist der Zusammenhang zwischen den chaotischen Zuständen in Afghanistan und Iran und dem Heroin, das aus diesen Ländern stammt?

BURROUGHS: Das hat damit zu tun, daß in diesen Gegenden der meiste Mohn angepflanzt wird. Dafür gibt es keinen Grund. Unser Opium haben wir schon immer importiert, wir haben niemals versucht, es im eigenen Land anzupflanzen, obwohl wir das könnten. Mohn wächst überall. Es gibt genügend Gegenden in Amerika, die für den Anbau von Mohn einigermaßen gut geeignet sind, außerdem würde Mohn auch in Gewächshäusern gedeihen. Mohn ist eine Pflanze, die sich an trockene, ein wenig bergige klimatische Verhältnisse anpaßt. Ich bin mir sicher, daß man ihn überall in den Rockies kultivieren könnte, sagen wir von Mai bis September, und natürlich ließen sich in vielen Gegenden auch ohne weiteres Cocasträucher anpflanzen. Opium wird aus den Mohnkapseln gewonnen. Die Gewinnung von Morphin aus Opium ist eine mehr als einfache Sache, und Heroin ist lediglich ein Schritt weiter als Morphin. Der chemische Prozeß ist sehr einfach, so was läßt sich in jedem Kellerlabor machen.

BOCKRIS: Wer hat das herausgefunden?

BURROUGHS: Das weiß ich nicht, aber derjenige sollte in die Geschichte eingehen.

GOLDBERG: Seinen Namen hat Heroin von *heroisch*, einem deutschen Wort mit der Bedeutung »stark«.

BURROUGHS: Es muß einen Chemiker gegeben haben, der es als erster isolierte, aber in jedem Fall ist es eine ganz einfache Sache. Man bestellt sein Heroin-Aufbereitungsgerät bei *High Times* – das würde ungefähr so aussehen wie *[zeigt auf einen Zuchtbehälter für Psilocybin-Pilze]*; damit würde man dann herumbasteln, hineinblinzeln, und eines Tages: Hmmm, hmmm!

GOLDBERG: Als du in Texas als Farmer Land bestellt hast, dachtest du da auch daran, etwas Illegales anzupflanzen?

BURROUGHS: Ja, ich habe Marihuana angepflanzt.

GOLDBERG: Ich habe gehört, du hättest auch Heroin *angepflanzt*.

BURROUGHS: Tja, das wuchert nun mal so aus der Erde raus, was kann man da machen? Es wurde allen schlecht! Das wächst einfach so in kleinen Päckchen aus der Erde raus wie an einem Weihnachtsbaum.

BOCKRIS: Wenn an Heroin so einfach ranzukommen wäre, warum sollten die Leute dann überhaupt noch Opium wollen?

BURROUGHS: Das hat seine Vorteile. Solange man keine Sucht entwickelt hat, wird man mit Opium sehr viel länger auskommen; Opium hält Stunden und Stunden und Stunden an. Manche Leute mögen es lieber. Es gibt eine Menge Opiumraucher, die auch Heroin hätten haben können, es aber gar nicht wollten.

BOCKRIS: Soviel ich weiß, entspricht die Wirkung von Majoun der von 20 gleichzeitig gerauchten Joints.

O'BRIEN: Ich habe 20 Joints geraucht und an der Schreibmaschine gesessen.

BURROUGHS: Ich habe das gesamte Manuskript von *Naked Lunch* auf Majoun geschrieben und damit beste Erfahrungen gemacht. Es hilft einem beim Schreiben.

BOCKRIS: Den Eindruck habe ich auch, aber ich fragte mich nur, wie weit man damit gehen kann. Ich liebe diese Kartoffeln.

BURROUGHS: Sie sind gut. Es sind ausgezeichnete Süßkartoffeln.

BOCKRIS: Was ist das Prinzip dieser Kartoffel?

BURROUGHS: Prinzip! Nun, das ist eine Süßkartoffel und keine Yamswurzel.

BOCKRIS: Ist die Süßkartoffel ein Kulturding?

BURROUGHS: Ja, wieso?

O'BRIEN: Ich denke, dies ist eine einheimische amerikanische Kartoffel.

BURROUGHS: Man ist sich da gar nicht so sicher, ob diese Kartoffel in der Neuen Welt heimisch war, oder ob sie möglicherweise von den indonesischen Inseln im südlichen Pazifik herübergetrieben kam, wo die Yamskultur weitverbreitet ist. Diese Kartoffel ist auch unter dem Namen Yams bekannt. Es gab mal eine anthropologische Kontroverse, die als Süßkartoffel-Kontroverse in die Annalen eingegangen ist.

BOCKRIS: Warum ist sie heute nicht beliebter, als sie es damals war?

BURROUGHS *[sehr beherrscht]*: Nun, sie ist ziemlich beliebt. Sie ist im Süden sehr beliebt, da es dort so viele Rezepte gibt, wie Opossum mit Süßkartoffel, Brathähnchen mit Süßkartoffel. Ich kann euch versichern, daß Süßkartoffelkuchen im Süden der Vereinigten Staaten sehr beliebt ist.

Ein Essen mit Susan Sontag, Jeff Goldberg, Lou Reed und Tennessee Williams: New York, 1978

BOCKRIS: Sie rauchen wieder.

SONTAG: Ich rauche, wenn ich ausgehe.

BOCKRIS: Heimlich rauchen, was?

BURROUGHS: Ich habe mit dem Rauchen aufgehört, seitdem wir uns das letzte Mal gesehen haben.

SONTAG: War das sehr schwer?

BURROUGHS: Nein, nein; etwas Besseres hätte mir gar nicht passieren können.

SONTAG: Hast du dir einfach gesagt: »Schluß damit«, und das war's?

BURROUGHS: Oh ja, diese Geschichte mit dem Reduzieren ist Nonsens. Ich las ein Buch mit dem Titel *How to Stop Smoking*, hielt mich an die Anweisungen und hörte auf.

GOLDBERG: Gab es da nicht eine Art Omen?

BURROUGHS: Oh doch. Ich legte ein Päckchen Zigaretten auf *Das Buch vom Atmen*, und als ich es wegzog, zog ich die gesamte

189

Lunge der Person auf dem Umschlag mit heraus. Dann sagte ich: Dies ist ein Omen.

SONTAG: Alle sexuellen Tabus sind abgeschafft. Alle Tabus hinsichtlich Drogen, mit Ausnahme von Nikotin, sind abgeschafft. Dies ist der allerletzte verbotene Genuß.

BURROUGHS: Wenn sich jemand die Lungen voller Rauch pumpen will ... ich habe das selbst 15 Jahre lang getan, und als ich damit fertig war, war es, als würde ich ein Gefängnis verlassen. Nach dem dritten Tag fühlte ich mich einfach nur noch rein. Sind euch jemals Leute aufgefallen, die aufgehört haben zu rauchen? Nach ungefähr einer Woche verfügen sie über eine beinahe lumin­eszierende strahlende Gesundheit, und wenn man das einmal erfahren hat, fängt man nicht wieder an.

Lou Reed kam wieder herein und stellte Bill eine ganz spezifische Frage bezüglich einer Szene in *Junky*, wo sich jemand mit Hilfe einer Sicherheitsnadel Heroin injiziert. Er konnte sich nicht vorstellen, wie so was geht.

BURROUGHS: Viele alte Junkies machten es nach dieser Methode. Man sticht ein Loch mit der Nadel, und dann geht man mit der Pipette über das Loch, und das Zeug sollte dann in das Loch laufen.

WILLIAMS: Ich finde es höchst bemerkenswert, daß du es vermieden hast, dich auf Drogen festzulegen. Außer Cannabis. Und du bist stark genug, die Kontrolle darüber zu haben. Ich bin stark genug, über alles, was ich nehme, Kontrolle zu haben ...

BURROUGHS: Der gute alte Aleister Crowley sagte, indem er Hassan i Sabbah plagiierte: »*Tu was du willst*, ist das ganze Gesetz.«

WILLIAMS: In bezug auf Drogen?

BURROUGHS: Nicht nur. Und Hassan i Sabbahs letzte Worte waren: »Nichts ist wahr. Alles ist erlaubt.« Wenn man alles als eine Illusion betrachtet, dann ist alles erlaubt. Die letzten Worte von

Hassan i Sabbah, des Alten vom Berge, dem Haupt der Assassinen. Dies erfuhr eine kaum merkliche Änderung, entspricht aber im Prinzip Aleister Crowleys Satz: »Tu was du willst, ist das ganze Gesetz.«

WILLIAMS: Vorausgesetzt, man will das Richtige tun, ja.

BURROUGHS: Ah, aber wenn man es wirklich tun will, dann ist es ja das Richtige. Das ist der Punkt.

WILLIAMS: Ist das nicht ein amoralischer Standpunkt?

BURROUGHS: Absolut ... absolut.

WILLIAMS: Ich glaube nicht, daß du ein amoralischer Mensch bist.

BURROUGHS: Oh doch.

WILLIAMS: Das glaubst du?

BURROUGHS: Ich tue, was ich kann ...

WILLIAMS: Ich glaube nicht, daß das stimmt.

BURROUGHS: Wir sind beide im Bibelgürtel großgeworden, aber es ist sonnenklar, daß, was man tun will, irgendwann natürlich das ist, was man ohnehin tun wird. Früher oder später.

* * *

»Wenn man es an einem Ort fertigbringt, Drogen und Sex aufzutreiben, dann weiß man, daß man mit diesem Ort wirklich Kontakt geschlossen hat.« – Burroughs zu Steve Mass, dem Besitzer des Mudd Club.

* * *

BURROUGHS IN HOLLYWOOD

Ein Essen mit Andy Warhol: New York, 1980

BOCKRIS: Andy, Bill ist ein hervorragender Schauspieler, er ist ein Naturtalent. Er könnte ein großer Star sein. Seht euch sein Gesicht an.

BURROUGHS: Ja, ich kann Ärzte spielen, CIA-Männer, lauter solche Sachen. Ich kann auch sehr gut Kriegsverbrecher spielen.

BOCKRIS: Kriegsverbrecher?

WARHOL: Ich finde, du solltest Modezeichner werden.

BURROUGHS: Einen Nazi-Kriegsverbrecher könnte ich ganz gut rüberbringen.

WARHOL: Ich finde, du solltest Modezeichner werden. Du solltest deinen Beruf wechseln und Modezeichner werden.

BURROUGHS: Nein, ich glaube, das wäre nichts für mich.

WARHOL: Du bist der bestangezogenste Mensch, der mir je begegnet ist.

BURROUGHS: *Im Ernst?*

WARHOL: Ist er das etwa nicht? Solange ich ihn kenne, hat er stets eine Krawatte getragen.

BURROUGHS: Ich habe in der Tat etwas Schauspielerfahrung. Ich habe den Toff in *Jorkens borgt sich einen Whisky* von Dunsany gespielt. Das ist ein altes High-School-Stück. Das war die Hauptrolle, mein Lieber, ich hatte die *Hauptrolle*. Das war in Los Alamos.

WARHOL: Aber wie konntet ihr ein Theaterstück aufführen, wenn es nur 26 Schüler gab?

BURROUGHS: Das spielte keine Rolle. Wieviele Leute braucht man für ein Theaterstück?

WARHOL: Ziemlich viele. War das lustig?

BURROUGHS: Ich bin sehr gut angekommen.

BOCKRIS: War es da, wo du von einem Insekt gebissen wurdest?

BURROUGHS: Ich zog meinen .32 Revolver und legte ihn auf den Tisch. Kennt ihr dieses Theaterstück? Ist ein ziemlich kitschiges Ding, man kann es kaum lesen. Also, dieser Gentleman, der diesen Toff spielt, und ich glauben, daß vier Seemänner ein Auge aus einem Götzenbild gestohlen haben, einen Rubin, und sie wurden von den Götzendienern verfolgt. Deshalb versteckten sie sich in diesem Gasthaus. Der Toff ging davon aus, daß er die Priester dort in eine Falle locken könnte und daß sie reinkommen würden und er und seine Verbündeten sie umbringen könnten. Aber die Seemänner sagten: »Wir werden uns verdrücken, Toff, für uns ist es absolut sinnlos, daß wir uns hier noch länger aufhalten. Gib uns den Rubin!«

»Aber natürlich, Albert.«

»Nehmen Sie es uns nicht übel, Gouverneur ... Wir werden dafür sorgen, daß Sie Ihren Anteil bekommen.«

An diesem Punkt zieht Toff einen .32 Revolver, legt ihn auf den Tisch und bleibt sitzen. Und dann kommen alle wieder hereingestürmt. »*Sie sind hier, Toff!*«

»Ja, ungefähr jetzt habe ich sie auch erwartet.«

Einer der Seemänner hatte nämlich gesagt, daß er den Priestern entwischt wäre. Der Toff sagte: »Leute wie die würden auch noch unsere Enkelkinder verfolgen, wenn wir das Zeitliche segnen«, und dieser Idiot glaubt, daß er solchen Leuten entwischen kann, indem er in der Stadt Hull um ein paar Ecken rennt. Dann erscheinen die Priester, und es gelingt uns, sie der Reihe nach abzustechen, während ich die ganze Zeit als Lockvogel dastehe.

»Wieviel ist das hier wert, Toff? Ist es 1000 Pfund wert?«

»Soviel wie alles, was hier in diesem Laden rumsteht, zusammen. Soviel wie wir dafür verlangen wollen.« Dann sagt der Toff:

»Bringt mir etwas Wasser, dieser Whisky ist zuviel für meinen Kopf. Ich muß einen klaren Kopf behalten, bis unsere Freunde im Keller in Sicherheit sind.« Also geht jemand raus, um Wasser zu holen und kommt wieder reingelaufen und schreit: »Toff, ich will diesen Rubin nicht! Nimm meinen Anteil zurück!«

Woraufhin der Toff erwidert: »Was hat das zu bedeuten, Albert? Was ist denn in dich gefahren? Hast du die Polizei gesehen?«

Und fügte noch hinzu: »Schluß mit dem Unsinn, Albert. Wir sitzen alle in einem Boot. Mitgehangen, mitgefangen, aber hier geht es nicht ums Hängen. Sie hatten ihre Messer.«

»Nimm ihn zurück, Toff! Nimm ihn zurück! Nimm ihn zurück!« In diesem Augenblick betritt der Götze das Zimmer, tastet umher, findet den Rubin und steckt ihn sich ins Auge zurück. Dann verschwindet er hinter den Kulissen und intoniert: »Tüchtiger Seemann Albert Soundso!« und wird dann von der Bühne gezerrt, *»Aaaaaahhh!«* Ich bleibe als Letzter auf der Bühne. Sie haben nämlich ständig gesagt: »Ich glaube nicht, daß irgend etwas passiert ist, das unser Toff nicht schon vorausgeahnt hat, oder etwa nicht?« Und ich sagte immer: »Also, ich glaube nicht, daß das oft vorkommt, Albert, ich glaube nicht, daß das oft vorkommt.« Als man mich dann von der Bühne zerrt, damit ich von diesem Götzen ermordet werde, wende ich mich ans Publikum und sage: »Das habe ich nun wirklich nicht geahnt.«

BOCKRIS: Was ist eigentlich ein »Toff«?

BURROUGHS: Der kennt nicht mal den Slang aus seinem eigenen verschissenen Tommyland! Das ist ein *Lackaffe*! Ich sage etwas, und dann flüstern sie hinter meinem Rücken: »Das ist vielleicht ein Lackaffe.« Er ist ein Vertreter der Oberschicht, das ist alles, er weiß, was Sache ist. Der Typ hat offensichtlich eine Pechsträhne, wenn man bedenkt, daß er als Seemann auf einem Handelsschiff arbeitet und diesem Rubin hinterherjagt.

BOCKRIS: Was war deine nächste Rolle?

BURROUGHS: Ich weiß gar nicht, ob ich noch mal gespielt habe.

BOCKRIS: Irgenwelche Shakespeare-Stücke?

BURROUGHS: Ich kann eigentlich gar nicht soviel mit Shakespeare anfangen. Ich bin ein großer Bewunderer dieses unsterblichen Barden, aber mir fällt keine Rolle ein, die ich mit Überzeugungskraft spielen könnte, außer vielleicht den Casca aus *Julius Cäsar*.

Ein Essen mit Christopher Isherwood, Paul Getty jr. und Terry Southern: New York, 1975

ISHERWOOD: Ich wurde mit der Drehbuchfassung von Scott Fitzgeralds zweitem Roman *The Beautiful and the Damned* beauftragt. Wir haben uns wirklich stark an das Buch gehalten. Die Dialoge stammten zu 70 oder 80 Prozent von Fitzgerald, und allen hat es gefallen. Dann hat man es sich an höherer Stelle plötzlich anders überlegt und sich gegen Fitzgerald entschieden. Ein schlechter Tip! Thema abgehakt! Oder so ähnlich.

BOCKRIS: *Gatsby* war ein kommerzieller Erfolg. Die haben damit schon Geld verdient, bevor er im Kino lief, mit dem Verkauf der Rechte.

BURROUGHS: Ich kann mir nicht vorstellen, daß sie an dem Film viel verdient haben.

BOCKRIS: Die sind allein durch den Verkauf aller möglichen Rechte auf ihre Kosten gekommen. War *The Last Tycoon* auch so ein Flop?

ISHERWOOD: Er lief besser, als wir erwartet hatten.

BOCKRIS: Aber hat es Ihnen grundsätzlich Spaß gemacht?

ISHERWOOD: Ich ... ich meine, vieles hat mich ziemlich gelangweilt.

BURROUGHS: Ich habe schon immer behauptet, daß die besten Filme die sind, die auf einer schlechten Romanvorlage basieren. Aus *Der Schatz der Sierra Madre* wurde ein großartiger Film gemacht. Das Buch, das ich nach dem Film gelesen habe, hat mich enttäuscht. Der *Marathon-Mann* war ein wunderbarer Film. Das Buch ist, na ja, sagen wir mal annehmbar oder *passable*, wie die Spanier sagen. Mit einem zweitklassigen oder wenig bekannten Buch können sie sich die nötigen Freiheiten rausnehmen und einen guten Film machen. Wenn Hollywood mit einem Klassiker konfrontiert wird, ist das Ergebnis meistens niederschmetternd. Ich habe immer gedacht, Fitzgerald eignet sich nicht fürs Kino. Sein Dialog ist häufig hölzern, die Handlung nichtssagend, seine einzige Stärke ist die Prosa, die sich nicht auf die Leinwand übertragen läßt – wie die letzten drei Seiten von *Der große Gatsby*.

ISHERWOOD: Oh ja, unbedingt, ich finde es auch nicht zu machen.

BURROUGHS: Und dann fallen mir jede Menge schlechte oder zweitklassige Romane ein, aus denen sich sehr gute Filme machen ließen.

GETTY: Warst du je in Hollywood?

BURROUGHS: 1971 schickte Chuck Barris [Ein Filmproduzent in Hollywood] Flugtickets erster Klasse nach L.A. an Terry Southern und euern Berichterstatter. Er hatte Interesse am Drehbuch von *Naked Lunch*. Am Flughafen wartete ein Mercedes auf uns. Wir wurden zu einem Treffen mit Chuck Barris und seiner Sekretärin Keister gefahren.

»Ja«, sagte der Fahrer. »Die heißt wirklich Keister.« [Arsch]. Ich wußte, daß ich mich auf was gefaßt machen mußte.

Soweit ich mich erinnere, hieß das Lokal The Coconut, und war ziemlich unspektakulär. Barris hatte was von einem Seebär, mit kurzärmligen Hemden, aus denen die Muskeln rausquollen, hatte kein Fleisch auf seinem Teller und rauchte und trank nicht. Keister war schlank und blond, hatte braune Augen und trug eine buntgescheckte Brille. Wir überreichen Barris das Drehbuch. Er wird sich am nächsten Tag mit uns in Verbindung setzen. Wir werden zurück zu unserem Quartier im Hyatt am Sunset Boulevard gefahren. Am nächsten Tag läßt Barris nichts von sich hören. Terry streckt die Fühler aus und kommt mit schlechten Nachrichten zurück. Barris gefällt das Drehbuch nicht. Immer noch Funkstille. Am Nachmittag des zweiten Tages erhalten wir einen Anruf seines Büros, und man lädt uns zum Abendessen in seine Wohnung in Malibu ein, um das Drehbuch zu besprechen. Das Auto fährt zur verabredeten Uhrzeit vor, aber es ist zu einem Zweisitzer zusammengeschrumpft. Nachdem ich eine Stunde auf Terrys Schoß gesessen habe, lädt uns der Fahrer, leise kichernd, vor einem unbeleuchteten Haus ab und fährt davon.

»Also, ich kann einfach nicht glauben, daß der alte Chuck uns einfach so versetzen würde ...«

»Terry, wenn dein Mercedes auf die Größe eines Zweisitzers zusammenschrumpft, wird's höchste Zeit, die Beine in die Hand zu nehmen, falls sie nicht ihr Wort halten und unsere Hotelrechnung nicht bezahlen.«

Zum Glück kannte Terry ein paar Nachbarn, die uns aufnahmen und mit Käse und Snacks versorgten.

»Ich kann's nicht glauben, daß der alte Chuck ...«

»Terry, es ist 10 Uhr, wir sollten ein Taxi bestellen. Es sind 22 Meilen bis in die Stadt.«

Am nächsten Morgen verlassen wir das Hotel, und wißt ihr was diese Lumpen gemacht haben? Sie haben auf unserer Rechnung den Vermerk angebracht, daß Barris' Büro für den Verzehr in Bar- und Restaurant nicht aufkommen wird. Hat man so was schon mal erlebt!

Entmutigt, und ich glaube auch mit einer ziemlichen Wut im

Bauch, nahmen wir ein Taxi zum Flughafen. »Dann vergaßen wir die Sache ... egal ... morgen werden wir schneller sein und uns nicht mehr ins Bockshorn jagen lassen, und eines schönen Tages dann ...«

SOUTHERN: Bill, ich habe es dir nicht erzählt – weil ich fürchtete, du könntest einen Herzinfarkt bekommen –, aber ich werde wegen eines weiteren Projekts wieder Kontakt mit Chuck Barris aufnehmen, nur werde ich dieses Mal unsere Bedingungen sehr klar aushandeln, wozu ich natürlich als erstes deine Zustimmung bräuchte, bevor ich wieder rüberfliege, und diesmal wird's für die Hin- und Rückfahrt eine große Limousine sein. GROSSE LIMOUSINE HIN UND ZURÜCK lautet die erste Forderung *[hämmert auf den Tisch]* GROSSE LIMOUSINE HIN UND ZURÜCK, und dann – das wird genauestens definiert, weißt du – als allerletzter Schrei, muß sie mit Videos und allem Drum und Dran ausgestattet sein, das einem alle Sinne durchschüttelt.

BURROUGHS: Hört sich gut an. Und wir wollen natürlich ein Budget für Koks.

BOCKRIS: Besteht auf einem 100 000-Dollar-Budget für Koks bar auf die Hand.

SOUTHERN: Für einen Vorschuß ganz schön viel Schotter.

BOCKRIS: Terry hat mir mal von jemandem erzählt, der einen ganzen Eiscremebehälter voll mit Koks geschenkt bekommen hat ...

SOUTHERN: Keine Namen, bitte keine Namen!

BURROUGHS: Das sind die erlesensten Geschenke, die man bekommen oder machen kann. Wißt ihr, ein Stück Opium, so groß wie eine Melone. Da hat man lange was von. Man könnte zumindest einen gewissen Teil davon seinen Enkelkindern als Erbschaft hinterlassen.

Hollywood: Oktober, 1978

Bei meiner Ankunft in Los Angeles rief ich Timothy Leary an, um ihm mitzuteilen, daß William von Boulder nach Hollywood gekommen war, um sich die Dreharbeiten von *Herzschläge* anzuschauen, einen Film über die Dreiecksbeziehung zwischen Jack Kerouac und Carolyn und Neal Cassady, und daß er für eine Woche in der Nähe meiner Suite im Tropicana wohnen würde.

William stand Los Angeles anfangs eher skeptisch gegenüber, also gab ich eine Party und machte ihn mit ein paar Leuten bekannt, die ich dort getroffen hatte. Leary stand ganz oben auf meiner Liste. Zu den anderen Gästen gehörten Christopher Isherwood, Kenneth Tynan, Paul Getty jr. und Tom Forcade, der während der gesamten Party auf dem Bett lag und einen Cowboyhut über das Gesicht gezogen hatte. Tom Forcade war eine Legende in der amerikanischen Drogenszene und bildete einen Angelpunkt zwischen den sechziger und siebziger Jahren. Er besaß und publizierte *High Times*, die erfolgreichste neue Zeitschrift der Vereinigten Staaten seit *Rolling Stone*. Ich kannte ihn bereits ein paar Monate, als er uns in Kalifornien beehrte. Ich machte ihn und Burroughs miteinander bekannt, und die beiden mochten sich auf Anhieb. Vor allem, weil beide an Waffen interessiert waren. Tom lud Bill ein, mit ihm zu schießen, wenn sie beide das nächste Mal in New York wären. Zu dieser Zeit liefen die Vorbereitungen zur Nova Convention und das zuständige Finanzkomitee benötigte dringend 1500 Dollar. James fragte mich, ob man Tom darauf ansprechen könnte, und ich versprach, daß ich mit ihm reden würde, um ein Treffen zu vereinbaren. Während der Party kam James ins Schlafzimmer und sagte:»Wir brauchen 1500 Dollar ... als Darlehen«, und erklärte die Einzelheiten. Tom hörte aufmerksam zu, sagte okay und erklärte, wie das Geld von einem New Yorker Büro zu bekommen sei. Die Party war ein voller Erfolg, und William amüsierte sich prächtig in der zwielichtigen Atmosphäre des Tropicana, wo sich die Palmen über dem Swimmingpool wiegten.

Am nächsten Tag fuhren William, James und ich raus nach Culver City, eine passend verwahrloste mexikanische Gegend, und bogen auf den Parkplatz der Universal Studios ein, genau wie in einem Film aus den fünfziger Jahren. Man führte uns an den Drehort, den Nachbau von Neal Cassadys Haus der fünfziger Jahre, wo alte Ausgaben des *Life Magazine*, Spielzeug aus den fünfziger Jahren und allerlei sonstiges Zubehör verstreut waren. Wir standen herum und merkten, daß wir auffielen und fühlten uns unsicher, weil wir nicht wußten, was wir hier eigentlich verloren hatten. Bei Dreharbeiten zuzuschauen ist eine öde Angelegenheit. Jeder hat was zu tun, außer einem selbst. Es gibt keine Sitzgelegenheiten, so daß man entweder rumläuft und jemandem im Weg steht oder sich nicht vom Fleck rühren kann und ebenfalls im Weg steht. Überdies sind 15 Takes nötig, um eine Minute brauchbaren Film im Kasten zu haben.

John Heard, der im Film Jack Kerouac spielt, ging auf William zu und sagte: »Hallo, ich bin Jack Kerouac.« Für einen Augenblick denkwürdiger Illusion war das nicht schlecht. William gab ihm freundlich die Hand, aber es gab nicht viel mehr zu sagen als bloß: »Wie läuft's denn so?« Heard, der mit seiner Rolle einigen Ärger hatte, insofern, als daß ausschließlich Cassady Spaß zu haben schien, während Kerouac einen unsicheren Eindruck machte und bloß rumstand, schlurfte davon. Als ich Ginsberg von dieser Episode erzählte, meinte er: »Das hört sich ganz nach Jack an.« Ich finde, daß Heard die Rolle ganz schön verhunzt hat. Oder sie ihn. In Hollywood kann man nie sicher sein, was Sache ist und was nicht.

Wenige Augenblicke später entdecke ich Bill, in eine angereg-
te Unterhaltung mit einem großen blonden Typen vertieft, der
sich als Nick Nolte entpuppte (spielt Neal Cassady im Film). Ich
gesellte mich zu ihnen, und wir sprachen über die spezielle
Atmosphäre, die ein Schauspieler heraufbeschwört, wenn er jemanden verkörpert, dessen Tod man noch in lebhafter Erinnerung hat. Burroughs wollte wissen, ob er während der Dreharbeiten eine physische Verbindung zu Cassady verspüre, was Nolte
auf Anhieb bestätigte. Er hatte es sich in einer Hängematte im
Hinterhof des Hauses bequem gemacht, wo die Dreharbeiten
stattfanden. Improvisierend nahm er eine Zündplätzchenpisto-
le in die Hand, die im Gras lag, begann damit herumzuspielen
und hielt sie sich schließlich an die Schläfe und tat so, als wolle
er sich erschießen, um zum Ausdruck zu bringen, wie Cassady
damals zumute war. Als sich Carolyn Cassady am nächsten Tag
die erste Kopie ansah, sagte sie, daß Neal beim einzigen Mal, wo
sie ihn in der Hängematte im Hinterhof hatte sitzen sehen, genau das getan hätte. Nolte zog den Schluß, daß er »Neals Gegenwart irgendwo spüren würde«. Sie hatten beide am 8. Februar
Geburtstag.

Bill sagte, daß Kerouac Cassady stets dazu gebracht habe, eine
Meile pro Minute zu reden, während er mal mit ihm acht Stunden am Stück im Auto gesessen hatte, ohne daß Cassady auch
nur ein Wort gesagt hätte, wohingegen es in seinem Kopf ständig arbeitete. Irgendwann hatte er sich dann mal umgedreht
und gesagt, daß er sich die Verkehrsschilder auf den letzten 50
Meilen gemerkt hätte. Ferner sagte Bill, daß sich Jack und Neal
ständig gegenseitig am Zeug flickten. Neal sagte, Jack sei fett
und geizig. Jack sagte, daß Neal ihn ständig zu bedrängen versuchte. Nolte wies auf einige Schwierigkeiten hin, die Heard mit
seiner Rolle als Kerouac gehabt hatte. Später berichtete mir Bill,
daß ihn bei mehreren Gelegenheiten innerhalb der darauffol-

Bockris und Burroughs machen einen Spaziergang. Foto: Michael Montfort

Burroughs wartet am Swimmingpool des Tropicana Motor Hotels in der Sonne. Foto: Michael Montfort

genden drei Tage, wenn er neben Nolte saß, plötzlich das Gefühl überkam, neben Cassady zu sitzen, und er in solchen Augenblicken zweimal hinsehen mußte.

Bevor wir gingen, kam Sissy Spacek rüber, die Carolyn Cassady spielte, streckte ihre Hand aus und sagte: »Bill, hallo, Bill! Ich bin Sissy Spacek. Ich spiele Carolyn, Neals Frau.« Bill beugte sich leicht zu ihr vor, gab ihr die Hand und sagte: »Hallo.« Es gab eine Pause, in der wir uns gegenseitig anstarrten und dann meinte sie: »Ich wollte einfach nur hallo sagen«, und ging wieder zu den Dreharbeiten zurück.

Sissy sah noch umwerfender aus, als wir am nächsten Tag um 12 Uhr 30 für eine kurze Fotosession mit Bill am Drehort erschienen, während der ich mir eine umfangreiche Sammlung von Standfotos ansah, die während der gesamten Dreharbeiten aufgenommen worden war. Besonders bemerkenswert war die Ähnlichkeit zwischen Ray Starkey (in der Rolle von Allen Ginsberg) und Allen selbst. Nick Nolte hatte sehr viel Ähnlichkeit mit Fotos von Cassady, wobei ich allerdings bemerkte, daß diese Ähnlichkeit vor allem von Noltes Körperhaltung und nicht so sehr von seinem Make-up kam. Ich sagte zu Sissy Spacek, daß sie wie Lauren Bacall in *Haben und Nichthaben* aussehen würde. Sie sagte, daß ihr das auch gerade aufgefallen wäre, und ergänzte, an Bill gewandt: »Und das hier ist Lauren Bacall«, und gab mit ihren Augen und ihrer Pose eine blitzschnelle Imitation zum Besten. Anerkennend mußte Bill wieder zweimal hinsehen.

An diesem Abend beschlossen wir, im Lucy's El Adobe Café zu essen, einem ausgezeichneten mexikanischen Restaurant an der Melrose Avenue. Wir hatten vorher wegen einer Reservierung angerufen, aber als wir dort ankamen, hieß es: »Keine Reservierung, Señor.« Also schlichen wir uns einer nach dem anderen am Maître de vorbei und requirierten einen Tisch mit sechs

Plätzen. Es ist nicht einfach, sechs hungrige Menschen zum Umzug zu bewegen. Die Kellner sahen beunruhigt aus, aber sie bedienten uns zügig, und wir verschwendeten kaum einen Gedanken an die Leute, denen wir den Tisch weggenommen hatten.

Nach dem Essen blieben wir in einem Haufen von Typen im gerammelt vollen Flur stecken, der zum Ausgang führte. Plötzlich stand ich Auge in Auge mit Jerry Brown. Er sah ein wenig müde und vollgedröhnt aus, so, als ob er auf einen Leibwächter warten würde, der ihm sagte, was zu tun sei. Sein Jackett hing ihm über der Schulter.

»Entschuldigung, Mr. Brown«, sagte ich und zupfte ihm am Ärmel. »Ich würde gern die Gelegenheit nutzen und Sie mit William Burroughs bekannt machen.«

Brown streckte seine Hand aus und sagte: »Aber doch nicht den Schriftsteller William Burroughs, den Autor von *Naked Lunch*?«

»Genau den«, antwortete Bill. Brown musterte Bill eingehend. William schien zuerst etwas schüchtern. Aber dann sagte er: »Wir sind hier, um uns gegen den Gesetzesentwurf Nr. 6 einzusetzen (das kalifornische Antischwulen-Gesetz).«

Brown erwiderte: »Sie werden gewinnen. Das Establishment ist dagegen. Hatten Sie in letzter Zeit Kontakt zu Henry Miller?«

»Nein«, antwortete Bill überrascht und eine Spur irritiert. »Ich habe ihn seit Jahren nicht mehr gesehen«.

Brown sah verlegen aus. »Ich bringe Sie irgendwie immer mit ihm ihn Verbindung«, sagte er. Dann zeigte er auf den Tisch, den wir soeben verlassen hatten, und sagte, daß er darauf gewartet hätte, daß sein Tisch frei würde, und lud uns freundlich zum Essen ein. Wir lehnten ab und eilten lachend zu unseren Autos.

BOCKRIS: Bist du jemals Henry Miller begegnet?

BURROUGHS: Ich begegnete ihm 1962 an der Literary Conference in Edinburgh auf einer Riesenparty mit lauter Literaten, die alle in der Mitte des Saals Sherry tranken, und er sagte: »Sie sind also Burroughs.« Ich war nicht in der Stimmung zu antworten: »Ja, maître«, und: »Sie sind also der Miller« zu sagen, schien mir auch nicht gerade sehr passend, also antwortete ich: »Ein langjähriger Bewunderer«, und wir lächelten. Als wir uns das nächste Mal begegneten, konnte er sich nicht erinnern, wer ich war, aber sagte schließlich: »Sie sind also Burroughs.«

Los Angeles ist ein charmantes Ausflugsziel, aber *Charme ist eine schwer faßbare Größe*, dachte ich mir, als ich am Vorabend unserer Abreise draußen auf der Veranda vor meinem Zimmer stand und eine geisterhafte Erscheinung mit einem Wodka-Tonic (ohne Eis) in der rechten Hand hereinschwebte. Meine Augen wanderten zu den Brillengläsern von William Burroughs, als er seinen Blick über die Stadt schweifen ließ und sagte: »Ich werde es dir erzählen. Der Himmel ist dünn wie Papier. Der ganze Ort könnte sich in zehn Minuten in Luft auflösen. Das macht den Charme von Los Angeles aus.«

Während ich nach New York zurückflog, um mit Tom Forcade einige »Hollywood-Geschäfte« in Angriff zu nehmen, flog William nach San Francisco, um sich von Raymond Foye für eine Punkrock Zeitschrift namens *Search & Destroy* interviewen zu lassen.

FOYE: Für den Punkrock sind Sie so etwas wie der größte Herausforderer.
BURROUGHS: Ich bin kein Punk, und ich weiß nicht, weshalb mich jeder als den Paten des Punk betrachtet. Wie definieren Sie Punk? Die einzige allgemeingültige Definition ist die, die auf einen jungen Menschen zutreffen könnte, der einfach nur deshalb Punk genannt wird, weil er jung oder eine Art Kleinkrimi-

neller ist. In diesem Sinne könnten einige meiner Romanfiguren als Punks bezeichnet werden, aber dieses Wort gab es in den fünfziger Jahren einfach noch nicht. Ich denke, man könnte behaupten, daß James Dean das in *Denn sie wissen nicht, was sie tun* verkörpert hat; aber trotzdem, was bedeutet es? Ich glaube, daß die sogenannte Punkbewegung in Wirklichkeit eine Erfindung der Medien ist. Ich habe gleichwohl ein Unterstützungsschreiben an die Sexpistols geschickt, als sie in England »God Save the Queen« veröffentlicht haben, weil ich immer gesagt habe, daß das Land nicht die geringste Chance hat, solange es nicht 20 000 Leute gibt, die sagen: PIMPERT DIE QUEEN! Und ich unterstütze die Sexpistols, weil dies eine konstruktive und nützliche Kritik an einem Land ist, das bankrott ist.

FOYE: Was empfinden Sie gegenüber »Punkrock« in politischer, musikalischer oder visueller Hinsicht?

BURROUGHS: Es ist ein interessantes und wichtiges Phänomen. Ich bin ein großer Fan von Patti Smith. Aber ich hatte stets das Gefühl, daß man wesentlich mehr davon hat, wenn man *dabei* ist, als wenn man sich eine Platte anhört, weil man die eigentliche Wirkung von Patti Smith und die Vitalität, die sie dem Publikum rüberbringt, nicht so sehr spürt und die ganze Elektrizität, die bei einem Konzert freigesetzt wird, bei einer Schallplatte nicht immer zum Tragen kommt.

FOYE: Glauben Sie, daß das Establishment dadurch Blessuren davonträgt?

BURROUGHS: Das Establishment ist eine einzige Blessur! Ich glaube, daß es das Establishment überhaupt nicht mehr gibt. Ich meine, wer vertritt das »Establishment« in Amerika? In England gibt es nach wie vor ein Establishment. Das zwar ein Anachronismus ist, aber noch existiert, weil das Volk die Queen und die königliche Familie immer noch akzeptiert. Und dann gibt es da immer noch diese 5- oder 600 mächtigen Superreichen, die das Land wirklich unter Kontrolle haben. Das ist der Grund, weshalb immer noch keine anständigen Löhne für alle gezahlt werden können. Inzwischen teilen die Leute in den Spitzenpositionen alles unter sich auf, so daß nicht genug für alle bleibt. Aber ich weiß nicht, was man in diesem Land Ihrer Meinung nach als Establishment bezeichnen sollte.

BURROUGHS IN COLORADO

ANNE WALDMAN: Ich habe mich letzten Sommer im Naropa Institute in Boulder, Colorado, in William verliebt. Er ist ein so guter Lehrer. Peinlich genau. Er sagte: »Denk dran, Schriftsteller müssen schreiben.« Außerdem gab es da dieses Eichhörnchen, mit dem er sich anfreundete und das er fütterte. Jeder hat sehr wohlwollend auf ihn reagiert, und er ist mit der Situation, dort zu sein, perfekt umgegangen.

* * *

Der amerikanische Bundesstaat Colorado hat Marihuana legalisiert. Dort in aller Öffentlichkeit zu rauchen ist ganz okay. Gestern nachmittag standen wir mit dem Mann von der Rezeption vor dem Hotel Boulderado auf der Straße und rauchten einen dicken Joint. Bill erzählte mir, daß es in den Staaten, außerhalb von New York, nicht nur ein paar sehr angesagte Orte gäbe, sondern daß der Trend, nach New York zu gehen, sich umkehren würde, und Leute aus New York an Orte wie Boulder, Eugene, Oregon und so weiter ziehen würden. Es fehlt dort an fast nix, und es ist viel billiger, sicherer und in manchen Fällen sogar produktiver. Bill und James haben beide das Gefühl, daß sie hier draußen in Colorado sehr viel mehr Arbeit erledigen als in New York. Gleichwohl weist Bill darauf hin, daß er sich aus dem gesellschaftlichen Leben New Yorks bewußt herausgehalten hat, weil es zu sehr ablenkt. »Ich treffe sehr wenige Leute und meistens Leute, die ich sehr gut kenne, aber wahrscheinlich kenne ich mehr Leute in Boulder als in New York.«

Samstag abend, 18 Uhr, Boulderado Hotel, 1978

Ich treffe Burroughs in der Bar. Er hat seine erste Bloody Mary zur Hälfte geleert. Er trägt einen zerknautschten Rollkragenpullover, eine ausgeblichene hellblau karierte Sommerjacke und karierte Hosen. Neben Arthur Koestlers *Die Wurzeln des Zufalls* und Burroughs' altem grauen Hut liegt ein Stapel seines *Zwischen Mitternacht und Morgen* auf einem sandfarbenen Umschlag. Burroughs ist schockiert, daß Bellow den Nobelpreis gewonnen hat. »Er ist einfach kein besonders wichtiger Autor«, sagt Bill.

Wir beschließen, zum Essen hinauf in seine Hotelsuite zu gehen. Bill hat einen köstlichen Erbseneintopf bereitet, der in einem Topf vor sich hin köchelt. James wird ein paar Schnitzel braten. Viel zu trinken gibt es nicht, aber Bill zaubert eine Flasche Wermut hervor und gießt ein wenig in mein halbvolles Wodkaglas. »Hier ist dein Martini«, sagt er. Ich teile ihn mit ihm. Es ist der beste Martini, den ich jemals getrunken habe.

Wir lassen uns auf der Couch nieder und sprechen über Überfälle und Waffen. »Oh ja«, sagt Bill, »was Waffen angeht, da schau dich nur mal in der Natur um ... die Stacheln der Stachelschweine ...« Er blättert in einem Buch mit dem Titel *Killers of the Sea*. »Zitteraale ... eine Muschelschnecke, die Giftpfeile verschießt ... die Tintenwolke des Tintenfischs ... und so viele Gifte als Spielerei für die CIA. Das in den Stacheln des Teufelsfischs enthaltene Gift verursacht unsägliche Schmerzen wie Feuer in den Adern. Die Opfer winden sich schreiend am Boden. Morphin bietet keine Linderung. Die Opfer sterben häufig an den Schmerzen, werden buchstäblich zu Tode gefoltert. Gäbe es ein unmittelbar wirkendes Gegenmittel, so wäre das Gift des Teufelsfischs *die* Patentlösung bei Verhören.

Nicht zu vergessen das Gift des winzigen, in Australien und

der Südsee heimischen Blaugeringelten Tintenfischs. Ein Nervengift mit unbekannter Zusammensetzung und unglaublicher Potenz. Ein junger Soldat sah am Strand einen winzigen, knapp 5 Zentimeter langen Tintenfisch von leuchtend blauer Farbe. Er nahm das Tierchen in die Hand, und es leuchtete in einem noch intensiveren Blau (im Erregungszustand leuchtet der Blaugeringelte Tintenfisch wie Neon). Ein paar Minuten später nimmt er – wie benommen, und als ahnte er einen Zusammenhang – das Tintenfischchen aus seiner Hand. Zwei winzige offene Stellen auf seiner Haut. Er bricht zusammen und wird in Windeseile ins Krankenhaus eingeliefert. 90 Minuten später ist er tot.

Noch so ein Nonsens der Mutter Natur: ein winziges Wesen, dessen Beute, Fische und Krustentiere, noch winziger sein müssen ...«

Burroughs und der Biograph Albert Goldman nach einem Essen bei mir zu Hause. New York, 1983.
Foto: Victor Bockris

»Aber wozu braucht er dann ein Gift, das einem stämmigen Angehörigen der Marines den Garaus machen kann?« unterbreche ich Bill. Bill hebt einen mahnenden Zeigefinger. »Overkill. Sie hat mal wieder zugeschlagen, die alte Schlampe ...«

Dies zu lesen, könnte Ihr Leben retten. Sollten Sie sich jemals in der Südsee aufhalten und einen kleinen blauen Oktopus sehen, denken Sie nicht: »Oh, ist der aber süß« und nehmen ihn in die Hand, es könnte nämlich sein, daß der kleine Blaue ihnen zeigt, wie süß er ist!

Am darauffolgenden Nachmittag

Während der Fahrt aus Boulder hinaus in die Umgebung sprach Burroughs hauptsächlich über die Berge, mit denen er sich auf nebulöse Weise verbunden fühlte. »Die Sache ist die, daß man hier nirgendwo herumspazieren kann. Man braucht Flüsse und Bäume und so was. All dieses Felsgestein« – er machte eine verzagte Handbewegung –, »was sollen die Leute hier bloß *machen*?« Er kicherte in sich hinein und zeigte auf kleine, an den Fels geschmiegte Häuser ohne jede Aussicht. »Zuweilen wird's in diesen Bergen schrecklich dunkel und bedrückend ...« Ich entdecke ein Schild mit der Aufschrift »Jagen verboten« und frage ihn, was für Tiere in diesen Bergen leben. »Es gibt eine Menge Rotwild hier, das einigermaßen zahm ist und manchmal bis mitten nach Boulder kommt. Dazu sehr viele Eichhörnchen, Waschbären und Backenhörnchen.«

»Wie steht's mit Bären?«

»Die würden niemals so nah herankommen. Die Tiere, die

nah herankommen, haben sich an das vorstädtische Leben gewöhnt.«

Als wir von unserer Ausfahrt zurückkehren, ist es 17 Uhr 45, und wir gehen geradewegs an die Bar. Ich erfahre, daß Bill eine Reise nach Guatemala plant, wo man für 10 Dollar am Tag in Saus und Braus leben kann, und Hin- und Rückflug bekommt man schon für 300 Dollar. Ich fand auch heraus, daß Bill sich nicht sonderlich für Henry Millers Werke interessiert, und daß Wirtschaftsmagnaten ihn faszinieren. J. Paul Getty, jr. ist einer seiner Freunde. »Diese ganze Geschichte von wegen Getty sei der reichste Mann der Welt, ist ausgemachter Unsinn. In Wahrheit verhält es sich so, daß, als er noch lebte und der Laden lief, es eine Menge Geld gab, aber der eigentliche Besitz nicht gerade sehr groß war. Getty war offensichtlich ein ziemlich patenter Typ. Er liebte Partys und hat in seiner Jugend ganz ordentlich getrunken. In späteren Jahren wurde er dann Abstinenzler. Seinem Mitarbeiterstab gegenüber war er aufmerksam. Wenn jemand Alkoholiker oder Drogenabhängiger war, dann hat er ihn nicht automatisch gefeuert, sondern versucht, ihn davon abzubringen. Hughes hingegen haftete der Ruf an, als Arbeitgeber widerlich gewesen zu sein. Er stellte niemanden ein, der Alkohol trank oder rauchte. Ich habe Leute gekannt, die für reiche Leute arbeiteten. Es gibt einige Reiche, die ihre Leute so schlecht behandeln, daß es ihnen nicht gelingt, einen Bediensteten auch nur zwei Monate lang zu halten.« Burroughs findet das amüsant. Er scheint ein ziemlich großes Interesse an Howard Hughes zu haben und kommt immer wieder auf seinen Vergleich zwischen Hughes und Beckett zurück. Er behauptet, Hughes hätte Angst vor anderen Menschen gehabt. »Bis in die dreißiger Jahre hinein war er ein ziemlicher Playboy, und dann scheint ihn diese Einsiedlermasche überkommen zu haben, als er sich urplötzlich einschloß und niemanden mehr sehen wollte. Ich glaube,

213

er kam zu dem Schluß, daß er anders war als andere Leute und andere Leute einfach nicht ausstehen konnte. Er war überzeugt, die kämen herein und würden ihn mit einer schlimmen Krankheit anstecken.«

Wir gehen zu einem anderen Thema über: Inflation. »In den vergangenen 30 Jahren habe ich erlebt, wie der Preis für die Subway von 5 Cents auf 60 Cents gestiegen ist, und natürlich ist auch alles andere teurer geworden«, sagt Bill. »In den ausgehenden vierziger und den frühen fünfziger Jahren kam ich in London und Paris mit einem Scheck meiner Eltern über 200 Dollar relativ gut über die Runden. Kann man sich das heute vorstellen? Als die Situation in London prekär wurde, beschloß ich, daß ich nicht für die Sünden der Engländer aufkommen würde. Das schlechte Kharma des British Empire fällt jetzt auf London zurück. Und ich fand, daß ich die Vorzüge eines Lebens in Indien mit treu ergebenen Eingeborenenjungen nicht hatte genießen können, weshalb sollte ich jetzt also dafür bezahlen? Ich packte meine Sachen. Aber mit dieser Inflation geht es nun schon seit Jahren so, und niemand weiß so recht, warum. Die Preise bewegen sich ständig ein wenig vor den Löhnen her, und dieser Mechanismus sorgt unablässig für ein gewisses Maß an Bedürftigkeit.«

Wir gehen hinauf zu Bills Quartier, wo James sich in der Küche zu schaffen macht und ein leckeres Mahl aus Süßkartoffeln, Fleischkäse, Austernsuppe und Broccoli zubereitet. Zu trinken gibt es nichts, außer ein wenig Wermut vom Abend zuvor, also schenke ich Bill und mir davon ein. »Die Cocktails werden wir in unseren Mägen mixen«, sagt er in Anspielung der drei Wodka, die wir bereits an der Bar gekippt haben. Während James kocht, machen wir es uns schon mal am Tisch bequem. William erzählt uns, daß er vor Jahren Inhaber einer privaten Fluglizenz gewesen sei und es ihm Spaß mache, kleinere Maschinen zu fliegen. Erst kürzlich war ein Freund, Robert Fulton, in seiner Cessna 195 aus Aspen angereist, und Bill flog einen Teil der Strecke zurück. Er sagt, daß es nicht für eine kommerzielle Lizenz gereicht hätte, als er die Flugprüfung machte, weil seine Augen zu schlecht waren. Heftig gestikulierend, erläutert er die ganze Episode. »Das erste, was man beim Fliegenlernen beigebracht bekommt, ist: kritische Geschwindigkeit. ›K.F.S.‹ –*Keep Flying Speed* –, Fluggeschwindigkeit konstant halten, so lautet das grundlegende Gesetz der Fliegerei. Man lernt, welches die entsprechende kritische Fluggeschwindigkeit ist; wenn man sich ihr also nähert, weiß man, daß man rasch an Höhe verlieren wird. Dann mußte ich Trudeln und komplizierte Landemanöver auf kleinen Pisten lernen. Einmal war ich gezwungen, auf einem Maisacker zu landen. Ich tankte die Maschine einfach ein bißchen auf und hob gleich wieder ab«, lacht er leise in sich hinein.

Richard Elovich kommt, als das Essen fertig ist. Die Themen der Unterhaltung reichen von Alligatoren bis zu Haien. Wir stimmen darin überein, daß es ein großer Unterschied sein muß, ob man einen Alligator killt oder einen Hai. Schließlich sind wir bei Bills Lieblingsthema – Giftschlangen. Er weiß eine ganze Menge darüber und erzählt ausführlich, welche Schlangen giftig sind, wie schnell sie sich bewegen und wie lange es jeweils braucht, bis man nach einem Biß stirbt. »Schlangen sind nicht so gefährlich, wie die Leute immer glauben, weil sie sich so schnell nun auch wieder nicht bewegen«, sagt er. Beim Thema Boa constrictor, von denen es heißt, sie würden Menschen zu Tode quetschen und verschlingen, sagt er, daß das meiste davon ausgemachter Blödsinn sei. »Erstens können die gar keinen ganzen Menschen runterwürgen; das größte, was sie runterkriegen könnten, wäre ein kleines Schwein.« Er erzählt mir von einem Vorfall, wo ein Mann halb von einem Krokodil verzehrt wurde, und man Teile seines Körpers im Bauch des Krokodils wiederfand. »Das letzte Mal, daß man diesen Typ sah, war, wie er, bis zur Hüfte im Wasser, auf einem Felsen stand. Ein paar Minuten später war er verschwunden. Ein Krokodil hatte ihn unter Wasser gezerrt. Die gehen so vor, daß sie einen erst ertränken oder unter Wasser totbeißen und dann hinunterziehen auf den Grund, wo sie einen Teil von einem verspeisen und den Rest liegenlassen. Um eine solche Mahlzeit zu verdauen, brauchen sie zwei Wochen. Man fand einen ganzen Fuß und den Teil von einem Bein; diese grausigen Fotos sind in Peter Beards Buch ›Eyelids of Morning‹ enthalten.«

Als wir erneut übers Schreiben sprechen, werfe ich ein: »In bezug auf Schreiben ist Intellektualismus nutzlos.« James mag den Begriff »nutzlos« als Beschreibung. Bill ist derselben Meinung. »Ich habe immer gedacht, daß Aldous Huxleys Werk von dem englischen Intellektualismus, in dem er steckte, so gut wie verkrüppelt worden war«, sagt er. »Wenn man sich seine Romane ansieht, dann sind es nicht so sehr Romane, sondern eher Abhandlungen, und wenn man sich die Mühe machte, die zugrundeliegenden Gedanken herauszuarbeiten, dann war das weder besonders interessant noch nützlich. Bloomsbury [ein Zusammenschluß von Verlegern, Kritikern, Schriftstellern, Malern, die sich nach dem Londoner Stadtteil Bloomsbury benannte und ungefähr von 1907 bis 1930 bestand] war eine lähmende Organisation, insbesondere für ihre jüngeren Mitglieder.« Bill kennt Francis Huxley und hält große Stücke auf dessen anthropologische Arbeiten, ist aber gleichzeitig der Meinung, daß auch er von dieser speziellen britischen Art von Intellektualismus gelähmt wird. Ich frage Bill nach seinen Lesegewohnheiten, und was er gerade liest; seine Antwort ist ausweichend. An *Die Wurzeln des Zufalls* von Koestler hat er kein besonderes Interesse. Irgendjemand schickte es ihm. »Eines muß ich allerdings sa-

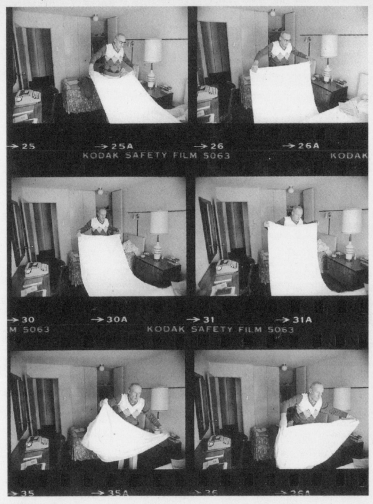

Burroughs beim Bettenmachen. Boulder, Colorado.
Foto: Michael Montfort

gen: Wer in diesem Land ein schwarzer Schriftsteller ist, ist gegenüber einem weißen Schriftsteller genauso benachteiligt, wie eine Schriftstellerin es gegenüber einem männlichen Kollegen ist. Daran besteht gar kein Zweifel.«

Ich frage Bill nach seiner Meinung hinsichtlich der Schriftstellerei in Zeiten umfassender Zugriffsmöglichkeiten auf weltweite Nachrichten, und er weist darauf hin, daß dies irrelevant sei, weil sich im vergangenen Jahrhundert ebenso viele unglaubliche Dinge ereignet hätten, über die berichtet worden wäre, und daß Schriftsteller zu allen Zeiten Informationen verarbeitet hätten, die ihnen als Nachrichten vorlagen.

Gegen 21 Uhr erheben wir uns, um zu gehen. James hatte sich kurz in sein Zimmer zurückgezogen. Bill wird wahrscheinlich noch lesen. Sie besprechen kurz, was für die kommende Woche geplant ist. Bill hat mehrere Vorlesungen zu halten. Er zieht die Studenten in Boulder denen, die er am CCNY in New York unterrichtete, vor. In Boulder zahlen sie für die Lehrveranstaltungen. In New York waren sie nur darauf aus, möglichst einfach an Testate zu gelangen. »Den Lehrjob dort habe ich nicht wirklich gemocht. Hier ist es viel besser, trotzdem will ich das nicht allzulange machen, weil ich nicht zum Schreiben komme, solange ich mit Lehrveranstaltungen beschäftigt bin: Die Vorbereitungen nehmen zuviel Zeit in Anspruch.« Für seine Vorlesungen hier geht er seine Unterlagen für die Vorlesungen am CCNY noch einmal durch. »Was immer man übers Schreiben sagt, ist drei Jahre später reif, revidiert zu werden.« Sein Roman *Die Städte der Roten Nacht* wird weitere sechs Monate Arbeit beanspruchen, sagt er, und er weiß nicht, wann er die Zeit finden wird, sich ununterbrochen damit zu beschäftigen.

Über einen Zeitraum von drei Jahren hat Burroughs immer wieder am Naropa Institute gelehrt und Boulder zu so etwas wie seinem Hauptquartier West gemacht. Während dieser Zeit unterzog sich sein Sohn Billy einer heiklen Lebertransplantation und einer anschließenden langen Rekonvaleszenz. Seit Billy sich wieder erholt hat, hat Burroughs seine Zelte in Boulder abgebrochen.

BURROUGHS: Ich ging nach Boulder, Colorado, um dort zu wohnen, als Billy krank wurde, und ich blieb den größten Teil des Winters. Später nahm ich mir dann eine Wohnung dort, die ich zwei Jahre lang behielt, und zwar 1978 und 1979. Schließlich ging das zu sehr ins Geld. Boulder wurde zunehmend zu einer rasch florierenden Stadt mit einer enormen Preissteigerungsrate. In den meisten Universitätsstädten gibt es nicht genügend Wohnraum für Studenten, und dann wird einfach zu viel Miete verlangt.

Die William Burroughs Communications hat ihr Hauptquartier unterdessen in Lawrence, Kansas, wo James Grauerholz, der die vergangenen fünf Jahre, die William an *Die Städte der Roten Nacht* arbeitete, als sein Sekretär fungierte, hingezogen war – beispielsweise half er Burroughs an der Überarbeitung des umfangreichen Manuskripts.

Während es galt, den Bunker um jeden Preis zu halten, hat William sich nach einer Alternative in ländlichen Gegenden umgesehen und dabei zwei Möglichkeiten ins Auge gefaßt: Landkauf in New Mexico, in der Nähe eines Ortes, wo Freunde von ihm wohnen, oder in Florida, wo ihm ein besonders interessantes Objekt angeboten worden war, das ihm nach wie vor im Kopf herumschwirrt.

BURROUGHS IN ITALIEN

Ein Essen mit Legs McNeil, James Grauerholz, Andy Warhol und Richard Hell: New York, 1980

BOCKRIS: Ich glaube, daß Pasolini glücklich gestorben ist.

BURROUGHS: Ich glaube absolut nicht, daß es irgendeinen Grund zu der Annahme gibt, daß er glücklich gestorben ist. Das Entscheidende ist, daß der Junge, der ihn getötet hat, dafür bezahlt worden ist. Er hat ihm ein Brett über den Schädel gezogen, aus dem Nägel herausragten. Als Pasolini dann bewußtlos war, hat ihn der Junge im Rückwärtsgang überfahren. Nun hat aber der Junge, der nach wie vor im Gefängnis sitzt, niemals die Tatsache bestätigt, daß er für diese Tat bezahlt worden ist, weil man ihm zugesichert hatte: »Okay, Junge, wir werden uns um dich kümmern und dich aus dem Knast rausholen, solange du dein dreckiges Maul hältst.« Es war eine politisch motivierte Angelegenheit.

GRAUERHOLZ: Wurde er von der Rechten ermordet?

BURROUGHS: Sicher. Ich glaube nicht, daß daran ernsthafte Zweifel bestehen. Ich habe mit jemandem gesprochen, der mit Felicity Mason befreundet ist und ein Buch über diese Angelegenheit schreibt und den Jungen befragt hat. Er war beileibe nicht sein Liebhaber, sondern nur eine Zufallsbekanntschaft. Es besteht also absolut kein Grund zu glauben, daß dabei Lust oder Masochismus im Spiel waren. Dieser Junge hat ihm den Schädel eingeschlagen. Das war etwas, womit er nun wirklich nicht gerechnet hat. Der Junge war ein Killer. Pasolini hatte mit vielen solcher Typen seine Erfahrungen gemacht. Pasolini war Träger des schwarzen Gürtels und hätte den Jungen mit einer Hand fertigmachen können, aber er hatte keine Chance. Der Junge hat ihm von hinten den Schädel eingeschlagen. Der Junge behauptete, er hätte einen Horror vor den sexuellen Forderungen Pasolinis gehabt. Das ist absoluter Schwachsinn. Man nahm ihm seine Geschichte nicht ab, sondern verurteilte ihn zu einer lebenslänglichen Haftstrafe. Er sitzt tatsächlich noch immer hinter Gittern. Und das nun schon seit einigen Jahren. Also, dieser Typ, den ich kennengelernt habe, hat darüber ein Buch geschrieben. Er hatte Insiderinformationen. Er hat den Jungen und die Richter befragt und alle, die mit diesem Fall zu tun haben.

RICHARD HELL: War Pasolini eine Gefahr für den rechten Flügel?

BURROUGHS: Mit der italienischen Politik kenne ich mich überhaupt nicht aus, aber es sieht ganz danach aus, als ob einige Leute Grund zu dieser Annahme hatten und ihn deshalb tot sehen wollten.

BOCKRIS: Legs, findest du es toll, mit William zu Abend zu essen?

LEGS MCNEIL: Er ist auf Partys eine richtige Stimmungskanone und ein Pfundskerl, aber mir gefallen die Abendessen, zu denen William in den Bunker einlädt, immer noch am besten. Die werden immer von einem schwachen Verzweiflungsschimmer begleitet ...

WARHOL: Wer hat eurer Meinung nach einen schönen Gang?

BURROUGHS: Ich habe einen ziemlich schönen Gang. Ein Fuß geht immer hübsch hinter dem anderen. Die stellen sich nicht nach außen. Morgen fahre ich nach Mailand, um an einer internationalen Psychoanalytiker-Konferenz über das Unbewußte zu referieren. Ich sage, es gibt kein Unbewußtes. Ich werde über die Tatsache sprechen, daß, obwohl Freud einer der ersten war, der einiges von den psychologischen Schädigungen analysiert hat, die durch die kapitalistische Ethik und die industrielle Revolution verursacht wurden, er niemals die Ethik, die seinem Dasein als Akademiker inhärent ist, hinterfragt hat. Obwohl ihm die Bedeutung des spielerischen Denkens immer bewußt war, hat er nie darüber nachgedacht, wie man das konstruktiv nutzen könnte. Das Unbewußte war zu seiner Zeit in einem umfangreicheren Ausmaß unbewußter, als es das heutzutage ist. Im 19. Jahrhundert wurde über Sex kein Wort verloren, was zur Folge hatte, daß er für viele Leute undenkbar wurde. Das Unbewußte ist also keine konstante Entität, sondern ändert sich von Person zu Person, von Kultur zu Kultur und Epoche zu Epoche. Meiner Ansicht nach – und um mit Julian Jaynes zu sprechen – könnte man davon ausgehen, daß das Unbewußte, physiologisch gesehen, seinen Sitz in der nichtdominanten Hirnhälfte hat. Freud sah das Unbewußte als einen Makel an und formulierte folgendes Therapieziel: »Wo Es war, soll Ich werden.« Julian Jaynes wies explizit auf die Wichtigkeit der nichtdominanten Hirnhälfte hin, in der zahlreiche nützliche – und in der Tat essentielle – Funktionen vollzogen werden, wie zum Beispiel räumliches Vorstellungsvermögen. Falls die rechte Hemisphäre bei einem Unfall verletzt wird, kann sich die simpelste räumliche Wahrnehmung zu einem echten Problem auswachsen. Von daher ist das keine Frage eines Territorialkriegs, sondern eher ein Versuch, die beiden Hemisphären besser zu koordinieren. Auf der Konferenz werde ich es als »Hemisphären-Therapie« ankündigen.

BOCKRIS: Und was ist das genau?

BURROUGHS: Die Harmonisierung der beiden Gehirnhälften oder Hemisphären. Anstatt daß sie ständig miteinander in Konkurrenz treten, sollten sie sich besser ergänzen. Falls einem sein Unbewußtes abhanden kommt – eben die ganze rechte Hemisphäre, was ja bei Unfällen manchmal vorkommt – ist man ganz schön aufgeschmissen. Da gibt es dann zahlreiche Dinge, die man nicht mehr machen kann. Zum Beispiel *[zeichnet eine Reihe von O's und X's auf eine Papierserviette]* wäre es dann sehr

Williams Burroughs bei der Arbeit an Die Städte der Roten Nacht *im Bunker. New York, 1977. Foto: Gerard Malanga*

schwer zu bestimmen, welcher Buchstabe als nächstes an die Reihe käme, falls die rechte Hemisphäre verletzt wäre. Man wüßte es nicht.
BOCKRIS: Bist du eingeladen worden, um über Themen deiner Wahl zu sprechen?
BURROUGHS: Nein. Die ganze Konferenz behandelte das Thema, über das sie mich zu referieren gebeten hatten. Sie fragten mich: »Haben Sie irgend etwas vorzutragen oder vorzulesen?« Was ich bejahte. Also antworteten sie: »Oh, aber wir glaubten, sie sagten, daß Sie nichts von Freud gelesen hätten.« »Ganz im Gegenteil«, antwortete ich. »Ich habe praktisch alles gelesen, was Freud je geschrieben hat.« Ungefähr zwölf Bücher. Ich bin also mit der Materie bestens vertraut.
BOCKRIS: Wann hast du Freud gelesen?
BURROUGHS: Vor etwa 35 oder 40 Jahren.

BOCKRIS: Wie hast du darauf reagiert, als du es gelesen hast?

BURROUGHS: Es ist mehr als offensichtlich, daß die ganze Sache mit Fehlern durchsetzt ist und daß viele dieser Fehler untrennbar mit der sozialen Struktur verbunden sind. Hysterie als solche kommt praktisch überhaupt nicht mehr vor. Das heißt, wenn jemand mit einer schwierigen Situation konfrontiert wird, sagen wir, er eine Prüfung ablegen muß, er ernsthaft krank werden kann. Er weiß nicht, was er tut, und er merkt nicht, daß er sich das selbst antut; würde er es merken, wäre er dazu nicht in der Lage. Hysterien haben ziemlich ernsthafte Symptome. Die Hysterie genannte Krankheit war zu Freuds Zeiten gang und gäbe, wohingegen sie heutzutage recht selten geworden ist oder auf so rückständige Länder wie Irland oder Portugal beschränkt ist. Denken Sie zum Beispiel an hysterische Paralyse: Da sind Menschen über lange Zeiträume hinweg gelähmt, was auf nichts anderes als Hysterie zurückzuführen ist. Man muß einfach nur die richtigen Worte finden oder sie dazu bringen, die richtigen Worte auszusprechen und bingo, schon sind sie geheilt, so wie die Leute in Lourdes von ihrer Lähmung kuriert werden. Sie litten unter hysterischer Paralyse, stehen aus ihren Rollstühlen auf und können wieder laufen, aber sie litten niemals unter einer organisch bedingten Lähmung.

BOCKRIS: Handelt es sich um eine wissenschaftliche Konferenz? Was für Teilnehmer wurden eingeladen?

BURROUGHS: Psychoanalytiker. Es ist eine Psychoanalytiker-Tagung, aber ich denke, ich werde dort nicht der einzige Nicht-Psychoanalytiker sein. Es werden Leute aus der ganzen Welt dort sein, überwiegend Europäer, von denen kurioserweise viele Marxisten sind.

BOCKRIS: Aber für Italien ist das doch gar nicht so kurios, oder?

BURROUGHS: Für Italien mag das nicht kurios sein, aber ich sehe absolut keinen Zusammenhang zwischen Psychoanalyse und Marxismus.

BOCKRIS: Freud, gib acht auf deinen guten Ruf!

BURROUGHS: Nun ja, sein Ruf ist ihm wirklich sehr weit vorausgeeilt, und er wird inzwischen sehr viel mehr aus dem Blickwinkel eines Pioniers und Erneuerers heraus betrachtet. Er war ein Therapeut. Und seine Patienten rekrutierten sich aus der Wiener Mittelschicht des 19. Jahrhunderts. Für uns ist es kaum nachvollziehbar, in welchem Ausmaß Sexualität tabuisiert und totgeschwiegen wurde. Das war damals, im 19. Jahrhundert, und ich glaube, daß er mehr weibliche als männliche Patienten hatte. Viele seiner Patientinnen litten an Symptomen, die ganz offensichtlich auf eine unterdrückte Sexualität zurückzuführen waren. Ich werde Julian Jaynes, Dunnes *Experiment with Time* und Korzybskis *General Semantics* zitieren. Ich stehe dem Begriff der »Geisteskrankheit« eher skeptisch gegenüber. Wo immer eine »geistige Erkrankung« vorliegt, gibt es auch eine körperliche Erkrankung. Ich hatte einen Cousin, der bis zu seinem achtunddreißigsten Lebensjahr ein völlig unauffälliger Bürger war, bis sich bei ihm sehr bizarre Halluzinationen einstellten – angeblich stand sein Bein in Flammen, lauter solche Sachen, so daß die Ärzte bei ihm eine kurze neurologische Untersuchung machten, sehr schlampig, wie sich herausstellte, und behaupteten, daß keinerlei Anzeichen für eine organische Erkrankung vorliegen würden und ihm deshalb eine Psychose attestierten, genauer gesagt eine Schizophrenie. Also führte man eine Analyse auf der Couch durch, in deren Verlauf er an einem Gehirntumor starb. Was auf Schlampigkeit ihrerseits zurückzuführen war. Ich hätte gesagt, wenn Sie bis jetzt auch nichts feststellen konnten, behalten Sie es im Auge, denn irgend etwas stimmt nicht mit ihm. Für einen anständigen Börsenmakler von 38 Jahren besteht keine Veranlassung, plötzlich mit solchen

Symptomen aufzuwarten. Aber sie argumentierten: »Warum sollte er sonst solche Sachen denken?« und suchten nach traumatischen Kindheitserlebnissen. Er mußte sich übergeben und sie behaupteten: »Oh, das ist ein psychosomatisches Symptom.« Das nächste, was man erfuhr, war, daß er an einem Gehirntumor gestorben war.

BOCKRIS: Gab es einen bestimmten Punkt, von dem an du diesen psychiatrischen Ansatz abgelehnt hast?

BURROUGHS: Da gab es keinen bestimmten Ansatz; es gab einfach nur einen bestimmten Punkt, an dem es mehr Beweise im Zusammenhang mit bestimmten Gehirnregionen gab. Ich denke, daß die Analyse ein völlig überholter Ansatz ist. Ich habe in der Tat Menschen erlebt, die sich einer fünfjährigen Psychoanalyse unterzogen haben und bei denen keine Besserung eingetreten ist, was meiner Meinung nach mehr als beschissen ist.

Bills Geburtstagsessen zu seinem 66. Im Bunker am 5. Februar 1980

BURROUGHS: Ich bin gerade aus Mailand zurückgekommen. Der Typ, der das organisiert hat, Professor Verdiglione, ist ein Laien-Analytiker. Verdiglione ist praktizierender Psychoanalytiker und hat seinen eigenen Verlag, mit Niederlassungen in Frankreich und Italien, und hat zahlreiche Bücher über Sprache und das Unbewußte geschrieben. Ein kleiner dicker Mann, aber mit einer enormen Autorität. Diese Tagung war die dritte, die er organisiert hat. Man hat ihm ein großes Haus zur Verfügung gestellt, das einen Innenhof umschließt und der Palast der Waisen genannt wird, weil es einst im Mittelalter ein Waisenhaus gewesen ist und jetzt als Unterbringungsmöglichkeit für die Tagungsteilnehmer dient. Die Zimmer waren ganz passabel, zwar klein, aber mit einem Badezimmer ausgestattet. Eines Nachmittags sagte er zu mir: »Herr Burroughs, Soundso hält in zehn Minuten einen Vortrag. Sie werden mit auf dem Podium sein.« Das war keine Einladung, sondern ein Befehl. Ich antwortete: »Gut, ich muß erst in mein Zimmer raufgehen.« Und er sagte: »Sie kommen aber wieder.« Wie dem auch sei, ich hielt meinen Vortrag über Freud und das Unbewußte um 9 Uhr morgens, einen Tag nach meiner Ankunft. Sie haben versucht, das sowohl ins Italienische als auch ins Französische zu übersetzen, weil viele der Zuhörer Franzosen waren, aber bei ihrem Tempo wäre der ganze Rest des Tages draufgegangen. Also sagte Verdiglione: »Laßt es Burroughs in Englisch vortragen, und ihr gebt es anschließend als kurze Zusammenfassung wieder.« Was sie dann auch gemacht haben. Es war unmöglich zu sagen, ob irgendjemand etwas von meinem Vortrag verstanden hatte, oder nicht. Dann wurde ich dazu abkommandiert, diesem anderen Typen auf dem Podium Gesellschaft zu leisten, einem Franzosen namens Alain Fournier, dessen Vortrag absolut nichts mit dem Unbewußten zu tun hatte; er redete in einer Tour von der Vergewaltigung Kambodschas, vom Einmarsch in Afghanistan, mit anderen Worten der nicht-kommunistische Linke aus Mary McCarthys Lager. Er rief zu einem Boykott der Olympischen Spiele auf. Ich habe die ganze Zeit daneben gesessen, und die Leute haben fotografiert. Dann erschien am nächsten Tag ein ausführlicher Bericht in der Zeitung: DAS UNBEWUSSTE SAGTE NEIN ZU MOSKAU.

BOCKRIS: Hast du dir für den Rest der Tagung jeden Redebeitrag angehört?

BURROUGHS: Wo denkst du hin, ich konnte doch nichts verstehen, weil es alles auf französisch und italienisch war.

BOCKRIS: Was, glaubst du, hatte er für ein Interesse an dir?

BURROUGHS: Offensichtlich waren es PR-Gründe. Er wollte auf seiner Tagung soviele »namhafte« Leute wie möglich haben. Je mehr solcher Leute er anheuern kann, desto wichtiger wird seine Veranstaltung. Jedenfalls sollte ich am Nachmittag an einer Konferenzrunde teilnehmen, die auch Zuschauerfragen und -antworten in allen Sprachen einbezog. Das begann um 14 Uhr 30 und ich hatte gegen 16 Uhr einige Interviewtermine. Um 16 Uhr 30 sagte ich: »Ich bin jetzt mit einigen Journalisten verabredet«, und verließ das Podium. Die Diskussionsrunde dauerte dann bis 19 Uhr.

BOCKRIS: Gibt es in Italien massive politische Spannungen?

BURROUGHS: Ich habe keine Spannungen bemerkt.

BOCKRIS: Hast du dir ein gutes Bild von Mailand machen können?

BURROUGHS: Gar keins. Praktisch überhaupt keins. Ich habe den Dom und die berühmte Galleria gesehen. Das Wetter war kalt und regnerisch.

BOCKRIS: Was hast du abends gemacht?

BURROUGHS: Am ersten Abend habe ich mit Verdiglione gegessen, am zweiten Abend habe ich mit Signor Pini gegessen, und am dritten Abend habe ich in meinem Zimmer Trübsal geblasen. Das war der Abend, an dem ich das Flugzeug verpaßte. Ich bin runtergegangen, habe mir an der Bar ein Sandwich geholt, bin wieder auf mein Zimmer gegangen und habe einen Krimi gelesen. Und am nächsten Tag bin ich einfach nur aufgestanden und habe mich verabschiedet.

BOCKRIS: Sind die Leute auf dich zugegangen und haben dich angesprochen; hat irgendjemand irgend etwas dazu gesagt?

BURROUGHS: Irgendein Engländer, der mich ja verstehen konnte, stand auf und sagte, es sei ein interessanter Vortrag gewesen, aber er hätte noch einige Fragen, die er mir gern stellen würde, allerdings habe ich seine Fragen überhaupt nicht verstanden; und er hörte und hörte nicht auf zu reden. Leute, die aufstehen, um Fragen zu stellen, wollen doch sowieso nur die Aufmerksamkeit auf sich lenken. Wie, ist dabei vollkommen egal. Wichtig ist, daß Mr. Burroughs da ist und daß darüber ganz bestimmt irgend etwas in der Zeitung stehen wird. Die Presse war da, und es wurden eine Menge Fotos gemacht, das war alles. Es kam überhaupt nicht darauf an, ob irgendjemand etwas von dem verstanden hat, was ich gesagt habe. Diese Konferenz glich sich in nichts mit irgend etwas, das ich bisher erlebt habe, weil es überhaupt keine richtige Konferenz war. Ich dachte, daß an einer Konferenz zum Thema Psychoanalyse auch wirklich Psychoanalytiker teilnehmen würden, und daß die meisten von ihnen Ärzte seien, und mindestens 50 oder 60 anwesend sein würden. Statt dessen mußte ich feststellen, daß die meisten von ihnen überhaupt keine Psychoanalytiker waren oder nur gekommen sind, um über Psychoanalyse zu sprechen und daß dort 3 oder 400 Leute herumlaufen, von denen einige dafür bezahlt haben, sich die Vorträge anhören zu können. Die ganze Sache gleicht in nichts irgendwas, das ich bisher erlebt habe, allerdings gibt es so was in Amerika auch. Der Vater von Steven Lowe gehört dem Orden der Fliegenden Bestattungsunternehmer an, und auch sie halten Tagungen ab, also haftet dem überhaupt nichts Scheinheiliges an, es ist nichts weiter als eine aus heiterem Himmel entstandene Kulturanalyse, die die Psychoanalyse als Sprungbrett benutzt ...

Burroughs' siebzigster Geburtstag, gefeiert bei Bockris. Gegen den Uhrzeigersinn von links: Andrew Wylie, Allen Ginsberg (mit weißem Hemd), Jeff Goldberg, Claude Pelieu, Duncan Hannah, Victor Bockris, James Grauerholz, William Burroughs, Raymond Foye, Ira Silverberg und Mary Beach. New York City, 5. Februar 1984.

NEW YORK CITY – NAHAUFNAHMEN

Ein Essen bei John Giorno, Neujahrsabend 1979-1980

BOCKRIS: Welches ist dein nächstgelegener Supermarkt?

BURROUGHS: Ein Pioneer. Der Laden ist schmutzig und schlampig, und all die alten Schachteln mit ihren Einkaufskörben und den Kippen im Mundwinkel stehen herum und verstopfen die Gänge, aber es ist der einzige Supermarkt innerhalb der umliegenden 20 Häuserblocks. Man trifft dort alle möglichen Leute. Ich treffe Mike Goldberg, John Giorno und andere Leute aus der Nachbarschaft an der Kasse. Einmal sah ich einen jungen Mann mit Bart, unsere Blicke trafen sich und ich sagte: »Tag auch.« Und er erwiderte: »Ich kenne Sie, aber Sie kennen mich nicht«, und ich sagte: »Frohes Neues Jahr.« Die Kassierer kenne ich alle. Wenn es ihnen gutgeht, wenn es wirklich ein toller Tag ist, kann es vorkommen, daß sie danke sagen. Aber es muß schon ein ganz besonderer Tag sein, wenn man dem übrigen Verkaufspersonal im Pioneer mal ein Danke entlockt. Die scheren sich einfach nicht um so was. Für einen Kunden in Boulder ist es undenkbar, daß ein Verkäufer nicht: »Hi there! Hi there! Guten Tag auch!« sagt und schließlich zu »Vielen Dank. Beehren Sie uns wieder. Ein gutes Neues Jahr! Einen schönen Tag noch!« übergehen würde. Aber im Pioneer in New York passiert einem nichts dergleichen. Im Drugstore hingegen, da kommt so was schon mal vor. In meinem Drugstore bin ich gut bekannt. Ich geh dort rein und quatsche mit dem Apotheker, der ohnehin eine alte Plaudertasche ist. Ich kaufe meine Vitamine bei ihm und höre mir seine Erfahrungen mit Vitaminen an. Die haben ihre eigene spezielle Vitaminpille, die alles enthält, was man so braucht. »Wenn Sie eine von diesen nehmen«, sagt er, »ist es wie ein täglicher Tropfen in den Regeneimer, und es kann allerlei von einem abwenden, weil darin alles enthalten ist, was man braucht und nicht bekommt. Zink zum Beispiel.« Bekommt man genug Zink? Zinkmangel zeitigt fürchterliche Folgen. Als erstes fallen einem alle Zähne aus. So in der Art. Die haben dort immer irgendwas, das ich suche. Ich wollte mal eine besondere Sorte Klebstoff kaufen. Man würde nicht damit rechnen, das in einem Drugstore zu finden, aber sie hatten es: Duco-Kleber. Auch gibt's dort eine bestimmte Sorte Kugelschreiber für nur 59 Cents, die einzige Sorte, die ich benutze. Sie führen alles mögliche an Büromaterial; es ist einer jener Drugstores, in denen man praktisch alles bekommt. Und seine Frau ist eine ziemlich theatralische spanische Dolores-Figur und sieht einigermaßen gut aus, eine Frau in mittleren Jahren, die viel Kummer im Leben gehabt hat, aber über viel Würde und eine besondere Ausstrahlung verfügt. Sie sagt: »Warum sagen Sie nicht einfach ›wie immer‹, Mr. Burroughs?« Ihr Mann war viel älter als sie. Er war es, der mir mal sagte, daß er von Vitamin E Durchfall bekäme. Kurz darauf starb er, und ich sah ihn nie wieder. Aber dann schmiß sie, von der ich vermute, daß sie seine Frau war, den Laden für eine Weile mit einer schwarzen Armbinde. Sie hat auch eine Tochter oder eine Schwester, die aussieht wie sie, aber nicht jung genug ist, um ihr Kind zu sein, eine eher untersetzte Frau mit einem Bart. Es ist eine ganze Familie. Ein neuer Apotheker erschien auf der Bildfläche, und welche Beziehung zwischen den beiden besteht, weiß ich nicht. Er kennt jeden in der Nachbarschaft. Zum Beispiel gibt er jemandem den Rat: »Sie brauchen eine Brille. Sie haben aufgrund Ihrer Sozialversicherung ein Anrecht darauf.« Er ist ständig dabei, den Leuten irgendwas zu erzählen und ihnen zu sagen, dies oder jenes zu tun. »Ich kann

Burroughs signiert sein abertausendstes Buch. Im Bunker-Schlafzimmer, New York, 1986. Foto: Victor Bockris

Ihnen das hier geben und Ihnen dafür mehr in Rechnung stellen, aber ich kann Ihnen auch dasselbe Produkt überlassen und weniger dafür berechnen.« Es ist auch ein Ort, wo Informationen ausgetauscht werden. Es gab einen Raubüberfall, und es wurde darüber berichtet. Irgendeine Frau wurde verprügelt, und sie steht da, am Tresen, und alle nehmen Anteil an ihrem Unglück und sagen: »Zwei jugendliche Schwarze.« Und die Kundin, auf südamerikanische Art grandios und melancholisch und eine erfahrene Frau, erwiderte: »Ja, das sind die zwei, ja, das sind die zwei ...« Sie verfügt über sehr viel Stil, sie ist eine wirkliche Schauspielerin der klassischen Art, immer noch schön und immer noch irgendwie zitternd und nahe daran zu ... Es gibt einen ganzen französischen Roman über dieses Letzte Abenteuer: Sie wird von irgendeinem puertorikanischen Jungen genommen, und der alte Apotheker kommt dazu, wahnsinnig vor Eifersucht, und tötet die beiden. Er ist schon ein echter Charakter, dieser Typ.

Ein Essen mit Peter Beard und Bockris-Wylie: New York, 1976

BEARD: Wenn ich ein Taxifahrer wäre, hätte ich in jedem Fall eine Waffe.

BURROUGHS: Wäre ich mit irgendwelchen Ganoven konfrontiert, würde ich mich großartig fühlen, wenn ich eine Knarre auf sie richten könnte.

BEARD: Ich würde sie am liebsten umlegen.

BURROUGHS: Ich meine nicht, auf sie zu schießen. Ich würde ihnen eine Chance geben. Ich würde sagen: »Ihr verkrümelt euch am besten, aber schnell.«

BOCKRIS-WYLIE: Ich liebe diese Story, die Sie von diesem Typen auf der Bowery erzählten, der sagte, er hätte ein Eisen in der Tasche ...

BEARD: Man weiß nie, wie viele Leute an der nächsten Ecke stehen, um ihm Schützenhilfe zu leisten.

BURROUGHS: Der hatte keinen Scheißtypen, um ihm Schützenhilfe zu leisten, der war ganz allein, als er versuchte, eine dicke Lippe zu riskieren.

BOCKRIS-WYLIE: Glauben Sie, daß Sie sich in bedrohlichen Situationen erfolgreich verteidigen könnten?

BURROUGHS: Solche Situationen hatte ich immer gut im Griff.

BOCKRIS-WYLIE: Hat man jemals versucht, Sie umzubringen?

BURROUGHS: Es gab welche, die mich angegriffen haben. Ich habe die andere Person noch stets mühelos geschlagen. Wenn mir einer Ärger bereitet, sage ich nur: *»Ich mag dich nicht und ich kenn dich nicht und, bei Gott, ich werd's dir zeigen!«* Das ist aus *Die wilde Party*, geschrieben 1922. Bei den wenigen Gelegenheiten, wo mich jemand tätlich angegriffen hat, habe ich mich mühelos verteidigt.

BOCKRIS-WYLIE: Hat das damit zu tun, daß Ihnen mehr daran gelegen ist, Ihr Leben zu retten, als der Person, die Sie angreift?

BURROUGHS: Genau. Es war eine dieser stereotypen Situationen in der Subway. Der Typ sagt: »Okay, Jungs, ihr seid mir an die Taschen gegangen, nun kommt mal schön mit aufs Revier.« Und der Seemann schlug zu, und er ging in die Knie, aber er klammerte sich immer noch am Seemann fest, und der Seemann sagte: »Schafft mir diesen Abstauber vom Hals.« Also haute ich ihm eine gegen das Kinn und trat ihm einmal fest in die Rippen. Die Rippe war im Arsch. Weil ich da raus mußte, Mann. Ich mußte aus der Situation raus.

BOCKRIS-WYLIE: Haben Sie in einer Situation, in der Sie tätlich angegriffen wurden, schon mal um Ihr Leben gebangt?

BURROUGHS: Nein, das kann ich nicht sagen. Es gab da mal eine Situation in Tanger, wo ich vorm Haus mit ein paar Jungs spreche, und auf einmal kommt dieser Spinner von einem Schuhputzjungen auf mich zu und sagt: »Verdammter Schwuler.« Ich erwiderte irgend etwas, und er schlug mir mit seinem Schuhputzkasten ins Gesicht. Da ließ ich meinen guten alten Ellbogen spielen. Besondere Kraft ist beim Kämpfen nicht gefragt, Kraft braucht man praktisch keine. Habe ihm einfach den Ellbogen ins Gesicht gerammt, einmal hin, einmal her, und er rannte los und fing an, mit Steinen nach mir zu werfen.

BOCKRIS-WYLIE: Wie haben Sie da reagiert?

BURROUGHS: Gar nicht, weil er einfach schneller laufen konnte als ich. Ich erinnere mich an einen CIA-Typen in Tanger, der mit einem Schuhputzjungen eine Auseinandersetzung hatte. Er schlug dem Schuhputzjungen eins rein, der Schuhputzjunge nahm eine Glasscherbe vom Boden, der CIA-Typ trat ihm in die Eier, und der Junge rannte schreiend davon. Er war der häßlichste Amerikaner von allen ...

Die Nacht der weißen Pillen

Ich kam etwa gegen 18 Uhr 30 im Bunker an. Howard war auch da. Wir nahmen ein paar Drinks und aßen ein angenehmes leichtes Gericht, das Bill zubereitet und serviert hatte. Ich fühlte mich von meiner Krankheit immer noch ein wenig schwach auf den Beinen, und Bill schien ebenfalls eine Spur mitgenommen zu sein. Wir tranken ein bißchen zu viel. In letzter Zeit ist mir aufgefallen, daß Bill sich nicht mehr so häufig betrinkt. Aber an diesem Abend tranken wir auch nach dem Essen weiter Wodka. Ich sagte zu Bill, daß ich nicht wisse, was ich tun solle, und er erwiderte: »Tu nichts.« Er sagte: »Die meisten Probleme dieser Art sind sehr einfach. Die Leute denken immer, sie seien sehr kompliziert, aber das sind sie nicht – tu einfach nichts.« Er fuhr fort: »Wenn sich auch nur einer weigert, diesen ganzen Scheiß zu glauben, wird das alle von ihnen befreien.«

Howard zauberte eine Handvoll kleiner weißer Pillen hervor, von denen er sagte, sie stammten aus Schweden, und schlug vor, jeder sollte ein paar davon nehmen.

»Was ist das?« wollte Bill wissen.

»Ich weiß nicht. Ich habe keine Ahnung«, erwiderte Howard, »aber ein Freund gab sie mir und sagte, sie wären klasse.«

»Ich werd nichts nehmen, von dem ich nicht weiß, was es ist«, sagte Bill. »Warum nimmst du nicht welche, und wir gukken zu, was mit dir passiert?«

Howard war einverstanden und nahm zwei der Pillen. Als sie anderthalb Stunden in seinem System waren, gab er zu Protokoll, daß er sich einigermaßen wohlfühlte: »... schwere Augenlider – vielleicht eine Art synthetisches Opiat.« Bill schluckte zwei von den Pillen. Nach einer halben Stunde merkte ich, daß nur noch eine Pille übrig war, also nahm ich sie. Ich erinnere mich, daß ich auf meine Uhr blickte. Es war 23 Uhr 30, und ich sagte mir, daß es wirklich Zeit wäre zu gehen, denn ich hatte um 22 Uhr noch eine Verabredung im Mudd Club. Das nächste, an das ich mich erinnere, ist, daß ich einen Blick auf meine Uhr warf, und es 6 Uhr 30 in der Früh war. Ich saß immer noch stocksteif auf dem Stuhl, auf dem ich die ganze Zeit gesessen hatte, also vermutete ich, daß ich mich nicht bewegt hatte. William stand am Spülbecken und wusch einen Kochtopf ab. »Bill, wa ... was ist los?« stotterte ich. »Was machst du da?«

»Hm, nichts«, gab er unbestimmt zur Antwort. »Ich checke einfach, was so läuft.«

Ich fragte Bill, ob ich über Nacht bleiben könnte, obwohl ich mich in dem Augenblick einigermaßen fit fühlte; ich wußte einfach irgendwo, daß etwas anders war als sonst, also blieb ich aufgrund irgendeiner Intuition. Ich ging ins Bad und wusch mir das Gesicht. Bill zeigte mir, wo das Bettzeug fürs Gästebett aufbewahrt wurde, vergewisserte sich, daß ich alles hatte, was ich brauchte, und so gingen wir beide gegen 7 Uhr morgens ins Bett. Gegen Mittag hörte ich Bill, der sich nebenan zu schaffen machte. Ein wenig später steckte er den Kopf durch die Tür, um zu sehen, wie es mir ging. Mir war schlecht, und ich konnte nicht aufstehen. Ich fragte ihn, ob er einverstanden wäre, wenn ich den Tag über im Bett bliebe. Er sagte: »Natürlich« und ließ mich zwischen Mittag und 18 Uhr völlig in Ruhe. Er machte den Versuch, mir Gesellschaft zu leisten, indem er reinkam, um mir eine Handvoll Bleikügelchen zu zeigen, die er aus dem Telefonbuch im Orgonakkumulator in der Kammer nebenan herausgepuhlt hatte. Ich begriff nicht so recht, wovon er redete. »Weißt du das denn nicht mehr?« fragte er. »Letzte Nacht habe ich ein bißchen mit meiner Luftpistole geschossen. Schau her, ich zeige es dir ...«, und er führte mich in die Kammer, machte den Orgonakkumulator auf und darin lag ein reichlich durchsiebtes Telefonbuch.

Gegen 16 Uhr kam jemand vorbei, der eine Dissertation über ihn schrieb. Um 18 Uhr kam Bill zu mir rein. »Was du brauchst, ist, womit du aufgehört hast.«

»Was meinst du damit?«

»Einen Drink«, sagte er. So komisch es klingen mag, aber mir war auch danach zumute, also stand ich langsam auf, stieg in meine Kleider, und wir trafen uns 24 Stunden nachdem wir uns ursprünglich an seinem Konferenztisch niedergelassen hatten, um uns einen zu genehmigen, wieder. »Es hat sich alles normalisiert«, sagte ich.

»Ja, alles hat sich normalisiert.« Bill reichte mir einen Wodka-Tonic und meinte: »Ich werde dir ein wenig jüdisches Penicillin verabreichen.« Ich aß meine Hühnersuppe und ging nach Hause ins Bett.

Allen Ginsberg im Tränengasnebel von William Burroughs

Miles hielt sich besuchsweise in New York auf. Ich rief William an und schlug vor, wir drei sollten uns treffen. Wir verabredeten einen Zeitpunkt. Wir trafen fast auf die Minute genau um 18 Uhr bei William ein und brachten eine Flasche Wodka und ein paar Flaschen Tonic mit. Als William herunterkam, um uns aufzuschließen, schien er in allerbester Form zu sein. Wir gingen nach oben. Kurze Zeit später kam John Giorno hinzu. Wir sprachen über den Weißen Gorilla, den William im *National Geographic* auf Fotos gesehen hatte. Er bemerkte, daß *National Geographic* eine vorzügliche Fassade für die Aktivitäten der CIA sei: »Nun, unser Mann ist seit 20 Jahren in dieser Gegend aktiv und kennt sich dort bestens aus. Was immer Sie brauchen, wenden Sie sich an *unseren* Mann.«

Nach und nach fügte sich das Bild von den Ereignissen unserer Nacht der weißen Pillen zusammen. John zufolge hatten wir ihm gegen 3 Uhr morgens einen Besuch abgestattet. Ich sackte alle zehn Minuten in mich zusammen und landete auf seinem Schoß, aber John richtete mich jedesmal wieder auf, und ich kam dann wieder zu mir. William seinerseits redete wie ein Wasserfall. Weder Bill noch ich erinnern uns an diesen Besuch.

Das Telefon läutete. Ich wußte, wie ungern Bill am Telefon

spricht, und nahm das Gespräch entgegen. Es war Terry Southern, der anrief, um seine unmittelbar bevorstehende Ankunft in New York anzukündigen. Wieder läutete das Telefon. Diesmal war es Allen, der hereingelassen werden wollte. Ich ging hinunter, um ihm aufzuschließen. Während ich unten war, legte William, Miles zufolge, eine Gaspistole auf den Tisch und begann deren Funktionsweise zu erläutern. Miles' Freundin Rosemary bezweifelte, daß sie den Effekt hätte, wie Bill behauptete, und um es zu beweisen, sagte Bill: »Schauen Sie her, ich werde es Ihnen zeigen«, wandte sich von ihr ab und richtete die Pistole dorthin, wo niemand stand. »Paß auf, William, dies ist ein geschlossener Raum«, rief John, als William abdrückte. In diesem Augenblick kamen Allen und ich die Treppe herauf, und John, Miles, Rosemary und Bill wurden von Hustenanfällen geschüttelt. Zuerst wußten Allen und ich nicht, was hier gespielt wurde, aber dann fragte Allen: »Was ist denn das?«, und alle versuchten, zwischen Husten und Gelächter, eine Antwort zu geben. Wir hörten nur: »Tränengas! Tränengas! Bill hat uns mit Tränengas beschossen!«

William hatte jedenfalls seinen Beweis erbracht. Wir gingen alle zusammen nach nebenan, in das Zimmer, in dem Bill sein Telefon und Bürounterlagen hat, und fanden, daß die Luft hier sehr viel sauberer war. Allen war eine Spur eingeschnappt: »Bill macht überhaupt nicht den Eindruck, als würde er diese Sache in irgend einer Weise ernst nehmen.« William versuchte eine ernste Miene zu bewahren, während er höchst amüsiert durch den Bunker lief und sich bemühte, die Luft vom Gas zu befreien, indem er mit einem Taschentuch herumwedelte. Das dauerte eine geschlagene Stunde. Als wir uns schließlich setzten, um zu essen, war William immer noch mehr amüsiert als alle anderen. »Es ist so chic, gerade in dem Moment, wo man sich als sein Gast zum Essen niederläßt, von William mit Tränengas

240

eingenebelt zu werden«, sagte ich zu Allen. Dem mußte er zustimmen, und es war das erste Mal, daß auch er sich ein Lächeln nicht verkneifen konnte.

Freitag abend

»Hallo, alter Junge«, murmelte Bill durchs Scherengitter, als ich über die Straße gelaufen kam. »Sieh mal, wir haben ein neues Schloß.«

»Wieso das?« fragte ich.

»Irgendjemand hat das alte kaputt gemacht.« Als wir die Treppe hinaufstiegen, sagte ich. »Ich finde es sehr nett, daß du mich so kurzfristig empfängst.« Ich hatte erst vor einer Stunde angerufen.

»Gern geschehen, gern geschehen.« Alles wies darauf hin, daß Bill den Abend allein verbringen würde. Als ich oben ankam, lag ein ungefähr halb gelesenes Taschenbuch aufgeschlagen auf dem Gesicht. In einem Kochtopf auf dem Herd bereitete er sich eine bescheidene Mahlzeit zu. Er bot mir an, etwas mitzuessen, obwohl es gerade für eine Person reichte. Ich lehnte mit der Begründung ab, daß ich später am Abend eine Essensverabredung hätte.

Wir setzten uns. Ich hielt mich erst mal an Wodka. Wir verbrachten zwei sehr angenehme Stunden zusammen. William erinnerte sich an eine Begebenheit, die Robert Duncan ihm erzählt hatte. Derzufolge sollte Burroughs eines Tages mit Bekkett an der Seine entlangspaziert sein und die Effektivität willkürlichen Mordens erörtert haben. Beckett meldete Zweifel an Burroughs' Argumenten an, woraufhin dieser eine Kanone zog, herumwirbelte und einer zufällig vorbeikommenden Pariser

241

Clochardin den Garaus machte. Die Leiche entsorgte er in der Seine und hatte Beckett überzeugt. »Derlei Geschichten zu hören genieße ich über alle Maßen«, lachte William, »und ich unternehme nicht das geringste, um das zu unterbinden. Vielleicht könnte es den Leuten, die solche Geschichten verbreiten, ja selbst einmal so gehen, *verstehen Sie*?« Damit schlug er, wie um dies zu unterstreichen, begeistert auf den Tisch.

William erzählte mir, daß Gregory Corso die Eingangstür kaputtgemacht hatte, als sie sich nicht öffnen ließ, wie er das wollte, und daß Mike Goldberg, der oben im Haus wohnt, sehr ärgerlich war und ihn angebrüllt hatte. Burroughs war mit Mike einer Meinung. »Mein guter Ruf in diesem Haus hat durch diesen Zwischenfall Schaden genommen. Es ist immer dasselbe mit Gregory«, beklagte er sich. »Wo er auch auftaucht, immer sind gleich die *Bullen* da. Das ist das Letzte, was ich mir wünsche, die *Bullen* im Haus. Die zwei Polizisten kamen hier herauf und fragten, ob sie hereinkommen könnten, und ich sagte: ›Nein, es tut mir leid, Sie haben keinen Hausdurchsuchungsbefehl; aber ich werde die Verantwortlichen an die Tür holen.‹ Das war der Punkt, an dem Gregory und Mike Goldberg anfingen, sich gegenseitig anzuschreien.«

Ich ließ ein Exemplar meines *Birthday Book on Bill* für Allen auf dem Tisch. »Ich schlage vor, ein Bier zu bestellen und das schön langsam zu trinken«, sagte Bill. Als wir den unteren Treppenabsatz erreicht hatten, kamen Goldberg und seine Frau zur Tür herein. »Vielen Dank auch für die neue Tür, Mr. Burroughs«, sagten sie. Bill lächelte höflich. »Ich hoffe, Ihr guter Ruf hat keinen allzu großen Schaden genommen«, flüsterte ich.

»Nun, *so*sehr offenbar nun auch wieder nicht«, brummelte er, verlegen und amüsiert zugleich.

Der Orden der grauen Gentlemen

Abendessen mit William bei John Giorno. Bill war schon da, er saß vor einem niedrigen, runden marokkanischen Tisch in einem mittelalterlichen Holzsessel und nippte an einem Wodka-Tonic. »Hallo, mein Lieber«, sagte er, streckte eine Hand aus und lächelte. Johns Apartment ist in mittelalterlich marokkanischem Moslem-Chic gehalten. In seinem Kamin wurde ein ganzes Lamm gebraten. Es war Sommeranfang. William sah aus wie Graham Greene in Panama.

Dies war der Abend, an dem der Orden der Grauen Gentlemen gegründet wurde. Es war Bills Idee. »Ein paar Typen sollten sich bei einem zu Hause treffen, einen trinken, einen Joint rauchen und sich eine gute Linie Koks reinziehen. Danach würde es mit zwei oder drei Kollegen raus auf Räuberjagd gehen und man würde sich in Subway-Stationen rumtreiben.« Er hob hervor, daß die Grauen Gentlemen stets untadelig gekleidet sein müßten und sich der Sache in klassischer Manier annähmen. Beispielsweise führen die Grauen Gentlemen nur Gehstöcke und Tränengas bei sich.

»Wenn man dann jemanden sieht, der belästigt wird«, fuhr William fort, »steuert man ganz lässig darauf zu und sagt, in lakonischem, aber bestimmten Ton: ›Gute Frau, bereitet dieser Mann Ihnen *Unannehmlichkeiten*?‹ Und dann greift man zu und verdreht dem Bösewicht mal kräftig den Arm, um ihn zu verwarnen.« An diesem Punkt wurde Bill von seinem Eifer übermannt. Er stieß knurrende Laute aus und malträtierte seine Stoffserviette. »Damit es, wenn man denselben Räuber ein zweites Mal sieht, nur noch heißt, *ab auf die Schienen mit ihm* ... Und die Grauen Gentlemen lassen immer eine Visitenkarte zurück.

Natürlich haben sie Verbindungen zum Kriminalinspektor.

Brad Gooch, Steward Meyer, Howard Brookner, Bill, David Prentice, Udo Breger im Bunker anläßlich Bills sechsundsechzigsten Geburtstags. Foto: Victor Bockris

›Tja, Burroughs, *allzuviele Leichen* werden wir kaum übersehen können, verstehen Sie. Hören Sie ... ich warne Sie zum letzten Mal ...‹, und die Grauen Gentlemen lächeln höflich ...«

Während sich Bill in detaillierten Beschreibungen der verschiedensten Einsätze, unserer Beziehungen zu den Red Berets oder der Reaktionen der Polizei erging, entwickelte ich ein Szenario, wie wir die in den feinen Restaurants der Upper East Side versammelten Juwelen an uns bringen könnten. Burroughs sprang auf und schritt entschlossen den Bunker ab.

»Wozu sollten wir so etwas tun? Wir sind doch selber hinter Dieben her, Mann! Und du willst plötzlich eine Bande von eleganten Juwelenräubern aus uns machen! Das ist ein Affront gegen die Grauen Gentlemen!« Und damit zog er blitzschnell ein Taschentuch aus der Tasche, so als sei es ein Schnappmesser. John ging zwischen uns. Ich brachte eine zerknirschte Entschuldigung hervor und bedauerte meine abwegigen Gedanken.

»Ist ja schon gut, aber paß auf, was du sagst«, murmelte Bill vor sich hin und schenkte sich einen ein. Dann malten wir uns aus, daß es einen Showdown geben und einer der Gentlemen umgelegt werden würde – das wäre eine Idee für eine Verfilmung.

»Möglich, daß einer umgebracht wird, aber ich werde es nicht sein«, sagte Bill, während er erneut aufstand und auf und ab ging.

»Nun, Bill, für das Publikum wäre es aber plausibler, wenn der ältere Mann gekillt würde ...«

»Niemand wird gekillt! Warum sollte einer sein Leben lassen? Es wird einfach keinen Showdown geben! Wir tun nichts anderes, als Räuber zu jagen ...«

Ein Winterabend

Seit seiner Rückkehr nach New York hat sich William nach und nach ein kleines Waffenarsenal zugelegt, das aus einem Gehstock, einer Tränengaspatrone, die per Knopfdruck ausgelöst und deren Inhalt ins Gesicht eines Angreifers versprüht werden kann – was besonders in der Subway nützlich ist –, und einem Totschläger besteht. »Ich gehe niemals aus dem Haus, ohne alle drei Sachen eingesteckt zu haben«, sagt er ostentativ. »Ohne sie fühle ich mich nackt.«

Es war ein bitterkalter Dezemberabend, als ich von der Telefonzelle Ecke Canal Street die Bowery hinauf zu den Toren des Bunkers eilte, an denen William bereits besorgt wartete.

»Hätte ich eine Ahnung gehabt, wie kalt es ist, hätte ich dich nicht rausgelockt«, waren seine ersten Worte, als er das Metallgitter öffnete. Er trug ein flottes Tweedjackett, braune Wildlederschuhe, eine hellbraune Hose, Hemd, Krawatte und Pullover. »Ich war heute schon draußen«, sagte er auf dem Weg nach oben, »und es sind Tage wie diese, an denen man den Bunker [dessen Tür er bei diesen Worten öffnete und mich hineinschob] wirklich zu schätzen weiß. So gut geheizt, wie er ist.«

»An einem solchen Tag würde ich nicht mal einen Hund auf die Straße jagen.«

»Nun, und ich dachte: ›Es ist wohl besser, einen Schal mitzunehmen‹, aber, Himmel nochmal, als ich rauskam ...!«

»Bist du jemals Robbe-Grillet begegnet?«

»Nein, aber ich habe einen seiner Filme gesehen.«

»*Letztes Jahr in Marienbad?*«

»Nein, nicht*Letztes Jahr in Marienbad*, aber er war sehr gut, er handelte von Einzelheiten beim Essen und so weiter.«

»Ich habe mich gefragt, ob du ihn gern kennenlernen würdest.«

»Nun ja ...« Ich spürte, daß ihn das nicht sonderlich interessierte.

»Die Sache ist die, daß ich nicht weiß, ob Robbe-Grillet Englisch spricht.«

»Ein Grund mehr, ihn nicht zu treffen.«

»In dem Fall hätte es wirklich keinen Zweck«, pflichtete ich ihm bei.

Bill war gerade dabei, einen Joint zu drehen; er blickte kurz auf und sagte: »*J'aime beaucoup votre livre, Moussieur.*«

»*Oui*«, sagte ich. »Ich werd's ihm sagen. Es wird ihn freuen.«

»Ja, sag ihm, daß er in meinen Augen ein großer Künstler und ein ausgezeichneter Schriftsteller ist.«

»*Oui. Monsieur Burroughs dit que ...*«

»Ja. Und dann wird er unverhofft ein Buch aus der Tasche ziehen, das er vor zehn Minuten vor unserer Verabredung ge-

246

kauft hat, und sagen, er sei seit Jahren ein Fan gewesen und hätte alle meine Bücher gelesen. Nein, nein, ich denke wirklich, daß solche Begegnungen nicht sehr sinnvoll sind.«

Ein Essen mit Fred Jordan: New York, 1980

BURROUGHS: Es ist eine seltsame Sache, die bislang noch nie richtig analysiert worden ist. Sprachbegabung scheint etwas ganz Besonderes zu sein, fast so was wie das Gespür beim Kartenspiel, das manche haben und andere eben nicht. Ich habe überhaupt keine, ich lerne einfach keine anderen Sprachen.

FRED JORDAN: Das läßt dich in deiner Muttersprache sehr stark werden.

BURROUGHS: Nicht im geringsten. James Joyce war über die Maßen sprachbegabt, mein Lieber. Plötzlich habe ich Zuflucht bei Shaw gesucht. Ich habe da mal jemanden gekannt, der war als besonders sprachbegabt bei der CIA gelandet, und der sagte, daß ihm das Arabischlernen Schmerzen in Kehle und Lunge zugefügt hätte, ungefähr so wie bei jemandem, der reitet, nachdem er jahrelang auf keinem Pferd gesessen hat. Da mußte man ganz andere Muskeln beanspruchen. Kindern fällt so was leicht. Als ich in Mexiko war, wandten die Ladeninhaber sich an meinen kleinen Jungen, der vier Jahre alt war, und sagten: »Was hat dein Vater gerade gesagt?« Und der Junge antwortete ihnen auf Spanisch.

Zurück im Bunker

Mir fiel ein eingepacktes Weihnachtsgeschenk (unverkennbar
ein Spazierstock) auf, das neben Williams Gehstock an die Wand
gelehnt stand. Bei einem meiner früheren Besuche hatte er davon gesprochen, mir einen Stock zu Weihnachten kaufen zu
wollen, und hatte meine Körpergröße ermittelt, um sicherzuge-
hen, daß er die richtige Länge haben würde. Wir kehrten an
den Konferenztisch zurück und fuhren in unserer Unterhaltung
fort. Wenige Minuten später sagte Bill: »Victor, ich habe ein
Weihnachtsgeschenk für dich, und ich werde es dir jetzt geben.
Ich finde, man muß damit nicht bis zu dem genauen Datum
warten; jetzt ist Weihnachten, und es ist ein Weihnachtsgeschenk.« Mit diesen Worten ging er in sein Schlafzimmer.

Ich stand auf und ging in die Mitte des Bunkers, damit ich
mich in einer günstigen Position befand, um meinen Stock ge-
bührend entgegennehmen zu können. Als Bill aus seinem Schlafzimmer kam, trug er den Stock in beiden Händen und gab ihn
mir, als würde er ein Schwert auf einem Kissen überreichen.
Ich riß die Verpackung auf und sah, daß es eine Kopie seines
eigenen Stockes war. Ich begann, ihn durch die Luft hin und
her zu schwingen, und William verbreitete seine neueste Theorie über die Stockfechter, und wie wir uns dafür einsetzen würden, den Stock als eine Waffe zu betrachten und zu versuchen,
ob wir mit dem Händler, bei dem er seine Stöcke kaufte, nicht
einen Rabatt aushandeln könnten, wenn wir jeden dazu bräch-
ten, sich einen Stock zuzulegen. »Siehst du, auf jeden Fall ist
das eine Waffe, die man tragen darf«, erläuterte er. Dann ging er
in sein Schlafzimmer, um seinen Stock zu holen, und wir vergnügten uns damit, unsere Stöcke zu schwingen und allerlei
Stockmanöver auszuführen. Irgendwann verfing sich der Griff
meines Stocks um seine Wade, und zwar genau in dem Augen-

248

blick, in dem sich der Griff seines Stocks um meine Wade legte; verstört hielten wir inne. »Oh … tut mir leid.«

»Bill, trinkst du eigentlich manchmal Whisky?«

»Früher mal, aber ich habe den Geschmack daran verloren.«

»Als du in London wohntest?«

»Ja. – Übrigens habe ich heute einen Anruf von irgendjemandem bei Rolling Stones Records erhalten und bin für heute Abend zu Keith Richards' Geburtstagsparty eingeladen worden.«

»Nichts wie hin!«

»Ich habe gesagt: ›Vielen, vielen Dank, aber ich schaffe es nicht.‹«

»Aber, Bill! Warum?«

»Sie sagten, sie würden ein Auto schicken und alles, um irgendwo hinauszufahren aufs Land. Ich fand das sehr nett, aber ich lebe nun mal zurückgezogen und bin kein großer Freund von Partys.«

»Keith mag dich aber sehr …«

»Ich mag ihn auch.«

»Mick ist bestimmt da. Es wäre doch toll, die alle wiederzusehen; es ist schon so lange her, daß …«

»Ich weiß, aber …«, und damit verschwand er im Nebenzimmer.

Am nächsten Tag fühlte sich Bill nicht wohl. Er war vier Tage lang krank. Ich rief ihn jeden Tag an. Er klang deprimiert. James rief aus Kansas an und war wegen dieser Depressionen sehr besorgt. »Bill hat immer wieder das Gefühl, in seinem Körper gefangen zu sein, und manchmal will er gar nicht mehr leben, und ich verstehe ihn ja auch, aber es ist nicht gut, wenn er einfach nur so herumsitzt und nichts tut.«

Burroughs neigt tatsächlich dazu, sich auf diese Weise in sich zurückzuziehen, im Bunker herumzusitzen und davon zu reden, auf Räuberjagd zu gehen, oder mit seinen diversen Waffen

249

zu üben. Andererseits rief er mich diesen Nachmittag an, um mich für den folgenden Abend zum Essen mit Allen und Peter einzuladen, und er sagte, heute würde er mit Ted Morgan zu Mickey's gehen. Udo war zu einem Besuch am späten Nachmittag angesagt, somit schien er einigermaßen aktiv zu sein.

Am Montag, den 24., nahm ich meine Freundin Damita mit zum Essen. Sie schenkte Burroughs eine kleine Kanone zu Weihnachten, und ich schenkte ihm ein Hemd von St. Laurent. Howard war da. Wir hatten ein sehr angenehmes Abendessen. Bill war sehr freundlich zu Damita, ganz anders als in den frühen Siebzigern in London, als es für Miles schwierig war, seine Freundinnen zum Essen bei Bill mitzubringen.

Tatsächlich schien es Bill besser zu gehen, als es ihm seit unserer ersten Bekanntschaft jemals gegangen war. Jetzt nach Abschluß seines Romans *Die Städte der Roten Nacht* blüht er regelrecht auf und ist damit beschäftigt, Essays zu verfassen und an einem neuen Roman mit dem vorläufigen Titel *The Place of Dead Roads* zu arbeiten sowie Vorträge und Lesungen in Europa vorzubereiten – all das mit viel Energie und Selbstvertrauen und, wie Kerouac es formulierte, wie ein verrückter deutscher Philologe im Exil.

Ein Essen mit Allen Ginsberg: New York, 1980

BURROUGHS: Hast du von diesen jungen Typen gelesen, die einen Subway-Zug terrorisiert haben? Wir müssen unbedingt unsere Stockbrigade auf die Beine stellen.

BOCKRIS: Bill und ich haben eine Stockkampfgruppe gegründet. Jeder ist mit einem solchen Stock ausgerüstet, und wir gehen damit in die Subway; gegen Abend, vier oder fünf Mann.

Die Stockfechter! Foto: Raymond Foye

GINSBERG: New York City, 1980 – die Gehstock-Brigade! In meiner Nachbarschaft ist jeder mit irgendeiner Art Stock bewaffnet.

BURROUGHS: Das sind großartige, äußerst wirksame Waffen.

BOCKRIS: Damit kann man eine ganze Menge ausrichten.

BURROUGHS: Für dich werde ich einen Totschläger bestellen.

BOCKRIS: Wann hast du eigentlich damit angefangen, für dich selbst zu kochen?

BURROUGHS: Als ich nach Amerika zurückkehrte. Solange ich in Europa lebte, war es nicht nötig zu kochen, weil es soviele preisgünstige Restaurants gab. Als ich hierher zurückkam, wurde mir sehr schnell klar, daß es absolut lächerlich war, essen zu gehen.

BOCKRIS: Du hast dich in deinen Sechzigern dem Kochen als einer neuen Kunstform zugewandt.

BURROUGHS: Man könnte es wohl eher als eine neue Form des Geldsparens bezeichnen.

BOCKRIS: Hast du von dem Typen gehört, den man übers Wochenende aus der Irrenanstalt entlassen hatte und der schnurstracks nach Hause fuhr und seine Frau umbrachte? Er sagte, das sei die Gerechtigkeit Gottes.

BURROUGHS: Was immer Gottes Gerechtigkeit widerfahren ist ... Ich bin überzeugt, daß Gott existiert und Gott ein Arschloch ist.

BOCKRIS: Angenommen du wärst unheilbar krank und könntest nichts dagegen tun, oder du befändest dich in einer absolut ausweglosen Situation, würdest du dir dann das Leben nehmen?

BURROUGHS: Der einzig vernünftige Grund, Zyankali mit sich herumzutragen, ist, wenn man Agent ist, und für den Fall, daß man erwischt wird, mit Folter rechnen muß. Ich kann mir nicht vorstellen, wie man sich plötzlich, während man einfach auf der Straße herumspaziert, in einer ausweglosen Situation wiederfinden sollte, die nach Zyankali verlangt. Ich meine, das gilt auch

252

für unheilbare Krankheiten. Das ist ja nun nicht etwas, das einen einfach so anspringt. So wie, »Herrgott nochmal! Ich hab nicht mal die Zeit, mein Zyankali aus der Tasche zu holen!«

BOCKRIS: Wie denkst du grundsätzlich über Selbstmord?

BURROUGHS: Was das Karma angeht, ist Selbstmord, dem Dudjom [Dudjom Rinpoche vom Naropa Institute in Boulder.] zufolge, sehr, sehr schlecht. Außer, es ist eine wirklich ausweglose Situation. Natürlich ist es logisch, daß man sich selbst umbringt, um Folter zu entgehen. Das würde eine weitaus schlimmere Karmasituation bedeuten, weil einen das psychisch verkrüppelt, aber ohne guten Grund Selbstmord zu begehen, scheint mir ein sehr schlechter Zug zu sein. Erstens, wenn man es wirklich zu Meisterschaft gebracht hätte, wäre man in der Lage, seinen Körper zu verlassen, aus Willenskraft heraus zu sterben, wie es manche Menschen offenbar tun. Der Meister wählt den Zeitpunkt seines Todes. Wenn man sich in einer solchen Lage befindet, gut, aber wenn man sich nicht in einer solchen Lage befindet, kann man sicher sein, seine Lage, indem man Selbstmord begeht, nur noch zu verschlechtern.

Lunch mit der Zeitmaschine

Ein europäischer Künstler namens Kowalski hatte mich über Timothy Baum angerufen und gebeten, eine Verabredung mit William zu treffen, weil er ihm seine Zeitmaschine vorführen wollte. Er hatte eine Maschine erfunden, die die Stimme im selben Moment umkehren kann, in dem sie hörbar wird, so daß man über Kopfhörer gleichzeitig vorwärts und rückwärts sprechen hören kann. Er dachte, Burroughs könnte Interesse daran haben. Und das hatte er auch. Wir verabredeten uns für 12 Uhr

30 in der Ronald Feldman Gallery an der East Sixty-third Street. Als ich dort eintraf, war William in einem dreiteiligen Anzug und mit seinem grünen Filzhut auf dem Kopf bereits da. Wir verbrachten 20 Minuten damit, uns diese Maschine, die in einen kleinen Metallkoffer eingebaut ist, anzusehen, darüber zu sprechen und damit zu spielen. Der Koffer ist mit zwei Lautsprechern und einem Mikrofon verbunden. Man kann in das Mikrofon sprechen und hört sich über Kopfhörer in einem Ohr vorwärts und im anderen Ohr rückwärts reden. Wenn man sich das überlegt, kommt einem das unmöglich vor. Töne umzukehren ist einfach, aber wie ist es möglich, in exakt demselben Augenblick die eigenen Worte umgekehrt zu hören, in dem man sie ausspricht?

Timothy hatte uns beide zum Lunch eingeladen. Obwohl Bill mir am Tag zuvor am Telefon gesagt hatte: »Es ist sehr nett von ihm, aber ich glaube nicht, daß ich auch noch die Zeit für ein Lunch haben werde«, wandte er sich jetzt, nach Timothys mehrmalig wiederholter Einladung, an mich und sagte: »Victor, was meinst du? Sollen wir einen kleinen Happen zu uns nehmen?« Ich erklärte mich natürlich einverstanden, und so gingen wir die paar Schritte zu einem griechischen Restaurant zu Fuß. Wir bestellten etwas zu essen und zwei Flaschen Retsina. William trank Eiswasser. »Dieser Herr ist Priester und rührt keinen Tropfen Alkohol an«, erklärte Timothy dem Kellner.

Nach dem Essen steuerten wir Books & Company an. Auf dem Weg die Madison Avenue hinauf, fragte ich Bill nach einem verwirrenden sexuellen Traum, den ich ein paar Nächte zuvor geträumt hatte.

. »Ja, das ist bekannt«, sagte er. »Es handelt sich um einen Besuch des Sukkubus. Das mußt du doch kennen.«

»Das kenne ich absolut nicht. Erzähl mir bitte davon.«

»Was! Du kennst keinen Sukkubus und Inkubus? Also, mein

Lieber, dies ist ein allgemein bekannter und weitverbreiteter folkloristischer Begriff aus mittelalterlicher Zeit.«

»Ja, aber was soll das denn sein?«

»Ein Dämonenliebhaber, mein Lieber! Einer, der über dich herfällt!«

In diesem Augenblick fiel Timothy über uns her, und die Unterhaltung brach ab. Bevor wir an der Buchhandlung ankamen, hatte ich Gelegenheit, ihm eine weitere Frage zu stellen.

»Hat die Person, der es kommt, irgendwas zu tun mit dem Sichselbst-Schicken? Ist ihnen das überhaupt bewußt?«

»Darüber gibt es wenig aussagekräftiges Material. Darüber reden die Leute nicht gern, aber es kommt häufiger vor, als man vermuten würde.«

»Ist dir das schon mal passiert?«

»Natürlich. Sehr oft sogar.«

Mehr Informationen dazu konnte er mir nicht liefern, auch keine Hinweise. »Die Quellen sind weitgestreut«, sagte er, »aber einen Rat gebe ich dir: Lasse niemanden, der dich belästigt, wer immer es auch ist, davon etwas wissen, weil sie sonst glauben könnten, sie hätten irgendwelche Macht über dich.«

Burroughs in der Factory

Eine Woche später gingen William und ich um Punkt 18 Uhr zu Andy Warhols Atelier, der Factory. Ein junger Mann in einem roten Hemd mit blondem Schnauzer öffnete uns, und wir traten ein. William machte als erstes eine Bemerkung zur Größe der Räumlichkeiten. Hinter Ronnies Schreibtisch rekelte sich ein wunderschönes Mädchen. Ich ging hinüber zu den Fenstern, die auf den Union Square hinausgehen, zog meinen Mantel aus und legte meine Aktentasche auf einen Heizkörper. William zog seinen Mantel auch aus, ich nahm ihn ihm ab und legte ihn mit seinem Hut und Stock auf einen Art-déco-Sessel in einer Gruppe von Art-déco-Stücken. Ich ging in Vincent Fremonts Büro, der gerade am Telefon war. »Ich bin mit Mr. Burroughs hier«, sagte ich.

»Wer sind Sie?«, fragte er. »Kenne ich Sie von irgendwoher?« Ich verzog das Gesicht und antwortete: »Ich werde jetzt mal Andy suchen.«

»Könnte man das Licht im Besprechungszimmer anmachen?«

»Nein, wir sparen Strom.«

Ich gab Bill ein Zeichen, und er folgte uns ins Besprechungszimmer. »Ronnie hat die Musik mal wieder laut ...«

»Dann soll er sie eben leiser machen«, erwiderte ich und dachte an meine Tonbandaufnahmen. Vincent ging den Korridor hinunter. Bill und ich sahen die Flaschen durch, und er entschied, bei Smirnoff zu bleiben, anstatt Wyborowa zu probieren, wie ich ihm vorschlug. Ich rannte ins Hauptbüro zurück, um mein Tonband zu holen, und kam gerade wieder, als William sich etwas Wodka in ein Glas einschenkte. Andy kam herein. Er trug ein rot, weiß und gelb kariertes Hemd mit offenem Kragen, Jeans und Cowboystiefel. Er hatte einen kleinen laufenden Sony-Kassettenrecorder und eine 35-mm-Minox mit aufgesetztem Blitzgerät bei sich.

WARHOL: *So was!* Du bist ja ganz allein!

BOCKRIS: Bill ist nicht allein, ich bin bei ihm.

WARHOL: Oh, wirklich. Was hältst du von Leuten, die Ohrringe tragen?

BURROUGHS: Ich weiß nicht. Ich schätze, das ist ihre Sache, Andy. In jedem Fall ist es nichts, über das ich mir groß Gedanken machen würde.

BOCKRIS: Hast du niemals einen getragen?

BURROUGHS: Ooooohh! Um Himmels willen, nein! Das entspricht nicht meinem Stil.

BOCKRIS: Also, Bill hat noch nie in seinem Leben lange Haare oder einen Bart oder sonstwas in der Art gehabt.

BURROUGHS: Einmal habe ich versucht, mir einen Bart stehen zu lassen, aber der sprießte dann in allen Farben und unregelmäßig; es hat einfach nicht funktioniert. Außerdem hat es gejuckt. Ich mochte das ganz und gar nicht. Ich habe da einen Barbier, unten an der Canal Street. Der verpaßt mir eine Rasur, wie es sich gehört. Auf McSweeney (sündhaft teurer Friseur der zwanziger Jahre) lasse ich mich gar nicht erst ein, weil mit meinem Haar ohnehin nicht groß was zu machen ist.

WARHOL: Ich habe fürchterliche Flecken, ich ... ich ... meine Haut ...

BURROUGHS: Hast du dir je einen Bart wachsen lassen?

WARHOL: Nein. Meine Haut ist so schlecht, ich habe überall Flekken. Ich weiß nicht, die Nerven, schätze ich.

BOCKRIS: Wir sind gerade dabei, dafür Reklame zu machen, daß alle Männer Stöcke bei sich haben sollten.

WARHOL: Das ist eine sehr gute Idee. Ich werde einen tragen. Ich habe immer eine Tränengaspistole gehabt. Taylor Mead gab sie mir, aber es ist ja nicht erlaubt, eine in der Tasche zu haben.

BURROUGHS: Ohne meine Tränengaspistole fühle ich mich unangezogen. Normalerweise habe ich Tränengas und einen Stock bei mir.

WARHOL: Was für eine Art Stock?

BURROUGHS *[zeigt ihn]*: Es gibt so viele Sachen, die man mit einem Gehstock machen kann. Ich habe mir per Post ein Buch über Kämpfen mit dem Gehstock bestellt. Ich habe vor, einen Stockladen zu eröffnen. Es ist eine Kunst so wie Fechten.

WARHOL: Also ich werde mir sofort einen besorgen, ich finde, das ist großartig!

257

BURROUGHS: Dieser hier kostete nur 10 Dollar, und es ist angenehm, damit spazierenzugehen, ich mag das Gefühl.

WARHOL: Er hat auch eine schöne Form. Er ist dick genug; das fühlt sich sexy an.

BURROUGHS: Ich benutze ihn auch, um Hunde zu verjagen. In Boulder hatte ich diesen hier immer wegen der Hunde dabei, und eines Tages ging ich ohne meinen Stock spazieren, und, bei Gott, da wollte mich doch tatsächlich ein Hund beißen! Aber eigentlich finde ich einen Stock aus Metall viel besser, aus Metallrohr mit Holz außen herum.

WARHOL *[während wir durch die Factory spazieren und uns Bilder ansehen]*: Du siehst wirklich fabelhaft aus. Gibst du sehr viel auf dein Äußeres?

BURROUGHS: Oh, ja, das tue ich. Es gibt da ein paar spezielle Unterleibsübungen, die ich jeden Tag vier oder fünf Minuten lang mache, und das bringt wirklich einer ganze Menge.

BOCKRIS: Eines der größten Probleme eines Schriftstellers ist, daß er den ganzen Tag sitzt.

BURROUGHS: Allerdings, aber sie müssen eine gewisse Zeit sitzen, damit sie was an Arbeit erledigen. *[Er entdeckt einen ausgestopften Löwen, den John Reinhold Andy aus Afrika zum Geburtstag geschickt hatte.]* Seht euch diesen Löwen an! Ich hatte mal einen Freund, der wurde in einem Nachtclub von einem Löwen getötet. Der Löwe schlief in seinem Käfig, Terry ging in den Käfig und leuchtete dem Löwen mit einer Taschenlampe ins Gesicht, und der sprang ihn an. Als er beim Roten Kreuz von Reynosa, Mexiko, eingeliefert wurde, war er bereits tot. Er hatte einen zerfetzten Brustkorb, ein gebrochenes Genick und einen angeknacksten Schädel. Der Löwe sprang ihn einfach an und tötete ihn. Könnt ihr euch vorstellen, daß jemand einen schlafenden Löwen mit einer Taschenlampe weckt? Der mexikanische Wärter lief in den Käfig und versuchte den Löwen mit einem Stuhl abzuwehren, aber er schaffte es nicht. Der Löwe zerrte Terry in eine Ecke. In diesem Augenblick kam der Barkeeper mit einem 45er Revolver mit einem Satz über den Tresen gesprungen, ging in den Käfig und knallte den Löwen ab, aber Terry war bereits tot. Komisch, einen Monat bevor Terry den Löwen ärgerte, waren wir in Corpus Christi und bauten Terry als Tiger-Terry auf, den benommenen Boxer, und Terry zog eine Spucke-und-Schlurf-Nummer ab. *Yeah, Tiger-Terry...*

Burroughs, Goldberg, Grauerholz und Giorno nach einem Essen in der Perry Street 106. New York, 1982. Foto: Victor Bockris

Andy Warhol und William Burroughs posieren für ein Bunker-Foto. New York, 1980. Foto: Marcia Resnick

ÜBER POLITIK

Ein Essen mit Debbie Harry: 1980

BURROUGHS: Erinnerst du dich an die großartige Szene in*Der Schakal*, als de Gaulle wegen eines zeitlichen Durcheinanders noch mal davongekommen ist? Die Kugeln der Maschinengewehre haben das Glas zerbersten lassen, und er steigt aus dem Auto, wischt sich die Glassplitter ab und sagte: *»Encore une fois?«* Wirklich großartig. »Noch einmal?« Er war ein absolut unerschrockener Mann. Die Leute, die De Gaulle beschützten, waren Profis, die was von ihrem Geschäft verstanden. Und die Leute, von denen man annehmen sollte, daß sie Kennedy beschützen würden, verstanden offensichtlich nichts von ihrem Geschäft. Ein guter Leibwächter merkt, daß was im Busche ist, noch bevor etwas passiert.

HARRY: Wir haben auch Leibwächter gehabt. Die handeln sehr häufig aus einem Instinkt heraus.

BURROUGHS: Wenn natürlich echte bewaffnete Profis Urheber des Ärgers sind, wird's ernst. Genau damit war De Gaulle konfrontiert. Er hatte es nicht mit irgendwelchen Spinnern zu tun, sondern mit ausgebildeten Soldaten, die über den Einsatz von Waffen Bescheid wußten und Zugriff auf alle möglichen Waffen hatten. Sein Leibwächter mußte sich gegen echte Profis zur Wehr setzen.

HARRY: Die arbeiten auch mit der Polizei zusammen. Das war eine der Sachen, unter denen Kennedy zu leiden hatte, denn seine eigenen Sicherheitsleute waren von allen anderen total isoliert, und es war, als würde er in feindliches Gebiet vordringen. Zwischen seinen Leuten und der Polizei fand nicht die geringste Zusammenarbeit statt.

BURROUGHS: Das hat natürlich alle Merkmale eines CIA- und Mafiajobs. Es kursieren all diese Geschichten über Santo Trafficante. Santo Trafficante! Was für eine Figur. Stellen Sie sich mal jemanden namens Saint Trafficker (Heiliger Schieber) oder Saint Pusher (Heiliger Dealer) vor! Es geht die Geschichte, daß jemand frage: »Was werden wir tun, falls Kennedy gewählt wird?« Woraufhin Trafficante erwidert: »Er wird nicht gewählt werden, er wird von einer Kugel erwischt werden.« Also hatte Kennedy anscheinend aus verschiedensten Quellen belastendes Material gegen ihn. Nixon ist ein Mann mit der moralischen Einstellung eines Privatdetektivs. Er war kein grundanständiger Mensch. Kennedy schon. Es gab einige Dinge, vor denen er zurückschrekken würde. Aber wo würde Nixon die Grenzen ziehen? *[Aus dem Fenster ist Hundegebell zu hören.]* Oh, diese jaulenden Hunde! Ich bin ein Hundehasser, ich liebe Katzen.

Ein Essen mit Susan Sontag: New York, 1980

BOCKRIS: Du hast 1937 ein Jahr lang die medizinische Fakultät in Wien besucht. Hattest du das Gefühl, daß die ganze Stadt bald in die Luft fliegen würde?

BURROUGHS: Man wußte, daß Hitler in Kürze einmarschieren würde.

BOCKRIS: Wie haben die Leute auf Hitler als eine Medien-Figur reagiert?

BURROUGHS: In Amerika waren viele Leute pro Hitler eingestellt; und nicht nur die Reichen. Der ganze New Yorker Bezirk Yorkville war für Hitler; und ganze Bezirke von Chicago hatten diese Einstellung.

BOCKRIS: Was fanden die Leute an ihm so anziehend?

BURROUGHS: Er war ein Führer, dessen Hände nicht gebunden waren. Wir werden von Leuten regiert, deren Hände gebunden sind. »Nun, dagegen würde ich gerne etwas unternehmen ... *aber mir sind die Hände gebunden.*«

SONTAG: Hast du das Gefühl, daß die Menschen Angst vor Krieg haben?

BURROUGHS: Entschuldige, aber der Unterschied ist derart gravierend, daß die Leute die Bedeutung eines Atomkrieges nicht ermessen können.

SONTAG: Ich habe Leute sagen hören, diesmal kratzt es mich nicht, ich bin schon zu alt und werde nicht eingezogen werden.

BURROUGHS: Das kann ich für mich ebenfalls in Anspruch nehmen – was das Eingezogenwerden betrifft –, aber das hat keine wesentliche Bedeutung.

SONTAG: Weil ein Krieg für Amerika rübergehen bedeuten würde. Und die Zahl der Gefallenen war ebenfalls gering.

BURROUGHS: Die Amerikaner haben eine erschreckend naive Einstellung gegenüber dem, was Edwin Arlington Robinson in seinem Gedicht »Cassandra« als »die gnadenlosen alten Wahrheiten« bezeichnet hat.

Erinnerst du dich:

> »Müssen wir zahlen, für das, was wir haben,
> Mit allem, was wir haben,
> Und wirst du niemals das Auge haben,
> die Welt zu sehen, wie sie ist?«

Bei uns haben sie niemals den Kampf Mann gegen Mann erlebt und auch keine Invasion, wir sind nie besetzt worden oder sogar bombardiert. Wir führen unsere Unterhaltung im Atomzeitalter. Im Ersten Weltkrieg nahmen die Leute normalerweise eine Bombe und warfen sie per Hand aus dem Flugzeug. Die Piloten haben sich normalerweise von ihren Flugzeugen aus gegenseitig mit Pistolen beschossen. Wenn einem das nicht verdeutlicht, welch glänzende Angelegenheit die Technologie doch ist. Es dauerte 500 Jahre, bis endlich mal jemand auf die Idee gekommen ist, daß eine Kanonenkugel beim Aufschlag explodieren könnte. Als sie den Bogen erst mal raus hatten, haben sie binnen kürzester Zeit daraus die Atombombe entwickelt. Das Patronengewehr kam in Amerika erst nach dem Bürgerkrieg auf. Wir können uns selbst einen Überblick verschaffen, indem wir die Technologien miteinander vergleichen. Das zeigt uns, wo ein Artefakt steht, was damit nicht in Ordnung ist, und was daran noch verbesserungswürdig ist. Man denke bloß an einen Bogen. An dem gibt es eigentlich nichts auszusetzen, denn für eine Waffe, die auf dem Prinzip der Federkraft und Elastizität basiert, um einen Pfeil oder ein anderes Geschoß zu katapultieren, hat er ganz sicher die Grenzen der Effektivität erreicht. Daran gibt es nicht viel zu verbessern. Wenn wir uns jetzt mal dieses Artefakt anschauen: ein Steinschloßgewehr. Was gibt es daran auszusetzen? Beinahe alles: die Zeit, die es braucht, um es zu laden, hohe Fehlschußquote, Wind und Regen können die Waffe unbrauchbar machen, der Transport und die Lagerung von Schwarzpulver ist äußerst gefährlich. Wie weit seine Entwicklung noch voranschreiten muß, verdeutlicht folgendes Beispiel: Hier haben wir das allermodernste Maschinengewehr, und hier sind einige Spezialmodelle wie die Darlick. Konnte sich nie auf dem freien Markt durchsetzen, aber bei Waffen und Geschossen, die durch Sprengsätze angetrieben werden, könnten wir die Grenzen erreicht haben. So kann man also durch einen sinnvollen Vergleich die Technik aussieben, die noch nicht ausgereift ist. Und wir können den menschlichen Organismus als ein Artefakt betrachten und uns fragen, was bei ihm im Argen liegt und wie weit er sich noch fortentwickeln muß. Ich frage mich, ob an diesem Tisch noch alle am Leben wären, wenn wir die

264

Zeit um 100 Jahre zurückdrehen würden. Ich hatte eine Blinddarmentzündung. Ich hatte Malaria. Ich hatte unzählige Infektionen, die mit Penicillin behandelt wurden und sehr wohl hätten tödlich enden können. Malaria ist eine absolut lähmende Krankheit.

BOCKRIS: Ich kann einfach nicht begreifen, weshalb sich Leute immer noch politisch engagieren. Es scheint ja doch keinen Unterschied zu machen, wer gewinnt, weil doch alle dasselbe tun.

BURROUGHS: Es macht einen Riesenunterschied, mein Lieber. Hast du überhaupt eine Ahnung, wie dicht dieses Land durch die Watergate-Affäre an einer faschistischen Machtübernahme vorbeigeschrammt ist? Das haben sie in ihren langweiligen Memoiren ja sogar ziemlich freimütig zugegeben. Es ist extrem wichtig, solche Dinge ständig zu verfolgen und zu registrieren.

BOCKRIS: Ständig zu verfolgen, was vor sich geht, ist in meinen Augen eine sehr ermüdende Angelegenheit.

SONTAG: Aber manchmal steht das eigene Leben auf dem Spiel.

BURROUGHS: Unser Leben steht auf dem Spiel, das könnt ihr mir glauben. Ich hatte zu der Zeit mit solchen Leuten zu tun. Ich erinnere mich an den Terrorismus der ausgehenden sechziger Jahre. Leute, denen man wegen Marihuana etwas angehängt hatte. Es gab eine Zeit, als Sinclair wegen eines einzigen Joints für zehn Jahre in den Knast gewandert ist. Es kann das eigene Leben bedeuten, derlei Dinge kritisch zu verfolgen. In das Amerika vor Watergate und in das nach Watergate zurückzukehren ist wie eine Rückkehr nach Rußland vor und nach Stalin. Als ich 1964 wieder in dieses Land gekommen bin, hat man mein Gepäck gefilzt. Huncke hatte man damals erzählt, daß das FBI eine Liste von Leuten hätte, auf die sie es abgesehen hatten.

SONTAG: In den fünfziger und frühen sechziger Jahren war es keine große Kunst, Scherereien zu kriegen. Mir sind die fünfziger Jahre als der totale Horror in Erinnerung. Die Leute haben Bücher weggeschmissen, die absolut harmlos waren. Ich rede nicht von Marx, sondern von Ruth Benedict oder John Dewey. Die Leute haben diese absolut harmlosen Bücher versteckt, weil sie sie mißverstanden haben. Man kann sich das nicht vorstellen! In den frühen fünfziger Jahren haben die Leute Tolstoi und Dostojewskij weggeschmissen aus Angst, sie könnten angeklagt werden, weil sie russische Autoren lesen. Es war die Zeit, als man bei seiner Einreise in dieses Land ein amtliches Formular nicht mit roter Tinte ausfüllen durfte. Man durfte mit rosa Tinte schreiben, man durfte mit grüner oder gelber Tinte schreiben, aber man durfte nicht mit roter Tinte schreiben. Es war die Zeit, als eine Mannschaft namens Cincinnati Reds ihren Namen ändern mußte. Diese Angst grassierte während der fünfziger und frühen sechziger Jahre. Dann passierte in den Sechzigern etwas, dessen Auswirkungen wir immer noch spüren. Wie auch immer, man fragt sich doch, ob selbst solche Dinge heute möglicherweise widerrufen werden können oder nicht.

BOCKRIS: Ich denke, daß alles widerrufen werden kann.

BURROUGHS: Ja. Widerrufen, und versuchsweise sind sie widerrufen oder ausgesetzt worden.

SONTAG: Sicher. Für uns liegt das 15 Jahre zurück, was eine lange Zeit ist, das wäre ungefähr Mitte der sechziger Jahre. Das ist eine sehr lange Zeit, die einem wie eine Ewigkeit vorkommt.

BURROUGHS: Nein, verstehst du, das ist nur Teil des Verkaufsgesprächs – um den Preis für die derzeitige Freiheit auszuhandeln. Hier hat man es doch ziemlich behaglich, hier platzt einem doch niemand nachts um 3 in die Wohnung, oder? Wozu sich also den Kopf darüber zerbrechen, was an solchen Orten wie Südkorea vor sich geht. Es ist wie mit dem Lebensstandard. Könnte man sich damit abfinden, den eigenen höheren Lebensstandard auf Kosten von Menschen erreicht zu haben, die sich anderswo auf der Welt mit einem niedrigeren Lebensstandard zufrieden geben müssen? Die meisten Amerikaner würden das bejahen. Jetzt stellen wir die Frage, ob es einen zufrieden macht, seine politische Freiheit auf Kosten derer zu genießen, die weniger frei sind? Ich glaube, daß sie diese Frage ebenfalls bejahen würden. Ich glaube, daß sich die CIA ganz genau dieser Aufgabe widmet, beide Fragen bejaht zu bekommen. Ja. Ja. Ja. Meinen Lebensstandard aufgeben!? NIE IM LEBEN!

Ein Essen mit Allen Ginsberg: New York, 1976

GINSBERG: Eine Sache, die mein Denken während der vierziger Jahre verändert und mich in meiner Einstellung bestärkt hat, an die ich mich bestens erinnere, ereignete sich, während ich gemeinsam mit Burroughs und seiner Frau Joan vor dem Radio saß. Wir hörten Harry Trumans Antrittsrede, als Joan die Nase rümpfte und sagte: »Er hat den Tonfall und die Ausdrucksweise eines Herrenausstatters.« Und: »Was soll denn das für ein Präsident sein?« Sie machte sich über Trumans Ausdrucksweise lustig – in einer Art vernichtend gehässiger Haltung.

Es war das allererste Mal, daß ich gehört habe, wie es jemand gewagt hat, den Verstand des Präsidenten der Vereinigten Staaten in Zweifel zu ziehen; so was machte man damals einfach nicht. Man ging viel eher davon aus, daß es in jeglicher Richtung nur eine dumpfe Denkweise gab, statt daß es einzelne Punkte einer komischen Wahrnehmung geben könnte. Es wäre einem nie in den Sinn gekommen, daß das ganze Land aus demokratischen Individuen zusammengesetzt sein könnte, deren Auffassung den offiziellen der Regierung weit überlegen waren. Ich glaube, daß sich niemand vorstellen kann, wie das damals zugegangen ist. Es war ein Zustand konditionierter Gehirnwäsche, in dem die emotionale Autorität des Staates über jeden Zweifel erhaben war. Und ich frage mich: Ist dies eine Wahnvorstellung, die auf eine späte Einsicht meinerseits zurückzuführen ist? Vielleicht verhielt es sich nicht so; vielleicht war es einfach nur eine verrückte Vorstellung unsererseits. Weil ich vermute, daß es damals alle möglichen Anhänger des rechten Flügels gab, die »Roosevelt und die Gewerkschaften« riefen – unter anderem Kerouacs Vater. Was überraschte, war, in welchem Ausmaß Burroughs zu damaliger Zeit mit dem konservativen Gedankengut übereinstimmte. Was er ablehnte, war eine gewisse Vulgarität, die der Regierung anhaftete, und darunter die tiefgreifende Befürchtung, daß diese Vulgarität etwas sehr Finsteres sei, das auf die Zündung der Atombombe hinauslaufen könnte. Der entscheidende Punkt ist, daß das Material, mit dem sich die Künstler der vierziger Jahre beschäftigten, absolut ehrlich und von einem sozialen Einfühlungsvermögen geprägt war. Und trotzdem schien es sich im Vergleich zu dem, was letztlich gedruckt wurde, derart gravierend zu unterscheiden, daß die Vorstellung, daß Material wie dieses *[Naked Lunch, On the Road]* in der *New York Times* oder von einem angesehenen Verleger veröffentlicht werden würde, wie ein Coup anmutete, der sich in den Tagträumen eines Marihuanarauchers abspielte. Nach dem Motto – wäre es nicht toll, wenn die Beatles im Weißen Haus ihr Comeback feiern würden, oder wäre es nicht großartig, wenn Jimmy Carter und Breschnew in einem Fußballstadion splitternackt aufeinander treffen und den Kalten Krieg mit vollgeschissenen Socken austragen würden!

Ein Essen im Bunker mit Allen Ginsberg, Peter Orlovsky und John Giorno: New York, 1979

GINSBERG *[flüsternd]*: Burroughs und ich reden nicht mehr miteinander. Wir sitzen da, und weisen uns gegenseitig zurecht. Ich trau mich überhaupt nicht, den Mund aufzumachen. *[Bill sitzt hinten am Kopfende des Tisches. Zu seiner Rechten hebt Allen den Blick.]* Ich könnte sonst etwas zu Vernichtendes äußern. Mir ist ein Gedanke zu deiner Meinung bezüglich des Schahs von Persien gekommen.

BURROUGHS: Und der wäre?

GINSBERG: Es macht nicht allzuviel Sinn, wenn Kissinger und Rockefeller den Mullah provozieren, um bessere Ölpreise zu erzielen – weil Kissinger, der, *ganz davon abgesehen*, daß er Erdölbeauftrager ist, auch ein Gespür für das Wohlergehen der Vereinigten Staaten aufbringen müßte und uns nicht auf einen Krieg zusteuern sollte, denn diese Situation wäre wirklich viel zu gefährlich. Diesen Schritt hätten sie möglicherweise unternehmen können, um den Beziehungen zwischen dem Iran und den Vereinigten Staaten Schaden zufügen zu können.

BURROUGHS: Du hast mich immer noch nicht von Khomeini überzeugt.

GINSBERG: Ich versuche überhaupt nicht, dich von Khomeini zu überzeugen. Aber ich kann die Wirkung des Gedankens gutheißen, daß der Iran auf seine Unabhängigkeit von der Tyrannei der Vereinigten Staaten pocht und daß sie emotional reagieren, und sich fragen, was zum Teufel ist in den letzten 20 Jahren eigentlich passiert? Obwohl der von ihnen eingeschlagene Weg, die Sache hochzuspielen, der Pflege fruchtbarer intellektueller Beziehungen Abbruch tut.

PETER ORLOVSKY: Allen, Allen, hier kommt das Hähnchen, es ist auf dem Tisch und wird kalt.

GINSBERG: Laßt uns essen.

ORLOVSKY: Wann willst du essen, Bill?

GINSBERG: SOFORT!

BURROUGHS: Gut, nein ... was? Laßt uns noch zehn Minuten warten und noch etwas trinken ... Die Russen halten mit ihrer Demokratie nicht hinterm Berg. Das ist der Grund, weshalb sie uns immer eine Nasenlänge voraus sind.

GINSBERG [trinkt Wodka-Tonic]: Ganz genau. Erst hatten wir den Iran in der Hand, das war 1953, und dann haben wir die totale Scheiße gebaut, deshalb bedeutet, mit ihnen die totale Scheiße gebaut zu haben, daß in unserem Bewußtsein eine entsprechende Scheiße gebaut worden ist.

BURROUGHS: Der Russe sitzt nicht einfach nur da und wartet darauf, daß wir ein Durcheinander veranstalten. Also, ein Grund ... du sagst, der Demokratie zuliebe ...

GINSBERG: Ich habe nicht gesagt, führt bei ihnen die Demokratie ein, ich habe nur gesagt, daß wir mit ihnen Scheiße gebaut haben.

BURROUGHS [sehr bestimmt]: Jetzt halt aber mal die Luft an. Einer der entscheidenden Gründe, weshalb die Demokratie dort nicht funktioniert, sind diese verschissenen Mullahs. Es gibt dort 183 000 Mullahs, erzreaktionär wie die Priester in Irland, die auf dem Land hocken und Angst haben, daß es ihnen weggenommen wird und sie ihre Macht einbüßen.

GINSBERG: Okay, also lag die Schwierigkeit bei der Landreform.

BURROUGHS: Das war die eine Schwierigkeit.

GINSBERG: Okay. Aber laß mich einen Moment bei diesem Thema bleiben. Abgesehen von den Mullahs, geht es hier um das Thema Land, und der Schah hat möglicherweise – oder auch nicht – den Versuch zu einer Landreform unternommen.

BURROUGHS: Hat er.

GINSBERG: Nur, nur lag das Hauptargument derart massiv in den

270

Kapitalinvestitionen in die Industrie – Überindustrialisierung, einschließlich Nuklearindustrie –, daß das, was zwischen seiner Machtübernahme und seinem Sturz tatsächlich unterm Strich rauskam, ein Abbau von landwirtschaftlichen Flächen war; so daß der Iran sich vorher größtenteils selbst mit Nahrungsmitteln versorgen konnte und nach seinem Sturz in Bezug auf Nahrungsmittelversorgung vollkommen von der Außenwelt abhängig war. Weil er sein ganzes Geld in die Rüstung, in die Atomindustrie und gehobene Luxusgüter investiert hat, statt sich um die Landwirtschaft zu kümmern. Wäre er ein Faschist oder Diktator gewesen und hätte sich um die landwirtschaftlichen Belange gekümmert, hätte man ein Nachsehen mit ihm haben können, und er hätte die Mullahs überlisten können. Aber das hat er nicht getan, sondern er hat das genaue Gegenteil getan, genau wie die klassische amerikanische Vorgehensweise es vorschreibt, nämlich mit dem Öl eine industrielle Monokultur heranzuzüchten, und alles andere in den Hintergrund zu drängen und den Bach runter gehen zu lassen.

BURROUGHS: Nein, ich wollte nur sagen, daß sich Demokratie nicht einfach so bewerkstelligen läßt, indem man sein Zaubersprüchlein aufsagt.

GINSBERG: Hätte es sich um eine Diktatur auf landwirtschaftlicher Basis gehandelt, hätte ich weiter nichts gesagt.

BURROUGHS: ... und dann hätte ich wieder damit gekontert, daß der größte Stolperstein die Mullahs sind. Die werden *immer* die Verursacher von Ärger sein.

GINSBERG: Nun, scheinbar konnte er das Problem nicht in den Griff bekommen, sondern hat den Konflikt vor 15 Jahren nur noch verschärft, indem er den Vater des Mullah oder wer immer das war, ermordet hat. Erinnerst du dich?

BURROUGHS: Über diesen einen weiß ich überhaupt nichts, nur, daß es im Iran noch 180 000 andere von diesen Hühnerfickern gibt. Es ist nicht nur dieser eine, es ist das gesamte System.

GINSBERG: Eine Politik, wie er [der Schah] sie betrieben hat, führte durch die totale Vernichtung der Landwirtschaft und der tödlichen Beleidigung der Mullahs zu einer Destabilisierung der Inlandsangelegenheiten und trieb den Iran in die Arme Rußlands.

BURROUGHS: Vielleicht sind das ja alles verkappte Kommunisten. Mich würde es überhaupt nicht wundern, wenn die sich als Mega-Kommunisten entpuppen würden!

GINSBERG: Das Nationalkomitee der Arbeit [jetzt Fusionspartei], dieser Rechter-Flügel-linker-Flügel-Beschiß, dieser Zusammenschluß von Geheimagenten des rechten Flügels, behauptet, daß es eine von Rockefeller initiierte Verschwörung gegen Kommunisten gegeben hat, die als erstes Rußland im Visier hatte!

BOCKRIS: Was für eine generelle Auswirkung wird es haben, wenn man die Geiseln vor Gericht stellt?

GINSBERG: Aus amerikanischer Sicht haben sie uns einen wahnsinnig großen Gefallen getan, indem sie uns mit dem konfrontierten, was wir tatsächlich angerichtet haben. Es wirft Licht auf das, was wir die letzten 25 Jahre getan haben, diese uneingestandene reumütige Schuld: genau wie beim Vietnamkrieg, dem wir uns entzogen haben; [Schuld] gegenüber der CIA, der wir uns entziehen, gegenüber dem FBI, dem wir uns entziehen. Und sie sagen, dem Iran werdet ihr euch *nicht* entziehen! Ihr habt in diesem Land 25 Jahre lang eure Sauereien abgezogen, jetzt ist es Zeit, daß ihr dafür geradesteht. Das ist noch der gesündeste Standpunkt in ihrer Haltung. Vor November 1979 wußten die meisten Amerikaner nicht, daß der Schah sein Geld auf Rockefeller-Konten deponiert hatte, und hatten keine Ahnung, wie eng Rockefeller und Kissinger ...

BURROUGHS: Diese ganze Angelegenheit ist aber auch nützlich, insofern, als daß es als Lehrstück dient. Inzwischen weiß der

Burroughs mit NO-METRIC-T-Shirt und Schiebermütze. »Der Gangsterlook«. Foto: Victor Bockris

Mann von der Straße etwas über den Iran und was für verschissene Menschen das sind. Khomeini hat noch nie etwas von Beethoven gehört! »Der Islam ist alles«, hat er erklärt. Nun, wenn die Mullahs die Leute nicht seit Generationen und zu ihrem eigenen Vorteil mit Armut und abgerundtiefer Ignoranz gestraft haben ...
BOCKRIS: Abgrundtiefer ...
BURROUGHS: Abgrundtiefer.
GINSBERG: Abessinischer!
BURROUGHS: Ganz genau! Abessinische Ignoranz, zu ihrem eigenen Vorteil, das ist es, was gespielt wird. Sie sind die reaktionärsten Menschen im ganzen Land.

GINSBERG: Vor ein paar Tagen hast du gesagt, daß Rockefeller und Kissinger deiner Meinung nach Dummköpfe wären und daß ich dächte, daß jeder, dessen Meinung von meiner abweicht, dumm sein müßte – was ich ja auch glaube –, daß sie aber nicht dumm gewesen sind, so daß sie ganz genau gewußt haben, daß sie eine schwere Krise heraufbeschwören würden, wenn sie den Schah ins Land bugsieren würden, und deshalb lautete die Frage, nach welchen Motiven sie gehandelt haben und was sie vorhatten?

BURROUGHS: Ich habe keine Ahnung, welche Motive sie gehabt haben könnten, aber ich glaube, daß sie sich schon irgendwas dabei gedacht haben müssen, weil es jetzt heißt – wir haben es euch ja gleich gesagt. Du siehst, hier sprechen die Experten, die alten iranischen Hasen ...

GINSBERG: Zuallererst hätte das Motiv von Rockefeller und Kissinger dazu angetan sein können, die Uhr auf patriotisch-chauvinistisch-hysterische-pro-CIA-Stunden zurückzudrehen.

BURROUGHS: Bis zu einem gewissen Grad ...

GINSBERG: Und darüber hinaus haben sie jeden Versuch, den Mondale kürzlich plante, die CIA unter seine Kontrolle zu bringen, fallenlassen. Auf wieviel haben sie das Budget erhöht?

ORLOVSKY: Für 1981 werden es 155 oder 158 Millionen sein, letztes Jahr waren es dagegen nur 130 Millionen. Und Homosexuellen haben sie ein Einreiseverbot für dieses Land erteilt ...

BURROUGHS: *Moment mal.* Das eine hat wohl mit dem anderen nichts zu tun.

GINSBERG: Ich glaube, das alles ist Teil eines großangelegten Plans des Komitees für Gegenwärtige Gefahren, unter dem Vorsitz von Norman Podhoretz und Irving Kristol, diese ganze Sache, die sechziger Jahre auf der Schwelle zu den Achtzigern wieder aufleben zu lassen!

BURROUGHS *[geduldig]*: Erstens mal hat in der modernen Welt nichts so großen Erfolg wie das Versagen. Mit anderen Worten, ist diese Iran-Geschichte der totale Fehlschlag in Amerika, und jetzt wird behauptet, es sei unumgänglich, die CIA beizubehalten, weil sie eine solche Scheiße gebaut hat. Denk an Nasser. Jedesmal, wenn er einen Krieg angezettelt und in Rekordzeit gewonnen hat, war er hinterher wesentlich gefestigter.

GINSBERG: War Nasser das?

BURROUGHS *[kühl]*: Ja.

GINSBERG *[verwirrt]*: Jedesmal, wenn er verloren oder gewonnen hat?

BURROUGHS *[schreit]*: Jedesmal, wenn er verloren hat! Hat er jemals einen Krieg gewonnen? *[Gereizt]*: Welchen Krieg hat er denn jemals gewonnen?

GINSBERG: Nein, du sagtest, jedesmal, nachdem er einen Krieg gewonnen hat, war er hinterher wesentlich gefestigter. Ich habe doch nur gesagt, daß ...

BURROUGHS: Einen Krieg VERLOREN hat. Durch Verlust. Es ist eine Art Umkehrung der Angst vor dem Sieg.

GINSBERG: Pyrrhussieg. *[Burroughs seufzt unüberhörbar.]* Ich bin ein sehr gebildeter und belesener Mensch.

BURROUGHS: Würg ...

Ein Essen mit Glenn O'Brien, André Leon-Talley, Andy Warhol und Allen Ginsberg: New York, 1980

BOCKRIS: Im Naturhistorischen Museum gibt es eine Frau, die das weltweite Kakerlakenaufkommen erforscht, sich mit ihnen die Nächte um die Ohren schlägt und Makroaufnahmen von ihnen macht. Sie weiß scheinbar bestens Bescheid, ganz egal, worum es geht. Diese Kakerlaken sind weitverbreitet, und sie sind durch und durch boshaft.

BURROUGHS: Das stimmt, sie sind weitverbreitet.

BOCKRIS: Was für tapfere und aggressive Kreaturen, denn welche Chance haben sie gegen uns, wenn sie aus ihren Löchern kommen?

O'BRIEN: Manche von ihnen sind äußerst raffiniert, manche von ihnen lernen, zur rechten Zeit zu springen.

BURROUGHS: Einige von ihnen haben Flügel.

BOCKRIS: Du hast mal gesagt, daß alle Wasserkäfer Flügel hätten.

BURROUGHS: Jedenfalls soweit ich weiß, obwohl es sein kann, daß sie die unterschiedlichsten Evolutionsstufen durchlaufen haben.

O'BRIEN: Sie fressen Plastik.

BURROUGHS: Stimmt. Sie fressen Klebstoff, und sie fressen einem den Leim aus den Büchern und die Haare vom Kopf.

BOCKRIS: Hier in New York leben wir dichter mit Kakerlaken als irgendwas anderem zusammen, und trotzdem wissen wir nichts über sie und ihre Gewohnheiten.

BURROUGHS: Ich glaube, du bist ein verdammter Weltverbesserer; du meinst also, wir müßten mehr über Kakerlaken erfahren. Das bezweifle ich, ehrlich gesagt.

BOCKRIS: Es ist doch wohl einleuchtend, daß die Chancen, einen Krieg zu gewinnen, größer sind, je besser man über seinen Gegner Bescheid weiß.

BURROUGHS: Dem kann ich nur zustimmen. Aber alles, was man über die Vernichtung von Kakerlaken wissen muß, kann man an einem Nachmittag lernen. Ich habe mal mit einem alten Kammerjäger die Runde gemacht und alles an einem Nachmittag gelernt. Es ist kinderleicht, sie sich vom Hals zu schaffen. Für 30 Dollar garantiert der Kammerjäger, daß er ihnen den Garaus macht, und falls die Kakerlaken wiederkommen, kommt auch er wieder, aber diesmal für umsonst. Heutzutage sind sie im Umgang mit Kakerlaken wesentlich effizienter, als sie es damals waren, als ich als Kammerjäger gearbeitet habe.

LEON-TALLEY: Können Sie mir was über das Sexualverhalten der Kakerlaken erzählen?

BURROUGHS: Darüber weiß ich nichts, aber ich weiß, wie man sie los wird. Ich brauche mich nur umzusehen und den Fall analysieren. Sie kriechen unter Spülbecken; falls es Linoleum gibt, kriechen sie darunter, sie kriechen in Küchenschränke und in alles, was aus Holz ist.

LEON-TALLEY: Wie halten Sie die Viecher aus Ihrem Küchenschrank fern, wo Sie Ihr bestes Geschirr und Besteck und so weiter aufbewahren?

WARHOL: Also, zwischen dem besten Geschirr können sie ruhig rumkrabbeln; man will sie nur nicht so gern im Essen haben.

BURROUGHS: Es rausnehmen und mit der Spraydose drüber.

WARHOL: Nein, es besprühen und es den Gästen mit dem Spray drauf vorsetzen. So wird's gemacht!

BURROUGHS: Man sieht genau nach, wo sie stecken und dann besprüht man die Stelle und sie kommen herausgekrochen und schon weiß man, wo sie stecken. Man muß ein Gefühl dafür entwickeln.

LEON-TALLEY: Aber sie sind so fett und abstoßend.

BURROUGHS: Sie reden jetzt wohl von Wasserkäfern.

WARHOL: Also, wenn ich früher nach Hause gekommen bin, war ich immer sehr froh, wenn ich dort einer kleinen Kakerlake begegnete, mit der ich mich unterhalten konnte, ich habe nur ... es war so schön, jemanden zu haben ... daß wenigstens jemand da war, der einen beim Nachhausekommen begrüßte, stimmt's? Und dann verschwinden sie einfach. Sie sind klasse. Ich könnte nie auf sie drauftreten. Trittst du auf sie drauf?

BURROUGHS: Um Gottes willen, nein! Ich habe entweder eine

Spraydose ... Also, manchmal habe ich einen Wasserkäfer bei mir zu Hause. Es gibt da etwas, das nennt sich »Tat« mit einem feinen Röhrchen, das hat vorn eine Düse dran und macht dieses feine Spray. Wenn man einen Wasserkäfer sieht, braucht man bloß ...

WARHOL: In deiner neuen Wohnung hast du aber keine?

BURROUGHS: Eher selten. Ich habe sie alle ausrotten können.

BOCKRIS: Aber hast du nicht ein kleines Problem mit Bettwanzen?

BURROUGHS: Ich besorgte mir einen Zerstäuber und ging damit unter die Matratze, wo die Sprungfedern sind, dahin verkriechen sie sich nämlich, und so bin ich sie losgeworden ...

BOCKRIS: In einem Großteil deiner Arbeit geht es um die Verdammung des Planeten als ganzem. Denkst du heute noch genauso darüber?

BURROUGHS: Was den gesamten Kreislauf aus Überbevölkerung und Umweltverschmutzung angeht, herrscht ein eklatantes Mißmanagement, und was dagegen unternommen wird, ist mehr als dürftig, aber das ist nur eins der Probleme. Darüber hinaus gibt es eine zunehmende Weitergabe von Atomwaffen, was ebenfalls ein Problem für die Umwelt ist; das Problem des gesamten ökonomischen Systems ... Man braucht mehr und mehr, um immer weniger zu kaufen. Das ist ein weltweites Problem, was nicht nur auf die westliche Kultur beschränkt ist. Ob es irgendeine Möglichkeit zur Lösung dieser Probleme gibt, steht auf einem anderen Blatt. Ich bezweifle, offen gestanden, daß dagegen viel unternommen wird. Die Umweltverschmutzung ist schon sehr lange im Gang, aber irgendwann kommt der Zeitpunkt, wo das Maß voll ist. Im Hinblick auf irgendeine Hoffnung oder Lösung gehe ich mit Timothy Leary konform, der behauptet, daß die einzigen Chancen im Weltraum zu finden sind. In einem Vortrag über Raumstationen, den er kürzlich hielt, führte er aus:

278

»Wenn ein Ort in diesem Ausmaß überbevölkert wird, ist das ein Zeichen, daß er erfolgreich gewesen und es Zeit zum Umziehen ist.« Er sagte, man solle diese Raumstationen in Betracht ziehen. Es wird eine Langlebigkeitspille geben; damit kann man 500, 600 oder 700 Jahre alt werden.

Mir scheint, als würde er von den beiden elementarsten Dingen sprechen – nämlich Unsterblichkeit und Weltall. Er weist ebenfalls darauf hin, daß in Zukunft effiziente Raumfahrtprogramme mit Hilfe von Privatkapital entwickelt werden können, was sich als eine der besten Strategien zur Verteidigung des Privatkapitals herausstellen könnte, nämlich Geld auf eine wirklich sinnvolle Weise einzusetzen. Dies scheint eine Möglichkeit innerhalb des ganzen Spektrums moderner Technologien zu sein. Das würde eine Entwicklung von relativ kleinen Personengruppen unterstützen, und offenbar könnte man sich das passende Umfeld selbst aussuchen; ansonsten würde es Welten für bisexuelle Vegetarier und für Anita Bryant geben!

BOCKRIS: Es scheint lediglich eine begrenzte Geldsumme zur Verfügung zu stehen, die für den Weltraum eingesetzt wird.

BURROUGHS: Wir nähern uns einem Punkt, an dem Geld sowieso fast keine Bedeutung mehr hat. Die Frage wird lauten: Wieviel Geld wird das kosten? Dies ist wirklich ein vollkommen bedeutungsloses Konzept. Geld wird für unsere Realität immer weniger bestimmend sein. Geld ist keine konstante Größe, sondern lediglich ein Prozeß, der völlig von seiner Akzeptanz für sein Vorhandensein abhängt. Wir kennen bereits Situationen, in denen Geld irrelevant ist, und ich glaube, daß wir uns dieser Sache immer weiter nähern.

Was den Kommunismus angeht, so stellt er eine reaktive Entwicklung dar, die sich aus dem Kapitalismus ableitet. Aus diesem Grund ist er unflexibler und hat eine geringere Überlebenschance. Die Tage des Laisser-faire Kapitalismus gehören endgültig der Vergangenheit an und die Voraussetzungen für den Kommunismus des 19. Jahrhunderts sind ebenfalls Schnee von gestern, weil sie auf dem Laisser-faire-Kapitalismus aufbauten. Während in den kapitalistisch regierten Ländern kaum noch Spuren von Kommunismus vorhanden sind, reagiert er auf etwas, was schon seit über 100 Jahren nicht mehr existiert.

Und die gegenwärtigen Kommunisten halten an diesen total überholten Konzepten fest und weigern sich, die Widersprüche und Fehlschläge des Marxismus zur Kenntnis zu nehmen. Dem Kommunismus fehlt jegliche Möglichkeit für einen Wandel. Der Kapitalismus ist flexibel und ändert sich ständig und hat sich unermeßlich verändert. Die Kommunisten behaupten scheinbar immer noch, daß sie sich nicht verändern, sie verfolgen dieselben marxistischen Ideologien. Wir haben keine Ideologien. Das ist der große Vorteil.

BOCKRIS: Überrascht es dich, vor dem Hintergrund deiner Arbeit und deines Lebens in den vierziger, fünfziger, sechziger und siebziger Jahren zu sehen, in welchem Zustand sich Amerika und die Amerikaner heute befinden?

BURROUGHS: Ich würde sagen, daß es das beste Land ist, das man sich für ein unbeschwertes Leben aussuchen kann, und hier ist es verdammt viel besser, als ich es erwartet hätte. Es sah ganz danach aus, als würde sich Amerika zu einem repressiven Polizeistaat entwickeln, was dann aber nicht eingetreten ist. Einer der großen Wendepunkte war ohne Frage Watergate. Was sind die Amerikaner? Hier ist vom Farmpächter bis zum Atomphysiker alles vertreten, und es gibt innerhalb ihrer Denkstrukturen bestimmt keinerlei Uniformität. Sie haben nur sehr wenig gemeinsam. Wir können in der Tat behaupten, daß die Amerikaner weniger Gemeinsamkeiten haben als jede andere Nationalität. Es gibt hier so viele gruppen- und berufsspezifische Unterschiede.

BOCKRIS: Bevorzugst du eine Staats- oder doch lieber eine Nationalregierung?

BURROUGHS: Die Bundesregierung hat uns nichts beschert außer Ärger und Kosten: die Prohibition; und dieser ganze Blödsinn zu versuchen, Drogen zu kontrollieren. Die FDA hat wirklich jede Art von Forschung behindert. Wegen der FDA wird es sie fünf Jahre kosten, Endorphin auf den Markt zu bringen, und sie stecken mit den großen Pharmakonzernen unter einer Decke. Sie sind in Wirklichkeit die Konzernsheriffs für die großen Pharmakonzerne. Je weniger Einmischung seitens der Bundesbehörden desto besser. Es werden ständig Gesetze verabschiedet, die solchen Bundesstaaten schaden, die völlig andere Probleme haben als die an der Ostküste. Diesen Staaten sollte ein Spielraum zugebilligt werden, damit sie ihre Probleme selber in den Griff bekommen.

GINSBERG: Überall, wo ich hingehe, um meine Lesungen abzuhalten, treffe ich junge Menschen, die Burroughs' Schwingungen absorbiert haben, ob nun in Hinblick auf ein Heavymetal-Bewußtsein oder eine komödiantische Polizeistaat-Paranoia oder auf unheilbare psychologische Entzugserscheinungen die Zivilisation betreffend oder weil sie sich durch das Raumzeitalter in die Enge getrieben fühlen. Hauptsächlich ist es aber seine sachliche, kluge, stoische und von einem gesunden Zynismus durchdrungene Sichtweise in puncto Regierungen, Behörden, Bürokraten, Politiker, sein Egozentrismus und ... »Zufallsoperationen«.

Ich denke, er spielte eine tragende Rolle, entweder beim Vorantreiben oder dabei, dem Bewußtseinswandel ein Gesicht zu verleihen, der sich in den letzten zwei Jahrzehnten in den Vereinigten Staaten vollzogen hat und der zu der Desillusionierung auf seiten der breiten Öffentlichkeit durch eine sich selbst verschleiernde Regierung geführt hat. Das war auch das erste Thema, was ich damals in den vierziger Jahren von ihm aufgegriffen habe – seine Verachtung für das Drum und Dran des Autoritarismus, und sein Humor, mit dem er durch die Militärpolizeiuniformen hindurch auf den behaarten, verkrebsten Kadaver sieht, der dort drinsteckt. Und das führte später zu seinem Zynismus gegenüber den äußeren Erscheinungsformen und des Drumherums des Egos selbst.

BURROUGHS: Wenn man mich fragt, was der einzelne gegenwärtig in politischer Hinsicht ausrichten kann, muß ich sagen, daß das nicht allzuviel ist. Was mich betrifft, kreisen meine Gedanken cher um die Veränderung des einzelnen, was in meinen Augen wesentlich wichtiger ist als die sogenannte politische Revolution.

ÜBER PSYCHISCHEN SEX

Hätt ich von dir ein sprechend Bild
Spielt ichs immer wenn ich traurig wär
Zehnmal am Tag führt ich es vor
Und extra nochmal um Mitternacht
Hätt ich von dir ein sprechend Bild

Ein Song aus den zwanziger Jahren

In der Zeit, in der ich William in New York vermehrt zu treffen begann, setzte etwas ein, das ich nicht anders als äußerst intensive und, wie mir schien, sexuelle Halluzinationen bezeichnen konnte. Ich dachte, daß er der einzige Mensch war, dem ich mich in dieser Angelegenheit anvertrauen konnte, und so erzählte ich ihm, was mir kürzlich widerfahren war.

BOCKRIS: Ich wachte gegen 5 Uhr morgens auf, lag auf der Seite und blickte aus dem Fenster. Ich wußte genau, daß ich wach war, denn ich erinnere mich, wie ich auf die Uhr schaute und dachte, daß ich früh aufgewacht war. Im nächsten Augenblick war ich mir eines Körpers bewußt, der sich seitwärts aufgestützt hatte und aus einer Höhe von etwa 2 Fuß über dem Bett auf mich herabschwebte. Sofort erkannte und akzeptierte ich die Anwesenheit eines jungen Mädchens, das morgens und abends – über einen Zeitraum von drei Monaten – Mittelpunkt intensivster sexueller Phantasien gewesen war. Verwirrt, wie ich war, dachte ich zuerst, sie wäre mich besuchen gekommen, und ich fragte mich, wie sie hereingekommen wäre. Dann wurde mir klar, daß zwar »nicht wirklich sie es war«, aber daß *sie* – wer immer es war – da war und mein heftiges sexuelles Verlangen

283

nach ihr erfüllt wurde. Die Anwesenheit dieses Wesens war äußerst delikat, und ich wußte, daß ich ruhig und mit Bedacht mit ihr umgehen und abrupte Bewegungen vermeiden mußte, damit sie sich nicht in Luft auflösen würde. Worum hatte es sich da wohl gehandelt?

Zunächst zeigte sich Bill wiederum überrascht, daß ich nicht imstande war, mir eine solche Erscheinung zu erklären, und sagte, es handele sich dabei um »einen Besuch eines Liebhaberdämons, mein Guter!«. Ungehalten fuhr er sich mit der Hand durch sein schütter werdendes Haar und rückte seine Brille zurecht, bevor er mir das Phänomen zu erklären begann. Mit der vergleichsweisen Unwissenheit eines Großteils seiner Gefährten konfrontiert, setzt Bill stets eine Miene größten Erstaunens auf. Seit seiner frühesten Kindheit hat er die Literatur geradezu verschlungen, hat alle möglichen Universitäten und medizinische Fakultäten besucht, hat Anthropologie als Prüfungsfach studiert und Beiträge in medizinischen Fachzeitschriften veröffentlicht. Die Breite und Tiefe seines Wissens ist ebenso bemerkenswert wie seine Gabe, Informationen zu jedem beliebigen Thema, von Sukkubus und Inkubus bis hin zu Süßkartoffeln, zu liefern. »Nein«, sagte ich. »Darüber weiß ich gar nichts, Bill. Was ist ein Sukkubus?«

BURROUGHS: Lieber Freund, schlägt man in einem Wörterbuch nach, dann ist ein *Sukkubus* »ein weiblicher Dämon, der einen schlafenden Mann überfällt und den Beischlaf mit ihm vollzieht«. In der männlichen Form wird er als *Inkubus* bezeichnet. Im Grunde genommen ist es jede beliebige Form eines »anderen Wesens«, die einen Menschen sexuell heimsucht. Das kann im Körper einer Person geschehen, die man wiedererkennt, wie es in deinem Bericht der Fall gewesen ist, oder als nicht wahrnehmbare menschliche oder andere Form. Manchmal kann man es

Damita Richter auf einem übersinnlichen Foto. Man beachte die Wunde an ihrer rechten Seite unterhalb der Zeitung, die auf dem Negativ nicht zu sehen ist. Foto: Victor Bockris

fühlen, aber es bleibt unsichtbar. Allerdings sind alle diese Heimsuchungen ausschließlich sexueller Natur.

BOCKRIS: Von so etwas habe ich noch nie gehört. Für mich war das eine so verblüffende Erfahrung, daß ich darüber wirklich alles herausfinden möchte.

BURROUGHS: Über derlei Wesen ist viel geschrieben worden, aber nur in weitverstreuten Quellen. Ein abschließendes Werk über dieses Phänomen gibt es nicht, obwohl sie fortfahren, uns regelmäßig heimzusuchen, wie sie das die gesamte Geschichte hindurch taten. Weißt du, die meisten Leute reden nicht gerne darüber, weil sie fürchten, man hielte sie deshalb für verrückt. Ich habe mit vielen Leuten darüber gesprochen, die nicht die geringste Ahnung hatten, was ich meinte. Mit Reisen-aus-dem-Körper-heraus verhält es sich ganz genauso. Was wir dringend brauchen, sind Entdecker, die bereit sind, diese unerforschten Möglichkeiten zu untersuchen und wenigstens eine positive Haltung gegenüber Sex mit anderen Wesen an den Tag zu legen. Es gibt da diesen Robert Monroe, der 1971 einen Bestseller mit dem Titel *Der Mann mit den zwei Leben. Reisen außerhalb des Körpers* verfaßte. Er ist ein amerikanischer Kaufmann, der die 60 überschritten hat und in Virginia lebt. Monroe führte eine Reihe von Experimenten durch, im Laufe derer er, an der Schwelle zum Einschlafen, seinen Körper zu verlassen und andere Orte anzusteuern schien. Bei einigen dieser Reisen traf er Leute, mit denen es zu sexuellen Begegnungen kam. In einem »Sex im zweiten Zustand« überschriebenen Kapitel läßt er sich über mehrere seiner sexuellen Kontakte aus.

Beim Versuch, die körperlichen Empfindungen dieser sexuellen Begegnungen zu beschreiben, konstruiert Monroe, meiner Meinung nach, die objektivste moderne Beschreibung von Sex mit einem Sukkubus: »Wenn die entgegengesetzt geladenen Pole der Elektrostatik ›fühlen‹ könnten«, schreibt er, »während sich die ungleichnamigen Pole einander nähern, dann würden sie ›das Bedürfnis haben‹ zusammenzukommen. Es gibt keine Schranke, die es verhindern kann. Das ›Bedürfnis‹ nimmt immer mehr zu, je näher sie sich kommen. An einem bestimmten Punkt der Nähe wird das ›Bedürfnis‹ unwiderstehlich; sehr nahe ist es allumfassend; jenseits eines bestimmten Nähepunktes übt das Anziehungs-Bedürfnis einen gewaltigen Zug aus, und die beiden Ungleichen stürzen aufeinander zu und umfangen sich.« Weiter heißt es: »Die sexuelle Aktion und Reaktion im physischen Leib wirkt wie ein blasser Abklatsch oder ein schwacher Versuch, eine sehr innige Form der Kommunion und Kommunikation im Zweiten Zustand nachzuahmen, die ganz und gar nicht ›sexuell‹ ist, wie wir den Ausdruck verstehen.«

Monroe kommt zu dem Ergebnis, daß wir unsere wirklichen sexuellen Gelegenheiten verpassen: »Wir bewerten die Sexualität nach solchen Hemmungen, Einschränkungen und nach der Gesellschaftsstruktur weiter als gut oder schlecht.« Und die Freudsche Theorie, derzufolge frühe sexuelle Verdrängung sexuelle Traumphantasien hervorruft, bezeichnet er als billige Ausrede. Er spricht davon, da dies »der ›leichte‹ Ausweg«, sei »um nicht unerforschten Möglichkeiten gegenüberstehen zu müssen«.

BOCKRIS: Aber warum sind diese Möglichkeiten so unerforscht?

BURROUGHS: Angesichts der Ähnlichkeiten bei der Beschreibung von sexuellen Erfahrungen mit einem Inkubus oder Sukkubus – die magnetische Anziehung, das Sich-zusammen-Bewegen, überwältigender Orgasmus und Befriedigung durch wiederhergestelltes Gleichgewicht – zuzüglich einer enormen Anzahl religiöser, psychischer und psychiatrischer Schriften, die von ähnlichen Aktivitäten über Tausende von Jahren hinweg berichten, auf die ich dir später einige Hinweise geben werde, wäre es unvernünftig, wollte man, wie viele Leute das tun, rundweg leugnen, daß diese Dinge in irgendeiner Form existieren. Aber vielen Leuten ist es immer noch peinlich, über ihre diesbezüglichen Erfahrungen zu reden, und in keiner der gegenwärtigen Interpretationen wird nicht mal der leiseste Versuch unternommen, ebendiese intime sexuelle Form der Verbindung und Kommunikation, wie du sie bei deiner Erfahrung beschrieben hast oder wie Monroe sie selbst beschreibt, zu erklären. Ich denke, wir müssen versuchen, uns diesen Wesen mit einer ausgewogeneren und objektiveren Betrachtungsweise zu nähern, als die Dogmen der Fachwelt es zulassen. So wie ich das sehe, kann ein Inkubus oder ein Sukkubus harmlos oder aber auch destruktiv sein. Wie bei jeder sexuellen Situation hängt die Gefährlichkeit davon ab, wie man mit ihr umgeht. Eine solche Situation nicht unter Kontrolle zu haben, kann zweifellos negative Auswirkungen haben, aber wir müssen die generell negative Sichtweise der Kirche hinsichtlich Menschen mit übersinnlichen Kräften und Psychiatern nicht übernehmen, die besagt, daß diese unbedingt bösartige oder gefährliche Wesen seien. *Jede Art von Sex ist potentiell gefährlich*. Bei den frühen Höhlenmalereien zum Beispiel sehen wir, wie die Tiere getötet werden, nachdem sie sexuell aktiv waren, und in vielen sexuellen Mythen geht es darum, daß eine oder beide Personen getötet werden. Unsere sexuellen Empfindungen machen uns verletzlich. Wieviele Menschen wurden durch einen Sexualpartner zugrunde gerichtet? Sex bietet Angriffsmöglichkeiten, und die Inkubi und Sukkubi führen uns das einfach nachdrücklich vor Augen.

BOCKRIS: Wie gefährlich, glaubst du, sind diese Kreaturen?

BURROUGHS: Gewisse Dinge leuchten mir völlig ein: Ich würde sagen, daß Leute, die von jemandem heimgesucht werden, mit dem sie in Form eines Inkubus oder Sukkubus ficken wollen, sich normalerweise mit dem Körper der begehrten Person nicht mehr sexuell einlassen. Die Obsession als solche könnte wichtiger und begehrenswerter scheinen. Die magnetische Natur der sexuellen Anziehung zwischen diesen Wesen und ihren Subjekten kommt anderen physischen sexuellen Kräften in die Quere. Alle starken sexuellen Halluzinationen, die ich gehabt habe, haben sich auf meine sexuellen Erfahrungen negativ ausgewirkt und sich, so gesehen, als einigermaßen destruktiv erwiesen. Zweitens glaube ich, daß es vernünftig ist, die Person, die einen in Form eines Sukkubus heimgesucht hat, dies nicht wissen zu lassen, weil sie sich sonst der Macht, die sie über einen hat, bewußt werden und sie anwenden könnte. Drittens: Jeder, der versucht, einen Kontakt mit einem Sukkubus herzustellen, sollte wissen, daß sie dazu neigen, lästig zu werden, daß man sie nur schwer wieder los wird und daß sie, wenn sie außer Kontrolle geraten, ganz schön strapaziös werden können. Ein Sukkubus *kann* sich als ein guter Diener erweisen, ist aber in jedem Fall ein schlechter Herr.

BOCKRIS: Wie würdest du das zusammenfassen?

BURROUGHS: Bei jedem wie immer gearteten Kontakt mit Inkubi und Sukkubi kommt es auf das richtige Maß an. An welchem Punkt wird eine Phantasie zu etwas anderem als eine Phantasie? Wann fängt die Puppe des Bauchredners selber zu sprechen an? Wann führt eine Krebszelle zu einem separaten und unwandelbaren Prozeß?

BOCKRIS: Über dieses Phänomen scheint man allgemein nicht allzuviel zu wissen. Was für Dokumentationen hat es zu diesem Thema gegeben?

BURROUGHS: Dieses Phänomen hat es seit Anbeginn des Lebens gegeben. »Adam hat es mit Lillith, Adams erster Frau, und mit der Prinzessin getrieben, die, vor der Erschaffung Evas, 130 Jahre lang Herrin über die Sukkubi genannten Dämonen war.« Das ist ein Zitat aus Lewis Spences 1960 erschienener *Encyclopedia of Occultism*. Diese Dame Lillith wurde als »Königin der Sukkubi« bekannt, weil sie der erste Sukkubus war. Natürlich ist die Unbefleckte Empfängnis eine Inkubus-Legende. Man erinnere sich: »Und der Engel kam zu ihr hinein und sprach: Gegrüßet seist du, Hochbegnadete! Der Herr ist mit dir!« Dann sprach er zu ihr, sie solle sich nicht fürchten, sie habe Gnade vor Gott gefunden und werde schon bald einen Sohn gebären. Sie sagte: »Wie? Ich habe mit keinem Manne geschlafen.« Daraufhin – ich zitiere aus Lukas 1: »Der Engel antwortete und sprach zu ihr: Der Heilige Geist wird über dich kommen.« Nun, in diesem Fall ist der Heilige Geist ein Inkubus. Es wird dir auffallen, daß die Haltung der Leute gegenüber diesen Dingen sich ändert, aber ihre Besuche bleiben konstant. Wir wissen, daß die Griechen ebenfalls Götter hatten, die gelegentlich über die Menschen kamen. In der Geschichte von Leda und dem Schwan kam Zeus als Schwan über sie.

BOCKRIS: In späterer Zeit muß es doch bestimmt wissenschaftliche Untersuchungen zu diesem Phänomen gegeben haben.

BURROUGHS: Gewiß. Als nächstes kam die Interpretation der Rationalisten des 19. Jahrhunderts – Freud und seinesgleichen. Die kamen und lehnten die Idee einer Invasion durch Dämonen rundweg ab. Also wurde die körperliche Empfängnis der Inkubi abgetan, indem sie sagten, diese wären einfach nur geistige Vorstellungen der Betroffenen oder Halluzinationen. Es ist ein grundlegendes Postulat der Freudschen Psychiatrie, daß alle Stimmen sogenannte Halluzinationen endogenen Ursprungs sind und daß die Halluzinationen von sexuellen Wesen auf schwere sexuelle Repression in der Kindheit zurückzuführen sind. Somit wurden sie – und werden von vielen Psychiatern nach wie vor – für eine Art Krankheit gehalten.

BOCKRIS: Was hätte etwa ein Medium dazu zu sagen?

BURROUGHS: Dion Fortune, leitendes Mitglied der Londoner parapsychologischen Gesellschaft des Inneren Lichts und deren redegewandteste Sprecherin, identifiziert den Sukkubus in ihrem Buch *Handbuch für Suchende* (1930): »Der medial veranlagte Mensch ist der Meinung, daß die lustvollen Bilder, die ein Männerherz entwirft, in der Tat künstliche Elementargeister hervorbringen und daß diese Elementargeister mehr sind als subjektive Erscheinungsformen und über eine objektive ätherische Existenz verfügen.« Aber obwohl sie eine erfahrene Entdeckungsreisende in Sachen Okkultismus war und ihr Erwachsenenleben hindurch sehr ausführlich darüber schrieb, waren Dion Fortunes Ansichten über Sex immer noch von der Epoche geprägt, in der sie lebte, und so war sie stets empört von der Lüsternheit, mit der sich diese Kreaturen einem näherten.

BOCKRIS: Jeder stimmt darin überein, daß diese Wesen, oder wie immer man sie nennen will, eine negative Wirkung haben.

BURROUGHS: Ja. Aber da müssen wir uns fragen, um wievieles objektiver Wissenschaftler dieser Sache gegenüberstehen als Priester. Ich habe einem Psychiater beispielsweise einmal erzählt, daß Hexerei durchaus auf Fakten beruhen könne. »NEIN! Die Hexe ist Hysterikerin, und das Opfer ist paranoid!« rief er mit lauter Stimme. »Als Wissenschaftler bin ich gehalten, das zu glauben.« Es stellt sich heraus, daß Wissenschaftler auf dieses Thema ebenso emotional reagieren wie die mittelalterlichen Kleriker. Wenn wir uns daran machen, Inkubi und Sukkubi ernsthaft zu untersuchen, so müssen wir, davon bin ich überzeugt, damit beginnen, uns einzugestehen, daß Psychiater über keine objektiveren Beweise verfügen, daß sie unserer Einbildungskraft entspringen als Priester und daß sie des Teufels sind. In gewissem Sinne schließen wir damit einen Kreis, indem wir die grundlegenden Positionen der Kleriker noch einmal genauer unter die Lupe nehmen. Wenn einige von uns bereit sind, die alten Konzepte von Besessenheit und Heimsuchung durch Dämonen in Betracht zu ziehen oder zumindest zu überprüfen, dann sind wir mittels der notwendigen wissenschaftlichen Geräte für eine eingehendere Untersuchung dazu in der Lage. Es könnte uns beispielsweise gelingen, ein wenig Licht auf dieses Geheimnis zu werfen, wenn es uns gelingt, etwas aus der neusten, das Gehirn betreffenden Sexualforschung zu erfahren. Uns wird gerade erst bewußt, daß das Gehirn die primäre erotische Region des Menschen ist. Das Gehirn ist in zwei Hälften unterteilt, die rechte und die linke Hemisphäre. Alle für die Sprache zuständigen Regionen finden sich in der linken Hemisphäre. Die Regionen in der rechten, die den Sprachregionen in der linken Hemisphäre entsprechen, haben keine klar erkennbare Funktion, aber viele Menschen hören in der rechten Hemisphäre immer noch Stimmen, und dies sind Stimmen, die sie nicht kontrollieren können. Man bedenke folgendes: Das Individuellste eines Menschen ist seine Stimme. Wenn ich jemandem zuhöre, befindet sich die Stimme des Sprechenden in meinem Kopf. In einem gewissen Maß ist sie in mein Gehirn eingefallen und hält es besetzt. Daraus läßt sich folgern, daß, während man zuhört, wie jemand zu einem spricht, man die eigene Identität vorübergehend außer Kraft setzt, um der des Sprechenden Platz zu machen. Also haben Stimmen, die durch die rechte Hemisphäre, die nicht ausgeschaltet werden kann, hereinkommen, eine spezielle Macht. Überleg mal, was passieren würde, wenn die Stimme jemandes, den du liebst oder auf den du scharf bist, plötzlich in der rechten Hemisphäre erklingen und sagen würde: »Hallo, ich bin's.« Sie wäre in der Lage, eine schier unglaubliche Autorität auszuüben und möglicherweise visuelle Halluzinationen von begehrten Sexualobjekten, wie sie selbst, hervorzurufen. Somit *könnten* diese unbekannten Stimmen sexueller Wesen, die durch die rechte Hemisphäre hereinkommen, die Hörbasis für Inkubi-Sukkubi-Erfahrungen sein. Dies ist reine Spekulation. Vielleicht ist es aber auch eine Frage, in welchem Maße eine bestimmte Stimme Einfluß über einen nehmen kann.

BOCKRIS: Aber wenn diese Stimmen Sexualität visualisieren können und somit tatsächlich in der Lage sind, diese anderen Wesen zu erschaffen, stammen sie dann aus unseren Köpfen, wie Wissenschaftler meinen, oder sind sie externen Ursprungs? Jeder, der masturbiert, erschafft sich Bilder von jemand anderem. Wo aber bekommen wir die ursprünglichen Bilder her, auf die wir uns fixieren und die uns sexuell erregen? Was ist es, das unsere sexuelle Erregung verursacht?

BURROUGHS: Folgt man meiner Vermutung hinsichtlich der Sukkubi-Heimsuchungen via Gehör, dann könnte es sein, daß der Ursprung sexueller Erregung in der rechten Hemisphäre liegt oder dort durchgekommen ist. Wenn das der Wahrheit entspräche, würde die äußerst schöne und empfindliche erotische Ohrengegend den Punkt für eine sexuelle Invasion des Menschen bilden. Yeats hat dieses Bild einer Invasion durch das Ohr benutzt, indem er die Unbefleckte Empfängnis in einem Gedicht mit dem Titel »Die Mutter Gottes« beschrieb: »Der dreifache Schrecken der Liebe/ Ein gefallenes Auflodern,/Durch die Öffnung eines Ohrs;/ Im Zimmer Flügelschlagen ...« Ich glaube, das ist sehr gut. Aber wenn wir die Ursprünge dieser Bilder in der nichtdominanten Gehirnhälfte lokalisiert haben, frage ich mich immer noch, ob sie, bevor sie dort hingelangten, irgendwoanders herkamen. Diese ganze Frage gehört dann wirklich schon in den Bereich der Science-fiction. Vor allem dann, wenn wir die Möglichkeit elektronischer Gehirnstimulation bedenken, könnten wir willentlich einen Inkubus oder Sukkubus nach unseren Wünschen erschaffen, was zur Entwicklung eines elektronischen Bordells führen würde, wo jedermann Befriedigung erlangen könnte, ohne die Belastung eines anderen physischen Körpers. Man brauchte einfach nur zu programmieren, was man begehrt. Sex ist Physik. Wenn jeder einen Knopf drücken und einen Inkubus oder Sukkubus bekommen könnte, dann, so glaube ich, würden die meisten Leute einen Phantompartner dem allzu öden wahren Jakob vorziehen. Viele von uns würden möglicherweise bereitwillig alte Konditionierungen über Bord werfen und es mit anderen Wesen treiben, wenn dies möglich wäre, vor allem, da sie nahezu perfekte Sexpartner abgeben, den heißesten Sex bieten, unmittelbar nach der Erfüllung ihrer Funktion verschwinden, einen zufrieden und befriedigt zurücklassen, keine praktischen Probleme verursachen und keine Bemerkungen machen oder sich beschweren würden. Das elektronische Bordell würde expandieren, jeder würde einen Landeplatz für einen Sukkubus abgeben, der, da er von Natur aus ein Parasit ist, kein menschliches Individuum benötigt, um sich eine Behausung zu schaffen, und es würden immer mehr von ihnen landen, bis jeder für sich auf seinem Klo ejakulieren und leise vor sich hin singen würde: »Ich bin ein Narr/aber sind wir das nicht alle/jede Nacht kommt mir vor/als käm durch meiner Träume Tor/mein Liebster zu Besuch.«

BOCKRIS: Und schlußendlich würde Sex vollkommen illusorisch werden?

BURROUGHS: Wie sich weiterführende Beziehungen mit diesen Wesen gestalten könnten, darüber können wir nur spekulieren, mein Lieber. Weißt du, die Körper von Inkubi und Sukkubi sind viel ätherischer als der menschliche Körper, und dies kommt ihnen bei ihren Reisen im All sehr zugute. Nicht zu vergessen, daß es unsere Körper sind, die schwerelos sein müssen, um ins All zu gelangen. Kontakte mit Inkubi und Sukkubi gehen wir in einer Art Traumzustand ein. Also stelle ich die Behauptung auf, daß Träume eine Art der Vorbereitung, gar des Trainings für Reisen ins All sein könnten. Und dann ist es auch möglich, daß die verdünnte Form dieser Wesen, da von parasitärer Natur, auf Kontakt mit der dichteren Form des Menschen angewiesen ist, um existieren zu können.

BOCKRIS: Soll das etwa heißen, daß wir auf irgendeine Weise, die unseren zukünftigen Reisen ins All zugute kommen könnte, mit ihnen zusammenarbeiten?

BURROUGHS: Nun, ich glaube einfach, daß wir unseren Beziehungen mit Inkubi und Sukkubi sehr viel mehr Beachtung schenken und dafür wesentlich mehr Verständnis entwickeln sollten. Wir können es uns kaum leisten, die möglichen Gefahren oder Nutzen zu ignorieren, die sie mit sich bringen. Wenn wir eine Beziehung zu ihnen rundheraus ablehnen, könnten wir unsere Überlebenschancen gefährden. Wenn wir nicht träumen, könnten wir sterben.

William Burroughs beim Interview mit Andy Warhol. The Factory, New York City, 1980. Foto: Bobby Grossman

ÜBER INTERVIEWS

Ich erinnere mich, wie ich mit Bill oben in John Giornos Apartment saß, nachdem er zwei Stunden lang für ein bekanntes Rockmagazin interviewt worden war, und wie es ihn wütend gemacht hatte, auf Fragen wie die folgende antworten zu müssen: »Was glauben Sie, in welchem Zustand die Moral dieses Landes sich derzeit befindet, Mr. Burroughs?« Er fuhr fort, eine Idee für ein elektrisches Gerät zu entwickeln, das die Kehle eines Interviewers herauszureißen imstande wäre, und diese dann auf dem Fußboden läge, bevor sie die erste Frage hervorbringen könnte. Er stand immer wieder auf und knurrte: »Warum erzählst *du* nicht *mir*, wie es heutzutage auf dieser Welt um die Schwulen bestellt ist, Victor«, und bearbeitete einen Pappkarton mit seinem schwarzen Totschläger. Er stand da und blickte mißmutig aus der Wäsche. »Wie kann man nur solche Fragen stellen?«

Ein Essen mit Andy Warhol und Gerard Malanga: New York, 1980

BOCKRIS: In einem kürzlich geführten Gespräch über Interviews äußerte Frank Zappa, daß er Fragen nicht für eine besonders intelligente Form von Kommunikation halte.

BURROUGHS: An der ganzen Interview-Struktur stimmt etwas nicht. Sie sieht vor, die Fragen zu stellen, deren Antworten alle Leser und Fans gern hören würden. »*Mr. Zappa, glauben Sie, eine Art Botschaft für junge Leute zu haben, die Sie rüberzubringen versuchen, und wie würde diese Botschaft in Ihren Worten lauten?«*

BOCKRIS: Und bei dir heißt es: »Nun, Mr. Burroughs, Ihnen eilt der Ruf voraus, ein eher ungewöhnliches Leben zu führen. Glauben Sie, daß Sie der heutigen Jugend ein gutes Beispiel sind?«

BURROUGHS: So direkt dürfen die Fragen nun auch wieder nicht sein, oder ich würde das Interview genau an der Stelle beenden.

BOCKRIS: Was war das ursprüngliche Konzept für Interviews, und wann fing man an, Interviews zu führen?

BURROUGHS: Das fing ungefähr zeitgleich damit an, als Zeitungen aufkamen, was noch nicht sehr lange her ist; bis ungefähr Anfang des 19. Jahrhunderts kam ihnen noch keine große Bedeutung zu. Damals wandte man sich an Billy the Kid, um ihn, der 21 Männer umgebracht hatte, zu interviewen. Er gab ein Interview im Gefängnis, nachdem er zum Tode verurteilt worden war, und von dort aus gelang ihm sein sensationeller Ausbruch. Irgendjemand hatte ihm eine Waffe hereingeschmuggelt. Was sich genau abspielte, fand man niemals heraus, aber er legte seine beiden Wärter um. Das Interview war reichlich lahm. Sie fragten: »Nun, wie sind Sie in diese Art von Leben geraten? Man hält Sie allgemein für einen Gesetzeslosen«, und er erwiderte: »Tja, wissen Sie ...!« Er wurde in Brooklyn geboren. Er tötete den ersten Mann im Alter von zwölf Jahren. Irgendjemand hatte seine Mutter grob behandelt, und da nahm er ein Messer und stach es dem Kerl in den Rücken. Also fragten sie ihn: »Wann haben Sie ihren ersten Typen umgebracht?« Und er erzählte die Geschichte, wie er in den Westen kam und für eine der staatlichen Viehgesellschaften als gedungener Pistolenheld arbeitete.

Damals wurden Leute aus weit nichtigeren Gründen interviewt, als das heute der Fall ist. Da machten Leute Schlagzeilen, die absolute Nieten waren. So etwas wie die Irankrise gab es nicht. Das Fernsehen hat ganze Gebiete abgefackelt als potentielles fiktives Material. Was fiktives Material und Film betrifft, ist der Vietnamkrieg das reinste Gift. Habt Ihr *Apocalypse Now* gesehen?

WARHOL: Oh ja. Den Anfang mochte ich noch. Meiner Meinung nach haben die Szenen mit Marlon Brando alles ruiniert.

BURROUGHS: Ich würde sagen, diese Szenen waren übertrieben und kamen nicht rüber. Vielleicht waren sich die Filmleute nicht ganz im klaren darüber, was sie da überhaupt machten. So, wie ich das interpretiere, Andy, verhielt es sich folgendermaßen: Die CIA hat ein Zeitreisenprojekt am Wickel. Indem sie Conrads *Herz der Finsternis* als Aufhänger benutzten, als Landeplatz, könnte man sagen, befand sich der Oberst auf sehr unsicherem Terrain, und deshalb mußte er mit äußerster Voreingenommenheit erledigt werden. Daher schwelgt er in *extremen Erfahrungen* und hat eine romantische Zeitkapsel nach Art des 19. Jahrhunderts eingerichtet. Die ganzen Bilder von Köpfen und gutaussehenden Leichen, die malerisch wie auf Ansichtskarten an Bäumen baumeln: Tod durch 100 Stiche auf dem Marktplatz von Peking, von irgendeinem gelangweilten Etonschüler an einen Freund auf Capri geschickt: »Mir gehts gut; schade, daß Du nicht dabei bist.« Zeitreisen sind durchaus eine Möglichkeit, tatsächlich sogar ein *heißes Projekt*. Der CIA ist nicht daran gelegen, daß irgendwelche Exzentriker sich mit diesem *sensiblen* Scheiß abgeben.

Unmittelbare, wirklichkeitsnahe Fernsehberichterstattung ist noch ziemlich neu. Inwieweit fiktive Bereiche durch Fernsehberichterstattung zukünftig in Mitleidenschaft gezogen werden, läßt sich nicht so ohne weiteres ermitteln. Erfolgreiche Romane über die Pariser Studentenunruhen von 1968 gibt es keine und über den Vietnamkrieg auch nur sehr wenige. Ich denke, die Leute leben in dem Bewußtsein, daß sie alles schon im Fernsehen gesehen haben und nicht auch noch darüber lesen wollen. Es gibt natürlich Ausnahmen. *Trinity* über das ganze Desaster in Irland hat sich bestens verkauft. Damals, als ich in London war, wurde über die Unruhen in Belfast in einem nie dagewesenen Ausmaß berichtet. Ein Auto mit einer Bombe drin von einem Bombenräumkommando gezündet. BUMM! Und Leichenteile, die in Plastiksäcke gesteckt wurden, nachdem in einem Pub eine Bombe hochgegangen war. Das ist ein Anblick, den man nicht so schnell vergißt. Und all diese Kids, 13, 14 Jahre alt, die wie die Kobolde durch die Trümmer geisterten. Unversehens tauchen 30 von ihnen an einer Straßenecke auf und fangen an, mit Steinen auf Polizisten zu werfen und sich dann wie bellende Füchse aus dem Staub zu machen. Umherschweifende, Steine werfende Jugendbanden, die mit Gummigeschossen beschossen wurden.

BOCKRIS: Da frage ich mich, ob das Interview als solches vielleicht schon überholt ist?

BURROUGHS: Das Interview steht genau da, wo es vor 100 Jahren gestanden hat und dient immer noch genau dem gleichen Zweck. Wo ist der Unterschied zwischen jemandem, der vor bald 100 Jahren Billy the Kid und heute Frank Zappa interviewt? Das ist sehr unbefriedigend. Was versuchen die herauszufinden? »Wann haben Sie zum ersten Mal jemanden umgelegt?« – »Warten Sie mal, das war ...«

MALANGA: Neigen die Leute dazu, Sie für das, was Sie sind oder was Sie tun, zu lieben?

BURROUGHS: *Das* ist eine sehr schwierige Frage. Handelt es sich beispielsweise um jemand Fremdes – jemanden, den ich nicht kenne? Oft haben sie ein Bild – oder ein Image –, das sie auf mich projizieren und das mit mir nicht das Geringste zu tun hat. Ob das nun die Medien sind oder ihr eigener Eindruck von mir, den sie aus meinem Schreiben heraus gewonnen haben; jeder, denke ich, hat die Tendenz, sich ein bestimmtes Image

300

aufdrängen zu lassen, was mit dem, was eigentlich da ist, nicht unbedingt etwas zu tun haben muß. Aber ich glaube auch, daß ein Schriftsteller, um ein Romancier zu sein, was die Natur seines Berufs betrifft, kein scharf umrissenes Image von sich selbst – geschweige denn überhaupt irgendein scharf umrissenes Image – haben muß. Wenn er sein Image allzu sehr pflegt, wird sein Werk darunter leiden. Hemingway liefert da ein ganz einschlägiges Beispiel. Seine Entschlossenheit, das durchzuspielen, was ich als die uninteressantesten Aspekte seines Werks bezeichnen würde. Und alles das zu tun, was seine Charaktere konnten, und ihnen nachzueifern, zum Beispiel schießen und fischen und so weiter, beschnitt und lähmte schließlich seine ganze Arbeit. Ich habe den Eindruck, daß sein Werk darunter litt. Und am Ende steht da das Image von Papa Hemingway, das zunehmend bestimmender wurde. Ich glaube, *Der Schnee vom Kilimandscharo* ist eine der besten Stories zum Thema Tod in englischer Sprache. In fortschreitendem Alter gewann das Image des Papa Hemingway die Oberhand – wie er mit einem edlen Fächerfisch ringt, wie er mit einem sauberen Blattschuß auf 300 Meter Entfernung ein Gnu erlegt; wie er über den Fluß und ins Gehölz die schöne junge Gräfin vögelt. Und dann auf einer weiteren unsinnigen Safari unterwegs, führte sein Image ihn zum Kilimandscharo, der Szenerie seines klassischen Ausverkaufs. Beim Absturz eines Sportflugzeugs nahe des Kilimandscharo erlitt Hemingway einen Dachschaden, als Papa seinen Arsch rettete.

Mit seinem eigenen Image ins Gehege zu geraten, kann für einen Schriftsteller tödlich sein. War es Yeats, der sagte, jeder Mann müsse sich an einem bestimmten Punkt zwischen seinem Leben und seinem Werk entscheiden? Künstler entscheiden sich normalerweise für ihre Arbeit, und Kompromisse fallen normalerweise unglückselig aus. Hemingways Leben stellte für Hemingway als Schriftsteller eine tödliche Bedrohung dar, indem er einem Gnu nach dem anderen auf den Pelz rückte. »Ich habe soeben einen Schuß abgefeuert!« sagte Baudelaire 1870, als er, berauscht von seiner Tat, von einer Barrikade stieg. »Ah ja, der Künstler sehnt sich so sehr, ein Mann der Tat zu sein.« »Zumindest *einen* Schuß abgeben, nicht wahr?« Stein nimmt seine Hand von Lord Jim.

BOCKRIS: Kannst du dich an dein erstes Interview erinnern?

BURROUGHS: Eines meiner ersten Interviews war für *Life, Time* und *Fortune.* Sie hatten so ein Gespür, daß an der ganzen Sache mit der Beatgeneration was dran sein könnte und schickten ein Team, um mich und Brion gleich nach der Veröffentlichung von *Naked Lunch* in Paris 1959, zu interviewen. Die waren wirklich unheimlich ... ich kam mir vor, als säße ich mit der *Time*-Polizei zu Tisch, die eine Schote abzog, so alt und abgelutscht wie ihr Namensvetter: »Mr. Burroughs, ich habe so ein ganz bestimmtes Gefühl, was Sie betrifft ... ich sehe Sie in ein paar Jahren an der Madison Avenue ... 20 000 Dollar im Jahr ... ein Leben in seiner ganzen reichen Vielfältigkeit ... Nehmen Sie mal eine Old Gold.«

»20 000 Dollar im Jahr«, sagten sie. »Nun, was halten Sie denn davon?« Ich sagte nur: »Billiges Gesocks.« Aber damals war das eine Menge Geld. Damals mußte ich mit 200 Dollar im Monat auskommen, die mir meine Eltern schickten, und ich hatte mehr Geld, als ich es heute habe. Ich galt als der reiche Mann im Hotel. Also kommen die mit solch unheimlichem und wirklich bescheuertem Zeug, und einer fotografiert, und der andere erzählt einem all diese Geschichten darüber, daß der Grund, weshalb dressierte Löwen auf Platzpatronen reagieren, der ist, daß man den Löwen dressiert, indem man eine Platzpatronenpistole direkt vor seinen Augen abfeuert, deshalb reagiert der Löwe zuverlässig auf den ... Schnell und Dean.

302

BOCKRIS: Schnell und Dean!?

BURROUGHS: Schnell und Dean. Und das erste, was Schnell sagte, war: »Nehmen Sie mal eine Old Gold, Mr. Burroughs.«

BOCKRIS: Das ist doch wohl nicht wahr, Bill!

BURROUGHS: Doch, das ist wahr. Ich kann mich ganz genau erinnern. Er spielte den freundlichen Bullen. Irgendwie war das schon verdammt großartig – »genau wie ein Bulle Old Smoke zu rauchen«.

BOCKRIS: Das waren Hauser und O'Brien [die Rauschgiftbullen in *Naked Lunch*].

BURROUGHS: Au, Mann, und wie die meine Bücher kannten! Er kannte meine Bücher praktisch auswendig. Er sagte, es sei das großartigste Buch seit *Moby Dick*, vielleicht sogar ein noch großartigeres. Oh, er war ein richtiger Fan. Und beide waren sie wirklich ungewöhnliche Typen. Schnell wog an die 230 Pfund, war ungefähr einsachtzig groß, und gebaut wie ein Ringkämpfer – und er war auch tatsächlich mal Ringkämpfer gewesen und Rausschmeißer, und ziemlich belesen war er auch. Und Dean war eine Kanone von einem Fotografen. Man hatte sie extra ausgesucht, um mein Interesse zu wecken, und ich verbrachte mehrere Tage mit den beiden, und Dean habe ich später noch mal in Paris gesehen. Schnell ... tja, irgendwann später fiel mir mal ein *Reader's Digest* in die Hände mit einem Bericht von Schnell, wie er beinahe an Penicillin gestorben wäre. Er litt an einer Penicillin-Allergie, und als er mal einen Husten hatte, nahm er eine Hustenpastille, die ein ganz wenig Penicillin enthielt. Zufällig kam seine Frau nach Hause, als er gerade ins Gras beißen wollte. Also wird er ins Krankenhaus eingeliefert und hüpft dem Tod gerade nochmal von der Schippe, und alle Todessymptome, die er beschreibt, sind genau die gleichen Symptome, wie sie auch im *Tibetanischen Totenbuch* beschrieben werden. Zum Beispiel intensive Hitze, bittere Kälte und dann ein Gefühl wie von einer Explosion. Unter all diesen Symptomen litt er. Er war ein sehr interessanter Mann. Ich würde ihn gerne mal wiedersehen. Ich würde beide gern wiedersehen. Loomis Dean und David Schnell.

BOCKRIS: Beim nächsten Interview solltest du dir die Antworten einfach ausdenken, um den Interviewer bei guter Laune zu halten. Zum Beispiel so: »Was ich wirklich mag, ist, einen Nachtklub zu besuchen und mich richtig vollzudröhnen und gegen 3 Uhr morgens nach Hause zu kommen, eine Flasche Brandy zu leeren und bis zum Mittag zu arbeiten. Dann gibt's nichts Schöneres, als eine Riesenmahlzeit reinzuschaufeln, eine gute Nummer zu schieben und aus den Latschen zu kippen. Gegen 7 oder 8 am Abend wache ich auf, streichle meine zahme Gazelle, gehe in die Sauna, und dann kommt mein Diener Juan herein und verpaßt mir eine Massage.«

BURROUGHS: Ich war schon mal versucht, genau das zu tun, aber ich kann nur eines sagen: Das kann auf einen zurückschlagen wie *Unser Mann in Havanna*. Plötzlich verlangt der gute Juan sein Gehalt, und die Steuerbehörden haken sofort nach: »Hm, also von dem, was er in der Einkommenssteuererklärung angegeben hat, kann er sich so was nicht leisten.« Etwas anderes, woran man immer denken sollte – wenn man Lügen über Reichtum verbreitet. Reichtumslügen sind die allergefährlichsten. Als erstes nehmen einen die von der Steuer in die Mangel, und so mancher wird einen um Geld anpumpen.

BOCKRIS: Wie würdest du ein unangenehmes Interview zum Abschluß bringen?

BURROUGHS: Würde ich ein Interview beenden wollen, würde ich einfach sagen: »Sehen Sie, ich glaube nicht, daß wir einen Draht zueinander haben. Ich sehe keinen Grund weiterzumachen. Es tut mir leid, ähm, gehen Sie nach Hause, machen Sie Ihre Hausaufgaben, und melden Sie sich später dann noch mal wieder.«

304

AUF DER SUCHE NACH IAN

Donnerstag, 21. August 1975

Mit Paul Bowles und Ian. Zeigte ihnen, wie ich fliegen konnte. Versuchte es Ian beizubringen, der einen schweren grauen, ausgebeulten Tweedanzug anhatte. Er konnt's nicht. Im Flugzeug 30 000 Fuß hoch. Sie zeigten mir Karte vom Landegebiet. Ich würde fliegen, sie das Flugzeug runterbringen.

Warmer Platz hinter einem Nadelbaum ...

Traumnotiz aus Burroughs' Zwischen Mitternacht und Morgen

Ian Sommerville war ein junger Engländer, mit dem Burroughs Mitte der sechziger Jahre in London und Paris eine Zeitlang zusammenlebte und -arbeitete. Ein paar Jahre, nachdem sie sich getrennt hatten, kam er am 5. Februar 1976, an Williams zweiundsechzigstem Geburtstag ums Leben. Wer am Lenkrad saß, oder was die Unfallursache war, ließ sich nie aufklären.

Eines Tages bittet William mich, abends um 6 bei ihm vorbeizukommen. Um halb 8 wird er das Haus verlassen müssen, um mit Carl A. an einer Séance teilzunehmen.

»Eine Séance!?«

William hat immer wieder versucht, einen Kontakt herzustellen mit Ian und einem anderen Mann namens Spence, der an Burroughs' fünfundsechzigstem Geburtstag gewaltsam ums Leben kam.

»Ja. Carl kennt irgendein Medium, und ich versuche mit meinen beiden Freunden in Kontakt zu treten.«

Carl kommt. Als er mich sieht, erscheint er ein wenig nervös, bis ich ihm versichere, daß ich nur auf einen Drink hereingeschaut habe.

In der Woche darauf stattet Bill Seiner Heiligkeit, dem Dudjom Rinpoche (ein tibetanischer buddhistischer Mönch), einen Besuch ab, eingeführt von John Giorno, dem persönlichen Sekretär des Mönchs, um dieselbe Information zu erhalten. Der Dudjom ist darauf spezialisiert, Verstorbene zu lokalisieren und Interessenten über deren Wohlbefinden zu unterrichten.

BURROUGHS: Ein Mann wurde von Räubern ermordet. Man rief einen Rinpoche, und der sagte, er könne ihn nicht finden. Also rief man einen Dudjom und der meinte: »Das Problem ist, daß er noch nicht weiß, daß er tot ist. Es passierte so plötzlich.« »Rinpoche« bedeutet »Seine Heiligkeit«. Das ist einfach nur ein Titel. An der East Side haben sie eine Adresse, ein Haus mit mehreren Stockwerken. Der Dudjom Rinpoche wohnt dort mit seinen beiden Söhnen, und John wohnt ganz oben. Eine andere Wohnung in der obersten Etage wird zur Zeit von einem zu Besuch weilenden Lama bewohnt. John stellt den Terminkalender des Dudjoms zusammen und ist bei allem möglichen behilflich, was den Tag über so anfällt.

BOCKRIS: Sind diese Versuche, Kontakte zu verstorbenen Freunden herzustellen, etwas Neues?

BURROUGHS: Ich habe das niemals vorher versucht, weil ich niemals über verläßliche Quellen verfügte. Der Dudjom ist mit seinen Informationen wesentlich exakter als das Medium.

BOCKRIS: Haben Sie eine persönliche Definition dessen, was Tod ist?

BURROUGHS: Nein. *[Ungeduldig]*: Lies das *Tibetanische Totenbuch.*

> »Es gibt nichts zu fürchten.«
> *Burroughs an Ginsberg,* Auf der Suche nach Yage

Das Gespräch dreht sich jetzt um Hitlers Amphetaminkonsum. »Tja, ich weiß nicht«, sagt Burroughs, »Hitler war ein ausgezeichneter Schütze. Beispielsweise schnappte er frische Luft und sagte zu irgendjemandem: ›Wirf mal einer einen Schneeball in die Luft!‹ Also wurde ein Schneeball hochgeworfen. Hitler zog seine Walther und – peng! – schon zerplatzte der Schneeball in der Luft. Eines ist sicher: Auf Speed würde das keiner fertigbringen.«

»Nicht viele Schriftsteller können es überleben, bei lebendigem Leibe geröstet zu werden, wie es Burroughs widerfahren ist. Die daraus resultierende Ironie verleiht seinem Schreiben eine essentielle Distanz. Für mich schreibt Burroughs von einem Ort weit jenseits des Todes«, sagt Sylvère Lotringer, Dozent für französische Literatur an der Columbia University, wo Burroughs' Werk auf französisch und nicht auf englisch gelehrt wird.

Eines Abends, im Anschluß an eine Lesung, begleiten wir William zu viert oder zu fünft in eine Bar. Er ist in bester Laune, taut rasch auf und fängt an, Geschichten zu erzählen. »Mein Onkel Ivy war Hitlers PR-Mann für die *Do-Business-With-Germany*-Kampagne damals, Ende der dreißiger Jahre. Er hat mit Hitler viele Gespräche geführt, und einmal sagte er: ›Hitler hat mir erzählt, *Gegen die Juden habe ich nichts*.‹ Der alte Ivy starb vier Monate *nach* diesem Gespräch … an einem *Gehirntumor*; man konnte das Verwaschene in seiner Stimme spüren.«

Als Burroughs nach New York zurückkehrte, hatte er den Staaten so lange den Rücken gekehrt, daß sein Publikum kleiner geworden war, und viele glaubten, daß er, wie Kerouac, einfach das Zeitliche gesegnet hatte. Andere wiesen darauf hin, daß er sich ausnehmend intensiv mit dem Tod beschäftigt und ständig darüber redet und schreibt. »Intellektuell beschäftigt er sich damit«, pflichtet Grauerholz dem bei, »aber nicht persönlich. Er erfreut sich bester Gesundheit, der Zustand seiner Zähne ist weitaus besser, als er das bei mir sein wird, wenn ich 62 sein werde, und er hat nicht zugenommen, wie man ohne weiteres sehen kann. Aber ja, all die Drogen haben ihm einigermaßen zugesetzt; sein System hat dafür zahlen müssen.«

»Zehn Jahre mögen mir noch vergönnt sein, oder auch nicht«, hat Burroughs kürzlich geschrieben.

Allen Ginsberg berichtet gern von besagtem Essen in London, im Jahr 1973. »Eines Abends gingen Burroughs und ich zu Sonia Orwell zum Essen, und das Gespräch plätscherte, ganz im Stil der Briten, so dahin – leicht bekömmlich und höflich –, bis ich sagte: ›Laßt uns doch mal über etwas *reden*!‹ Und Sonia Orwell erwiderte: ›Ach, wissen Sie, Mr. Ginsberg ist so amerikanisch, immer will er irgend etwas ernsthaft diskutieren.‹ Da lehnte Burroughs sich vor und sagte: ›Nun ... lassen Sie uns doch *wirklich mal* etwas Ernstes diskutieren. Reden wir doch mal über den Tod.‹«

* * *

Freitag abend, den 31. Dezember 1979

John Giorno hatte mich mit William und Stewart Meyer zum Essen eingeladen. Ich kam um 18 Uhr 30 am Bunker an und stieg hinauf zu John in den dritten Stock. Die anderen waren schon da. Es wurde Wodka-Tonic getrunken. William hatte am Nachmittag eine Ladung Majoun zusammengekocht, und er, John und Stewart hatten bereits davon probiert. Stewart machte darauf aufmerksam, daß ich vielleicht auch Lust darauf hätte. Bill sagte: »Vielleicht zieht Victor es vor, bis nach dem Essen damit zu warten und es mit dem Dessert zu sich zu nehmen.«

John brachte während des Essens kaum einen Ton über die Lippen, weil die Wirkung des Majoun so stark war, daß er nicht sprechen konnte. Verzehrt man auch nur einen Teelöffel voll davon, entspricht die Wirkung etwa 20 gleichzeitig gerauchten Joints.

BOCKRIS: Es scheint irgendwie sehr passend, daß wir uns an diesem Abend getroffen haben. Glaubt ihr, daß es eine verrückte Nacht wird?

BURROUGHS: Am Times Square passiert bestimmt etwas. An Sylvester gibt es am Times Square immer irgendwelche Abscheulichkeiten.

BOCKRIS: Hast du die drei grinsenden Jugendlichen gesehen, die festgenommen wurden, weil sie in der Subway Leute abgestochen haben? Es gab heute ein großes Foto in der Zeitung; die sahen ziemlich gut aus. Bist du heute überhaupt auf der Straße gewesen?

BURROUGHS: Ja, ich war bei der Bank am Union Square. – Aber diesmal werden sie vor Gericht mit keiner besonderen Sympathie rechnen können. Die öffentliche Meinung richtet sich entschieden gegen diese jungen Kriminellen, egal, wie alt sie sind; ich bin fest davon überzeugt, daß man sie drakonisch bestrafen wird. Vor Gericht werden jugendliche Straftäter heutzutage wie Erwachsene behandelt, und es kann sein, daß sie für eine ganze Weile von der Bildfläche verschwinden. Jugendstrafgesetz und dergleichen, damit kommen sie nicht mehr durch. Gegen diese spezielle Schicht sollte besonders hart durchgegriffen werden. Bei versuchtem Raubüberfall mit Gewaltanwendung ist ein Minimum von fünf Jahren vorgesehen; behandelt sie, wie sie es verdienen, *zeigt es ihnen*! Ich bin sicher, daß Sylvester am Times Square seine Opfer fordern wird. Warum schließen wir keine Wette ab?

BOCKRIS: Einsatz sind 10 Dollar.

BURROUGHS: Ich bin mit 10 Dollar dabei.

BOCKRIS: Jeder setzt 10 Dollar ein, und sobald sie die Meldungen bringen, erhält derjenige, der am dichtesten dran war, den Topf, okay?

BURROUGHS: ICH WILL EINEN TOTEN!

MEYER: Möglicherweise wird es eine ganze Menge Gewaltanwendung geben ohne einen Toten.

BOCKRIS: Ich habe hier 40 Dollar heute Abend.

MEYER: Morgen werden wir in die Zeitung gucken. Oder sollen wir bei der Polizei anrufen, um die genaue Zahl zu erfahren?

BURROUGHS: Nein, wir verlassen uns auf die Zeitungen. Was sonst bliebe zu tun? Wenn man natürlich *[leise in sich hineinlachend]* einen ungemeldeten Toten auftreiben könnte ...

* * *

Ein paar Stunden später, gegen 22 Uhr 30, traf Udo Breger bei John Giorno ein, als ich gerade im Begriff war zu gehen. Hier sein kurzer Bericht, den er mir später zuschickte.

BREGER: Es ist ein ausnehmend milder Winterabend, als wir die Bowery hinabschlendern, um Sylvester zu feiern. An der Kreuzung Prince Street begegnen wir Victor, der sich bereits auf dem Weg zur nächsten Party befindet. Er ist ganz in Schwarz gekleidet und trägt einen enganliegenden Mantel. Die schwarze Wollmütze hat er tief ins Gesicht gezogen. Er hat einen Gehstock in der Hand und einen leicht abgedrehten Blick. Er dreht sich auf der Stelle um, Bye-bye, und ist verschwunden. John Giorno kommt die Treppe hinab, um das Türgitter zu öffnen. Im Handumdrehen sind wir oben und unter den ersten Gästen dieser Sylvesterparty. Johns Behausung ist sehr geräumig, es gibt jede Menge Grünzeug, alle möglichen Pflanzen und kleine Bäume in Blumentöpfen und -kübeln. William Burroughs ist anwesend und außerdem Allen Ginsberg und Fernanda Pivano, seine italienische Übersetzerin aus Mailand. Herbert Huncke mit den Engelsaugen und Louis Cartwright, Anne Waldman, Lucien Carr mit Freunden sowie Carl Laszlo und Michael aus Basel. Michael ist eher ruhig und lächelt. Carl ist ganz aus dem Häuschen, zu dieser Party eingeladen zu sein. Es gibt viel zu trinken und ein kaltes Buffet. Ständig gehen Blitzlichter.

Es ist ungefähr 23 Uhr. Die Party ist in vollem Gang, als plötzlich alle bewegungslos verharren. Carl hat ein Stück Fleisch in die falsche Kehle bekommen. Das ist schmerzhaft, er bekommt keine Luft und windet sich unter Krämpfen. Die Gäste sind von schierem Entsetzen gepackt. Wenn niemand etwas unternimmt, wird dieser Mann sein Leben lassen.

Louis Cartwright ist der erste, der reagiert; dann macht Michael instinktiv das, was auf den kleinen Plakaten in den Restaurants von Chinatown bei »Erstickungsopfern« vorgeschlagen wird. In Höhe der Taille umfaßt er Carl mit beiden Armen von hinten und preßt sie kurz zusammen. Schließlich hat sich der Bissen Fleisch nach oben oder unten bewegt und der zweiminütige Zwischenfall, der eine Ewigkeit zu dauern schien, ist vorüber. Carl atmet wieder und findet ein paar höfliche Worte der Entschuldigung.

Carl fragt, ob er sich einen Augenblick hinlegen kann. Auf dem Weg hinaus zum ein Stockwerk tiefer gelegenen »Bunker« sagt Michael: »Eine Minute länger, und ich hätte dir die Kehle aufgeschnitten, um dir Luft zum Atmen zu verschaffen.«

Ganz allmählich kommt die Unterhaltung wieder in Gang. Was für eine Art Fluch das wohl war, der den Tod so dicht herangeführt hat?

* * *

Dazu ein Stück Prosa aus *Ah Pook Is Here*, das Burroughs häufig bei Lesungen zum Besten gibt:

An diesem Punkt richtete ich ein paar Fragen an Kontrolle. Ein Wort zu dieser Kontrolle. Vor ein paar Jahren in London nahm ich Kontakt zu zwei Computerprogrammierern auf, die vorgaben, etwas zu repräsentieren, das sich KONTROLLE nannte und angeblich vom Planeten Venus stammte. Für einen Dollar wird KONTROLLE jede Frage beantworten. Man richtet seine Frage an die Programmierer, die sie irgendwie in einen Computer eingeben, und heraus kommt die Antwort. Und hier sind die Fragen, die ich, zusammen mit meinen Dollar einschickte, und die Antworten, die ich von KONTROLLE erhielt; wer oder was immer KONTROLLE auch sein oder nicht sein mag.

FRAGE: Wenn die Kontrolle von KONTROLLE absolut ist, warum muß KONTROLLE dann kontrollieren?

ANTWORT: KONTROLLE BRAUCHT ZEIT.

Genau – KONTROLLE braucht Zeit, um darin Kontrolle auszuüben, genauso wie TOD Zeit braucht, um darin zu töten. Wenn TOD jeden gleich bei der Geburt töten oder KONTROLLE gleich bei der Geburt Elektroden in die Gehirne einbauen würde, bliebe keine Zeit, in der getötet oder kontrolliert werden könnte.

FRAGE: Wird KONTROLLE von seinem Bedürfnis zu kontrollieren kontrolliert?

ANTWORT: Ja.

FRAGE: Warum benötigt KONTROLLE »MENSCHEN«, wie ihr sie nennt? (Ihre Kenntnis der örtlichen Dialekte läßt an Bildung zu wünschen übrig.)

ANTWORT: Warten Sie.

Warten Sie. Zeit. Ein Landeplatz. Die Mayas verstanden dies sehr wohl. Mr. Hart tut das nicht. Er denkt in Begriffen von

Verlierern und Gewinnern. Er wird ein Gewinner sein. Er wird alles nehmen.

* * *

BREGER: Ein wenig später kommt Carl wieder herauf. Er fühlt sich wesentlich besser, macht sich aber immer noch Sorgen um eine Szene, die er hätte heraufbeschwören können. Wir denken uns Überschriften für die New Yorker Zeitungen aus: »Drogen, Dämonen und Tod auf Dichterparty.« Er zündet seine Zigarre an, die Zigarre, die er die ganze Zeit über in Händen gehalten hatte. Um den Tod mit ihrem kalten Hauch abzuwehren?

Mitternacht. 1980. Ein neues Jahrzehnt. Champagne, I-ching. William wirft die Münzen, drei Subway-Marken. Anne Waldman liest die Kombination, und John Giorno zeichnet die Linien. Allen Ginsberg öffnet das Buch und liest: »Anagramm 12, Stillstand. Das Schlimmste wird sich in diesem Augenblick ereignen ...«

* * *

Drei Tage später besuchen Bill und ich Andy Warhol in der Factory

WARHOL: Wirst du in den achtziger Jahren mehr Spaß haben als in den Siebzigern?

BURROUGHS: Das ist schwierig zu beantworten. Warten wir es ab. *Qui vivra, verra*, wie die Franzosen sagen. Was nicht ist, kann noch werden.

BOCKRIS: Erzähl doch Andy mal, was Sylvester passiert ist.

BURROUGHS: Einer der Gäste wäre beinahe an einem Stückchen Fleisch erstickt. Aber alle wußten, was zu tun war; es ist ja so häufig darüber geschrieben worden. Es soll einfach wieder hochflutschen. Das haben sie versucht, und es hat nicht funktioniert, und dann hat ein sehr geistesgegenwärtiger junger Mann mal heftig hier gedrückt, und es ging runter, statt wieder hochzukommen.

WARHOL: Wie lange hat das gedauert? Fünf Minuten?

BURROUGHS: Sogar weniger, drei oder vier Minuten. In fünf Minuten könnte man schon tot sein. Allen Ginsberg war drauf und dran, einen Krankenwagen zu bestellen. Ich sagte, das hätte keinen Zweck, dazu wäre keine Zeit. Er fiel auf die Couch und rief: »Ich sterbe!« *[Burroughs zitiert das auf deutsch.]* Später sagte er, daß er versucht hätte, den Anwesenden zu verstehen zu geben, sie sollten genau das tun, aber sie taten es schon. Sie wußten, daß es keine Herzattacke war. Als dieser Bursche ihm von hinten den Brustkasten drückte, sagte er: »Besser.« *[Burroughs wiederum auf deutsch.]* Ich kenne jemanden, der an einem Lobster Newburg erstickt ist.

* * *

Am Tag darauf besuchte ich Bill im Bunker und erzählte ihm von einem Traum, den Damita die Nacht zuvor geträumt hatte. Jemand hatte ihr im Mudd Club einen Schraubenzieher in die Brust gerammt. Im Krankenhaus fiel ihr ein Zettel auf, auf dem stand, daß Damita Richter ein kleines Mädchen auf die Welt gebracht hatte. Und darunter, sagte sie, war in Druckbuchstaben der Name »William Burroughs« geschrieben. Ich hatte mit Damita schon jede Menge übernatürliche Erfahrungen gemacht, und jedesmal hatte William das Thema fasziniert. Obwohl ich keineswegs wußte, wie er auf diesen Traum reagieren würde, verspürte ich den Drang, ihn ihm zu erzählen. Und in der Tat

Von links nach rechts: Victor Bockris, Burroughs' englischer Verleger John Calder, Burroughs, Burroughs' langjähriger amerikanischer Herausgeber Richard Seaver sowie ein Unbekannter in der Buchhandlung Books & Company, anläßlich des ersten Abends der Nova Convention, New York City, November 1978. Foto: Gerard Malanga

stimmte mich seine Interpretation wie immer nachdenklich. »Das ist sehr interessant«, sagte er, »weil ich gestern den Dudjom wieder besucht habe. Er sagte mir, Spence ginge es gut, aber um Ian sei es schlecht bestellt; er ist auf der zweiten Ebene der Hölle steckengeblieben, weil er nicht wiedergeboren werden kann.«

William versucht nie, jemandem seine Meinungen oder Ansichten aufzudrängen, er erschließt einem einfach ungeahnte Möglichkeiten. Einmal diskutierten wir Träume, und ich bestand – naiv, wie ich bin – darauf, daß es offensichtlich einen Unterschied gäbe zwischen Träumen und der Wirklichkeit. »Wie würdest du den Unterschied definieren?« fragte Bill.

»Wenn einem jemand im Traum eine reinhaut, hat man am nächsten Morgen keinen blauen Fleck.«

»Ach so, hat man nicht? Das stimmt hinten und vorne nicht, mein Lieber. Ich bin schon mit einem blauen Auge aufgewacht.«

Am Tag, nachdem wir diese Unterhaltung geführt hatten, wachte Damita mit Schrammen an den Knien auf. Das ist wirklich wahr. Burroughs sickert einfach so in einen hinein. Wenn Junkies ihre Sucht aufgeben, sagen sie: »Ich werd mich mal mit 'n bißchen Burroughs runterbringen.«

Ein Essen mit Tennessee Williams: New York, 1977

WILLIAMS: Ich denke, früher oder später werden wir alle sterben. Ich ziehe es vor, dieses Ereignis noch ein bißchen zu verschieben.

BURROUGHS: Ja, diese Überlegung sollte man schon anstellen.

WILLIAMS: Ich habe immer eine furchtbare Angst vor dem Tod gehabt.

BURROUGHS: Warum?

WILLIAMS: Ich weiß es nicht so genau. Ich sage das, und trotzdem weiß ich es nicht so genau. Wie geht dir das?

BURROUGHS: Einer meiner Studenten fragte mich einmal, ob ich an ein Leben nach dem Tod glauben würde, und ich antwortete: »Woher wissen Sie, daß Sie nicht längst schon tot sind?«

BOCKRIS: Erlebt man seinen eigenen Tod?

BURROUGHS: Natürlich.

BOCKRIS: Ist es möglich, auf eine Stelle in deinen Schriften zu verweisen, wo es um deinen eigenen Tod geht?

BURROUGHS: In jedem Satz, würde ich sagen. In Mexiko habe ich ein Serum genommen, von dem es heißt, daß es einem das Leben verlängert, bis man 135 ist. Ich finde, daß es bei mir sehr gut gewirkt hat.

BOCKRIS: Würdest du gern alt und immer älter werden, ohne dich bewegen zu können?

BURROUGHS: Ah, du sprichst über Tithonos, mein Lieber, über Langlebigkeit und den sogenannten Haken an der Sache: *Du wirst unendlich lange leben, aber du wirst dich nicht bewegen können.*

* * *

Ich verließ den Bunker und ließ mir auf dem Nachhauseweg die Bedeutung der vielen übernatürlichen Verbindungen durch den Kopf gehen, die sich zwischen mir und Damita zu entspinnen schienen, und ich fragte mich erneut, ob Ian Sommerville in ihrem Traum durch irgendeine komplexe Ausdehnung von Bills Fähigkeiten, über mich mit ihr zu kommunizieren, wiedergeboren worden war. *Secret Mullings About Bill.* Einen Häuserblock vom Türgitter des Bunkers entfernt, stieg über einem unbewohnten Gebäude dichter Rauch auf. Zwei Schwarze standen herum und blickten immer mal wieder verstohlen auf das brennende Gebäude. Einer von ihnen sagte: »Ich frage mich, ob da irgendjemand drin ist.« Einem Impuls folgend ging ich hinein. Es war ein altes Haus, Schutt lag herum, das Feuer kam in zunehmend höherschlagenden Flammen aus einem Zimmer weit hinten. Ich ging durch das ganze Haus nach hinten und guckte durch eine offene Tür. Dort brannte ein Bett. Niemand war zu sehen. Und ich hörte eine Stimme, die ich niemals gehört hatte, sagen: »Ich war einst mit einer anderen Person in einem Zimmer, die die Matratze anzündete.« Und in meiner Erinnerung klang nach: »ICH WILL EINEN TOTEN!«

BEI BECKETT IN BERLIN

Ein Essen mit Christopher Isherwood:
New York, 1976

BURROUGHS: Mein erster Besuch in Berlin liegt zwei Monate zurück. Ich war vorher noch nie dort gewesen. Ich bin wegen einer Lesung mit Allen Ginsberg und Susan Sontag hingefahren. Ich habe die Berliner Mauer gesehen. Das Gebiet zwischen Ost und West ist von Tausenden von Kaninchen bevölkert. Außerdem haben wir uns mit Beckett getroffen, der im Gebäude der Akademie der Künste wohnte. Er war in Berlin, um bei einem seiner Stücke Regie zu führen.

ISHERWOOD: Hat Beckett bei seinen Stücken häufig Regie geführt?

BURROUGHS: Beckett hat bei seinen Stücken fast immer Regie geführt. Er denkt, daß er der einzige ist, der dafür die Kompetenz hat. Seinem englischen Verleger John Calder zufolge ist er wirklich ein ausgezeichneter Regisseur. Ich habe nie ein Stück gesehen, bei dem er Regie geführt hat. Allen Ginsberg, Susan Sontag, Professor Höllerer, Fred Jordan und mir wurde durch die Vermittlung von John Calder eine kurze Audienz oder ein Besuch bei Beckett in der Berliner Akademie der Künste gewährt. Wir trafen ihn um circa halb 6 am späten Nachmittag. Wir wurden von ihm in seiner Wohnung mit Ausblick auf den Tiergarten freundlich empfangen. Wir hatten etwas Schnaps mitgebracht. Die große Duplexwohnung war äußerst spartanisch eingerichtet. Die Unterhaltung verlief sehr freundlich und zwanglos. Es war ein sehr gesittetes Treffen.

BOCKRIS: Hat Beckett auch etwas getrunken?

BURROUGHS: Ja, ich glaube, er hat dasselbe getrunken wie wir. Ich

Mick Jagger und William Burroughs nach dem Essen im Bunker. New York City, 1980. Foto: Marcia Resnick

weiß, daß man Beckett nachsagt, ein Eremit zu sein. Das bedeutet häufig – wie im Fall von Howard Hughes – Furcht vor anderen Menschen. Was natürlich auf Beckett nicht so ohne weiteres zutrifft. Er scheint in einer Sphäre zu leben, in der er andere Menschen nicht unbedingt braucht. Er hat scheinbar überhaupt nicht das Bedürfnis, mit irgendjemandem eine Beziehung einzugehen. Das wird auf Anhieb deutlich. Er ist einfach da, wo er steht, in der Position, in die er sich selbst hineingeschrieben hat, und die ziemlich eigenartig und inhuman ist, aber so ist es nun mal. Er ist sehr freundlich, aber es war offensichtlich, daß er einen nach ungefähr 20 Minuten wieder loswerden wollte. Sein Verhalten war besonnen und korrekt. Er war sehr hager, sehr gepflegt, und er trug einen Rollkragenpullover und ein Sakko. Beckett schien in sehr guter gesundheitlicher Verfassung zu sein. Er ist 70, sieht aber wesentlich jünger aus. Wir blieben 20 Minuten. Dann war es Zeit zu gehen – Hände zu schütteln, uns zu verabschieden.

Ein Essen mit Susan Sontag und Maurice Girodias: New York, 1980

BOCKRIS: Waren Sie auch in Berlin bei der legendären Begegnung mit Beckett dabei?

SONTAG: Das war ich allerdings. Aber wieso soll das eine »legendäre Begegnung« gewesen sein?

BOCKRIS: Weil William mir diese Geschichte schon so häufig erzählt hat und ich neugierig bin zu erfahren, wie exakt seine Darstellung ist.

SONTAG: Beckett ist wahrscheinlich der einzige Mensch, den ich in meinem Erwachsenenleben unbedingt kennenlernen wollte.

Es hat mich sehr gefreut, in seiner Gegenwart zu sein. Ich empfand und empfinde eine grenzenlose Ehrfurcht vor ihm.

BOCKRIS: Wie lange waren Sie bei ihm?

SONTAG: Wir waren dort ungefähr *[wendet sich fragend an Burroughs]* ...

BOCKRIS: Nein, fragen Sie nicht ihn. Ich will es von Ihnen wissen.

SONTAG: Es schien lange gewesen zu sein, zu lange. Wenn man mit Beckett zusammen ist, überkommt einen das Gefühl, daß man ihm nicht zuviel von seiner Zeit rauben will und daß er mit seiner Zeit Besseres anfangen kann, als sie mit uns zu verbringen. Es ging folgendermaßen zu: Wir wohnten also in diesem malerischen Hotel in Berlin, und Allen Ginsberg sagte: »Wir werden uns mit Beckett treffen, komm mit«, und ich antwortete: »William und du werdet gehen, ich will mich da nicht einmischen«, aber er sagte: »Nein, los komm schon«, und so gingen wir. Wir klopften an die Tür dieses wundervollen Apartments mit großartigen, doppelt so hohen und sehr weißen Zimmerdecken. Dieser schöne, sehr dünne Mann, der sich vornüber beugt, wenn er spricht, öffnet die Tür. Überall war es sauber, luftig und weiß. Ich hatte ihn schon einen Tag vorher auf dem Theatergelände der Akademie der Künste gesehen. Beckett kommt nach Berlin, weil er weiß, daß seine Privatsphäre respektiert wird. Er empfing uns auf eine sehr höfliche Art, und wir setzten uns an einen großen runden Tisch. Allen war wie gewöhnlich sehr mitteilsam und übernahm den Großteil der Unterhaltung. Es gelang ihm, Beckett aus der Reserve zu locken und ihn über Joyce auszufragen. Irgendwie war mir das furchtbar peinlich. Dann unterhielten wir uns über Gesang, und Beckett und Allen fingen an zu singen, und mir wurde es immer peinlicher.

BOCKRIS: Bill sagte, daß Beckett einem das Gefühl vermittelte, daß er sich freut, wenn jemand kommt, und sich freut, wenn man wieder geht.

SONTAG: Er hat uns aber nicht wirklich rausgeschmissen.

BURROUGHS: Oh nein, das hat er wirklich nicht. Also, ich habe eine völlig andere Version von der ganzen Geschichte. Zuallererst sagte John Calder: »Bringt Schnaps mit«, was wir auch taten. Ich weiß, daß Beckett in anderen Menschen etwas völlig anderes sieht als in sich selbst und daß er eigentlich niemanden sehen möchte. Er hat eigentlich nichts Spezielles an der Gegenwart anderer auszusetzen, sondern es verhält sich einfach nur so, daß er es lediglich für begrenzte Zeit in Gegenwart anderer Menschen aushält. Deshalb habe ich gedacht, daß 20 Minuten vollauf genügen. Irgendjemand erwähnte, daß bei meinem Sohn eine Lebertransplantation nötig wäre, und Beckett sprach über Organabstoßung, worüber er in einem Artikel gelesen hatte. An diese Gesangseinlage kann ich mich überhaupt nicht erinnern. Du siehst, was Susan als sehr lang vorkam, erschien mir als extrem kurz. Bald nach unserer Ankunft und nach dem Gespräch über Transplantationen, schaute jeder auf seine Uhr, und es war ganz offensichtlich Zeit zu gehen. Wir hatten nur eine halbvolle Flasche mitgebracht, und das reichte genau für diese Zeit.

SONTAG: Allen fragte: »Wie war es, mit Joyce zusammen zu sein? Ich wußte, daß Joyce eine wunderschöne Stimme hatte, und daß er sehr gern sang.« Allen gab so was wie »OM« von sich, und Beckett sagte: »Ja, er hatte in der Tat eine sehr schöne Stimme«, und ich mußte dauernd daran denken, was für eine schöne Stimme er hatte. Ich hatte Beckett bereits in einem Pariser Café gesehen, aber ihn vorher noch nie sprechen hören, und mir fiel sein irischer Akzent auf. Nach mehr als einem halben Jahrhundert in Frankreich hat er immer noch eine sehr reine Sprache, bei der das Leben im Ausland keine Spuren hinterlassen hat. Ich kenne kaum jemanden, der jünger ist als Beckett und die meiste Zeit im Ausland verbracht hat und dessen Sprechweise nicht in irgendeiner Weise die Färbung des Landes angenommen hat. Man wird ständig an die Tatsache erinnert und zur Anpassung aufgefordert, daß, selbst wenn man seine eigene Sprache spricht, man sich mit Menschen unterhält, deren Muttersprache es nicht ist. Beckett schien in keiner Weise mit jemandem zu vergleichen zu sein, der den größten Teil seines Lebens in einem Land gelebt hat, in dem nicht seine Muttersprache gesprochen wird. Er hat eine wunderschöne irisch melodiöse Stimme. Ich kann mich nicht erinnern, daß er uns das Gefühl vermittelte, daß wir besser gehen sollten, aber ich glaube, daß wir gemerkt haben, daß wir nicht lange bleiben konnten.

BURROUGHS: Ich habe mit zahlreichen Leuten über die Kunst des Rausschmisses durch Gedankenkraft gesprochen, wie man jemanden mittels Gedankenkraft loswerden kann. Die eine Möglichkeit ist, sich auf die äußere Erscheinung zu konzentrieren, sie sich ganz genau einzuprägen, und dieses Bild dann ganz entschieden zur Tür hinauszukomplementieren. Ich habe mal in Paris erlebt, wie dieser Trick sehr erfolgreich an jemandem praktiziert worden ist. Dieser Typ sagte plötzlich: »Oh, ich muß jetzt aber sofort gehen.«. Der war noch nie so schnell zur Tür raus.

BOCKRIS: Hast du diese Gedankenkraft gespürt? Daß Beckett *dich* aus dem Zimmer »herauskomplementiert« hat?

BURROUGHS: Wir alle *wußten* von vornherein, daß wir nicht lange bleiben würden. Ich glaube, es war zehn Minuten nach 6, als wir von dort weggegangen sind.

SONTAG: Ich kenne Leute, die behaupten, daß sie sich in Bekketts Gegenwart äußerst wohl fühlen.

BURROUGHS: Es gab bereits 1959 ein Treffen mit ihm in Paris, bei dem es zu einer Art Feindseligkeit zwischen uns gekommen war.

BOCKRIS: Wie kam das?

MAURICE GIRODIAS: Ich hatte die Idee, in den aus dem 13. Jahrhundert stammenden Gewölbekellern meines brasilianischen Nacht-

323

klubs mit mir als Gastgeber für Burroughs und Beckett ein Abendessen zu organisieren. Außerdem waren ein paar Lesben dabei und Iris Owens, die sonst immer sehr lebendig und wach im Kopf ist. Die kriegte den ganzen Abend die Zähne nicht auseinander.

BURROUGHS: Ich erwähnte die Cut-ups, die bei Beckett absolut keine Gnade fanden.

SONTAG: Kennt er sich mit deinem Werk aus?

BURROUGHS: Oh ja. Er machte mir eines der größten Komplimente, die man mir bislang gemacht hat. Jemand hatte ihn gefragt:, »Was halten Sie von Burroughs?« und er antwortete – widerwillig –: »Er ist ein Schriftsteller.«

SONTAG: Wirklich ein großes Lob.

BURROUGHS: Ich wußte es sehr zu schätzen. Jemand, der wirklich etwas vom Schreiben, oder sagen wir von Medizin versteht, sagt: »Ja, er ist ein Arzt. Wenn er den Operationssaal betritt, weiß er ganz genau, was er dort zu tun hat.«

SONTAG: Aber zur gleichen Zeit dachtest du auch, er würde über eine deiner Arbeitsweisen die Nase rümpfen?

BURROUGHS: Ja, das tat er auch, und wir sprachen sehr kurz darüber, ganz zu Anfang unseres Treffens in Berlin. Er konnte sich genau an die Situation erinnern.

SONTAG: Glaubst du, daß er viel liest?

BURROUGHS: Das bezweifle ich fast. Beckett ist jemand, der einen solchen Input nicht braucht. Für mich ist es ein sehr angenehmes Gefühl, mit jemandem zusammen zu sein, der mich nicht für seine Zwecke einspannt und dem es völlig gleichgültig ist, wenn ich in der nächsten Minute tot umfalle. Die meisten Leute wollen unentbehrlich sein oder beachtet werden. Dieses Gefühl ist mir absolut fremd. Aber es bestand keine Veranlassung für unsere Gegenwart, weil er überhaupt nicht den Wunsch oder das Bedürfnis hat, andere Menschen zu treffen.

BOCKRIS: Wie fühlten Sie sich, nachdem sich die Zusammenkunft aufgelöst hatte?

SONTAG: Ich war sehr froh, daß ich ihn getroffen hatte. Mich hat hauptsächlich interessiert, ob er wirklich genau so gut aussieht, wie auf Fotos.

BURROUGHS: Er sah sehr gut aus und war in einer guten Verfassung. Beckett ist ungefähr 75. Er ist sehr schlank und hat ein ziemlich jugendliches Gesicht. Es ist wirklich fast das Gesicht eines irischen Straßenjungen. Wir standen auf und gingen, und der Besuch war herzlich und gesittet, würde ich sagen ...

SONTAG: Eher gesittet als herzlich, würde ich meinen. Es war ein unbeschwertes Erlebnis, denn es stimmt, es ist nichts passiert.

BURROUGHS: Es ist überhaupt nichts passiert.

SONTAG: Ich erinnere mich, daß sich Allen aufgeführt hat wie die letzte Quasselstrippe. Beckett ist darauf eingegangen. Er ist so merkwürdig passiv, und falls sich irgendjemand sehr aggressiv oder fordernd verhalten hätte, wäre er wahrscheinlich auch darauf eingegangen, aber wenn man das nicht sein will, wird er auch nichts unternehmen, einen aus der Reserve zu locken, es hängt wirklich ganz von einem selbst ab, stimmt's?

BOCKRIS: Glauben Sie, daß Sie ihn jemals wiedersehen werden?

SONTAG: Nein.

BOCKRIS: Wieso nicht?

SONTAG: Wieso sollte ich?

BURROUGHS: Es ist höchst unwahrscheinlich, daß ich ihn jemals wiedersehen werde.

SONTAG: Es ist interessant, daß du sagst, daß er keinen Input bräuchte. Aber es stimmt. Es gibt in seinem Werk keine Referenzen und nichts, was von außen käme.

BURROUGHS: Weil das bei den meisten Schriftstellern der Fall ist. Ich beziehe zum Beispiel vieles aus meiner Lektüre, ich beziehe vieles aus Zeitungen, aber bei Beckett kommt alles aus ihm selbst heraus, ich glaube, daß er all solche Dinge überhaupt nicht braucht.

SONTAG: Ich frage mich, ob er viele Bücher hat. Ich glaube es fast nicht.

BURROUGHS: Ich habe keine gesehen, als wir da waren, aber das war ja auch nur eine vorübergehende Adresse.

SONTAG: Menschen, die mit Büchern zu tun haben, bringen es aber selbst auf Reisen fertig, daß sich welche ansammeln.

BURROUGHS: Das stimmt, ich habe keine Bücher gesehen.

Ein Essen mit Fred Jordan: New York, 1980

JORDAN: Du hast einen Bericht über den Besuch bei Sam Beckett in Berlin geschrieben.

BURROUGHS: Ich habe überhaupt nichts geschrieben. Das hier wird ja der totale Rashomon werden. Jeder hat eine total andere Version.

JORDAN: Sam war zu der Zeit in Berlin, um *Endspiel* auf deutsch einzustudieren. John Calder war zur selben Zeit in Berlin, und ich habe mit John, Susan und Allen zu Abend gegessen. Ich glaube, du warst auch dabei.

BURROUGHS: Als Allen Susan ganz unverblühmt fragte, ob sie an Krebs sterben würde?

JORDAN: Ja. Allen wandte sich an Susan und sagte: »Sie haben Krebs, nicht wahr? Wie geht es Ihnen?« und sie antwortete: »Gut.« – »Wie steht's mit Ihrem Liebesleben?« – »Sehr gut«, meinte Susan, »ich habe noch nie so viele unsittliche Anträge bekommen.« Am Tag darauf wollte mich John Calder um 5 Uhr treffen. Ich erzählte John, daß ich verhindert sei, weil ich eine Verabredung mit Beckett hätte. Dann wandte sich Allen an mich und fragte: »Sie treffen sich mit Sam? Kann ich mitkommen?« »Natürlich«, sagte ich, »warum nicht?« Und Susan meinte: »Oh, ich wollte Beckett schon immer mal kennenlernen.« »Also los«, sagte ich, und ehe wir uns versahen, waren wir sechs Leute, die sich mit Beckett treffen wollten. Als Sam am darauffolgenden Nachmittag all diesen Leuten die Tür öffnete, sah er ein wenig überrascht aus. Ich erinnere mich, daß Allen ihn darüber befragte, ob Joyce Lieder komponiert hätte und daß Sam das bestätigte. Allen fragte Beckett: »Könnten Sie uns eins vorsingen?« Könnt ihr euch erinnern, daß er ein Lied sang, das sich im Nachhinein als die englische Version eines Schubert-Liedes herausstellte?

BOCKRIS: Wie lange wart ihr dort?

JORDAN: Eine Stunde.

BOCKRIS: Kannst du dich an irgend etwas anderes erinnern, das Beckett gesagt hat, oder irgendjemand anderes?

JORDAN: Allen führte die Unterhaltung mit Fragen über Joyce fort. Dann fragte er Beckett, was er in Berlin machen würde. Allen war der aktivste Gesprächsteilnehmer, aber es wurde immer dunkler, und es gab kein Licht in dem Raum.

BOCKRIS: Wieso gab es kein Licht?

JORDAN: Es gab schon Licht, aber Beckett hat es nicht angemacht.

BURROUGHS: Ein unmißverständliches Zeichen, würde ich meinen. Kannst du dich an irgendwelche unmittelbaren Wortwechsel zwischen Beckett und Susan Sontag erinnern?

JORDAN: Hinterher sagte sie, daß er der erotischste Mann wäre, dem sie je begegnet ist. Ich kann mich nicht erinnern, daß sie ein Wort miteinander gewechselt hätten.

BURROUGHS: Ich denke, dies ist eine verdammt interessante Übung. Einige Leute trafen jemanden bei einem bedeutsamen Anlaß, und jeder hat eine unterschiedliche Version des Ereignisses.

JORDAN: Kannst du dich erinnern, was er anhatte?

BURROUGHS: Er trug einen Rollkragenpullover, ein sehr kratzig aussehendes Tweedsakko, das dornenresistent schien, nicht diese flauschige Sorte, und irgendeine bequeme Hose. Mir kam es vor, als steckten seine Füße in Sandalen.

JORDAN: Kanntest du ihn bereits, bevor ihr ihn in Berlin getroffen habt?

BURROUGHS: Ich habe Beckett einmal in Girodias' Restaurant in Paris getroffen.

JORDAN: Das war also offensichtlich in der Zeit, als du Beckett über die Cut-up-Methode aufgeklärt hast und er daraufhin erwiderte: »Aber, aber, das ist doch Klempnerei und kein Schreiben!«

BURROUGHS: Ja genau, ihn hatte die ganze Sache ziemlich aufgebracht. »Sie benutzen anderer Leute Wörter!« sagte er an einem Punkt. Ich entgegnete ihm: »Sehen Sie, die Formel eines bestimmten Physikers steht doch auch allen anderen seiner Zunft zur Verfügung.« Als ich ihn in Berlin traf, habe ich ihn daran erinnert, »ich glaube, daß wir uns vorher schon mal getroffen haben, Mr. Beckett«. Und er antwortete: »Ja, im Restaurant von Maurice Girodias«, und ich sagte: »Ja, daran kann ich mich selbstverständlich ganz genau erinnern.« Damit habe ich das Gespräch eröffnet.

BOCKRIS: Hatte das Treffen in Paris etwas Blasiertes, und geriet die Unterhaltung ins Stocken?

BURROUGHS: John behauptet, daß wir zu dem Zeitpunkt beide sturzbetrunken gewesen wären, so daß das Ganze mit einem Gedächtnisverlust endete.

Ein Essen mit Lou Reed: New York, 1978

Während unseres letzten Abendessens mit Lou Reed konfrontierte er Burroughs mit dem Gerücht, daß von ihm behauptet würde, ein eiskalter Mensch zu sein, der sogar einen Mord begehen könnte. Er fragte Bill, ob er dazu irgendeinen Kommentar abgeben könnte.

BURROUGHS *[kurze Stille]*: Ich werde diese Gerüchte weder bestätigen noch dementieren, Lou. Es würde doch sowieso nichts nützen, sie zu dementieren. Letzte Woche hat mir Robert Duncan eine Geschichte erzählt. Seinen Worten zufolge bin ich letzte Woche mit Beckett in Paris am Seineufer entlangspaziert und habe mit ihm über vorsätzlichen und versehentlichen Mord diskutiert, und Beckett sagte: »Wenn es versehentlich passiert, ist es kein Mord.« Ich sagte: »Sam«, (ich nehme mal an, daß ich ihn so angeredet hätte, wenn ich schon mal mit Beckett am Seineufer entlangspaziere – aber da ich noch nie und nirgends mit ihm spaziert bin, weiß ich es nicht so genau) »das ist ausgemachter Schwachsinn, und ich werde es Ihnen beweisen.« An diesem Punkt habe ich wahrscheinlich die Pistole gezogen und eine zufällig vorbeikommende Clochardin erschossen und ihre Leiche in die Seine geworfen. Dann sind Sam und ich weitergegangen.

Lou fragte Bill, ob Beckett tatsächlich als Joyces Sekretär gearbeitet hätte.

BURROUGHS: Ja, das hat er eine Zeitlang gemacht. Es ist wirklich ganz offensichtlich, daß es in *Watt* vor allem um die Lehrjahre bei Joyce geht. Und es waren in erster Linie Lehrjahre – der Meister zeigt seinem Schüler, wie es gemacht wird –, aber er mußte auch eine ganze Menge Schreib- und Sekretariatsarbeiten erledigen.

Lou fragte, ob Bill glaubte, daß ein Schüler bessere Arbeit abliefern könnte, als sein Lehrer.

BURROUGHS: In diesem Fall glaube ich das schon. Ich denke, daß die Substanz von Becketts Werk von einem sehr viel stärkeren Geist durchdrungen ist als die von Joyce.

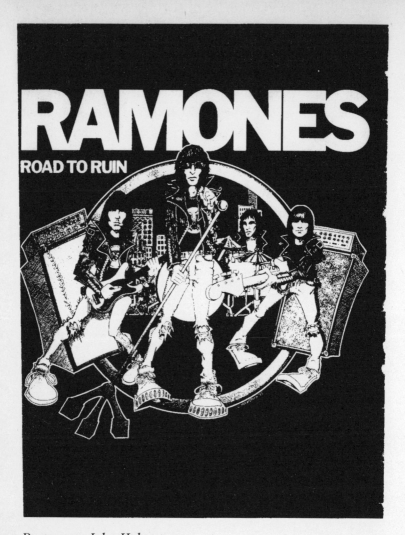

Poster von John Holmstrom

NICHTS DENKWÜRDIGES: WILLIAM BURROUGHS UND DIE ROLLING STONES

Ein Essen mit Bill Wyman und Peter Cook: New York, 1974

Burroughs erschien pünktlich um 8 Uhr – in den sechs Jahren, in denen ich ihn kenne, ist er noch nie zu spät zu einer Verabredung erschienen – in Begleitung von James Grauerholz. »Was möchtet ihr gerne trinken?« wollte ich wissen.

»Zwei Fingerbreit Scotch, ohne Eis, mit einem Spritzer Wasser«, sagte Burroughs. Mir selbst schenkte ich einen Gin-Tonic ein. »Ein Sommerdrink«, murmelte er vor sich hin, als wäre er von Geistern umgeben. Wir begannen über das Interviewkonzept zu diskutieren, und darüber, wie man es verbessern könnte. Ich erzählte ihm von meinen besten Gesprächen mit Muhammad Ali und Salvador Dalí. Das schien Burroughs zu interessieren. Er sah mich von der anderen Seite des Raums direkt an und fragte: »Hast du schon mal daran gedacht, aus den Tonbändern Cut-ups zu machen?«

»Wie meinst du das?«

»Es ist ganz einfach. Du nimmst drei Kassettenrecorder und stellst sie nebeneinander. Der dritte Recorder wird eingeschaltet, so daß er aufnimmt. Dann läßt du einen Abschnitt mit dem Ali-Band laufen. Halte es an einer beliebigen Stelle an und schalte zur selben Zeit das Dalí-Band ein. Wenn du jetzt die auf dem dritten Kassettenrecorder aufgenommenen Ergebnisse abspielst, kannst du hören, wo sich die Gespräche mit Ali und Dalí überschneiden. Diese Prozedur kann man endlos wiederholen. Die Resultate sind absolut verblüffend.«

Sehr bald wurde klar, daß sich Bill Wyman verspäten würde, und ich wurde nervös und versuchte, die Unterhaltung im Fluß zu halten, während ich in der Zwischenzeit wie ein Verrückter herumtelefonierte, um ihn ausfindig zu machen. Ich konnte beobachten, daß Burroughs langsam ungehalten wurde und Anstalten machte zu gehen.

Wenn ich gewußt hätte, wie sehr ihn diese Angelegenheit verärgern würde, hätte ich mich dafür entschuldigt und angeboten, ihn nach Hause zu fahren, aber ich tat so, als würde ich nichts bemerken, und wir fuhren fort, über Belanglosigkeiten zu plaudern.

Um halb 11 betraten Wyman, seine Frau Ingrid und die Journalistin Anni Ivil das Apartment. Man machte sich miteinander bekannt, aber William blieb in seinem Sessel sitzen, während sich Bill in der Sofaecke auf der anderen Seite des Zimmers niederließ, so daß es nicht einfach war, eine Unterhaltung in Gang zu bringen.

Ich bat sie rüber an einen Tisch im Korridor, auf dem ein üppiges Büffet aufgebaut war, und sagte: »Ihr seid beide Science-fiction-Fans, das wäre doch etwas, worüber man sich unterhalten könnte.«

»Ach wirklich«, antwortete Burroughs. »Welche Autoren interessieren Sie denn?«

»Asimow, Bradbury ...«, begann Wyman.

»Oh«, rümpfte er die Nase, »das ist aber nicht besonders gut«, und zog sich schnellen Schrittes in den Schutz seines Sessels zurück.

Als Peter Cook mit einem Mädchen vor der Eingangstür stand, stürmte ich ins Foyer und kreischte: »Judy, Judy!« (der Name seiner kürzlich sitzengelassenen Ehefrau). Leider war es nur ihr Ebenbild, obwohl das Mädchen ihr zum Verwechseln ähnlich sah. Burroughs sah von seinem Platz auf, starrte den Tep-

Bill und Lou nach ihrem ersten Treffen im Bunker, New York, 1978. Foto: Victor Bockris

pich an und sagte, »Ja, hallo ...›*Judy*‹«, als ob er wußte, worum es ging. Cook nahm sich einen Stuhl. Niemand wußte, was er sagen sollte. Um 11 Uhr ging William.

Ich bestand darauf, ihn nach unten zu begleiten, um ein Taxi zu rufen, weil es regnete. Ich rannte um das Gebäude, erwischte ein Taxi und ließ es vor das Apartmentgebäude vorfahren. »Bravo, Victor!«, rief er, während er durch den Regen hinter mir herrannte, und sprang ins Taxi. Wenigstens, dachte ich, macht er mich für dieses Fiasko nicht allein verantwortlich.

Als wir uns in der darauffolgenden Woche zum Abendessen trafen, fragte ich William als erstes, was für einen Eindruck Bill Wyman auf ihn gemacht hätte. Burroughs richtete sich in seinem Sessel auf und nippte an den obligatorischen zwei Finger-

breit Whisky-ohne-Eis-mit-einem-Schuß-Wasser und antwortete: »Ich finde, daß er ein sehr unhöflicher Mensch ist, kommt
einfach zweieinhalb Stunden zu spät und hat es noch nicht einmal nötig, sich dafür zu entschuldigen. Das ist eben das Ärgerli-
che an diesen Rockstars: Die glauben, daß sie ach so wichtig
sind und jeden warten lassen können; die haben Umgangsfor-
men, die zum Himmel schreien.«

Boulderado Hotel, Boulder, 1976

Ich hatte William über das Wochenende besucht, um mit ihm
ein Interview für Al Goldsteins *Screw* zu führen. Am Samstag
begaben wir uns gegen 4 Uhr mit zwei Tassen Tee in die winzige
Mansardenwohnung von James Grauerholz, weil sie sonnen-
durchflutet war und man einen Ausblick auf die Berge hatte.

BOCKRIS: Wann hast du Brian Jones zum ersten Mal getroffen?

BURROUGHS: Ich habe Brian Jones zum ersten Mal in der Parade
Bar in Tanger getroffen. Er war gerade aus Joujouka zurückgekommen, wo er die Pipes-of-Pan-Music aufgenommen hatte, die
nach seinem Tod in einem Studio für ungefähr 10 000 Pfund
geschnitten und bearbeitet wurde. Ich suchte ihn in seinem
Zimmer im Hotel Minza auf und hörte mir das Tonband mit einer Auswahl von Stücken an, die von einem Toningenieur auf
zwei Uher-Geräten aufgenommen worden waren. Dieser Toningenieur hatte erstklassige Arbeit geleistet. Das erschien dann
zuerst als LP und später als Kassette unter dem Titel »Brian Jones
Presents The Pipes Of Pan At Joujouka« [Burroughs besitzt diese Kassette und hört sie regelmäßig].

Nachdem Jones gestorben war, hatte die Schallplattenfirma
kein Konzept, irgend etwas mit dieser Aufnahme zu unterneh-

men, die zwar zum Zeitpunkt seines Todes unvollendet, aber gleichwohl in einem sehr ausbaufähigen Stadium war. Trotzdem hatten die Joujouka-Musiker eine Versammlung anberaumt und Hamri nach London entsandt. Mit der Unterstützung von Brion Gysin und nach einigem mühsamen Hin und Her und zahlreichen Telefonaten mit den Anwälten, die Brians Nachlaß verwalteten, erschien das Ding letztendlich doch, und für die Joujouka-Musiker gab es sogar etwas Geld. Man muß bedenken, daß Brian auf dieser Platte gar nicht selbst mitgewirkt hat, was als Irreführung erachtet wurde. Wobei er in einem gewissen Sinne schon mit ihnen gespielt hatte: Man kann es nämlich auch so deuten, daß er, indem er mit den Pipes of Pan gespielt hat, in Wirklichkeit mit dem Gott der Panik spielte ...

Westchester County, New York, 1977

Ich besuchte Keith Richards auf seinem Landsitz namens Frog Hollow und fragte ihn, ob er jemals folgende Behauptung von Burroughs gelesen hätte: »Ich glaube, ich bin heute in besserer gesundheitlicher Verfassung, weil ich hin und wieder Junk benutzte, als wenn ich nie süchtig gewesen wäre.«

Es stellte sich heraus, daß Keith gerade eine Apomorphinkur unter Anleitung von Dr. Dents berühmt-berüchtigter Assistentin Smitty hinter sich hatte: »Dr. Dent ist tot, mußt du wissen«, erzählte er mir, »aber die Assistentin, die er ausgebildet hat, diese liebenswürdige alte Glucke namens Smitty, leitet die Klinik weiter. Ich hatte sie fünf Tage bei mir zu Hause, und sie kam immer rein und sagte: ›Hier kommt deine Spritze, nun sei ein braver Junge.‹ Oder: ›Du ungezogener Bengel! Du hast schon wieder was genommen. Ich seh's doch ganz genau.‹«

Von den Stones ist Keith Richards der wahrscheinlichste Kandidat für eine direkte Affinität zu Burroughs, und wahrscheinlich ist es wirklich ein Jammer, daß die beiden sich nie begegnet sind, außer kurz auf irgendwelchen Partys, wo Bill nie so richtig entspannt ist.

New York City, 1980

Ich brachte Bill hinüber zur Factory, damit Andy von ihm ein paar Polaroids für ein Portrait machen konnte. Bianca Jagger war da. Sie unterhielt sich mit Burroughs etwa eine Viertelstunde lang angeregt über Spazierstöcke, Interviews und über London. Nachdem er gegangen war, kam sie zu mir rübergehuscht und sagte: »Burroughs ist ja so ein interessanter Mann! Ich würde mich gerne noch mehr mit ihm unterhalten. Er sieht heute wesentlich besser aus. Ich erinnere mich, daß er 1973, als Mick und ich ihn in seiner Londoner Wohnung besuchten, um mit Anthony Balch über die Verfilmung von ›Naked Lunch‹ zu sprechen, diese viel zu engen Hosen trug, die für 40 Jahre jüngere Männer konzipiert waren, und Stiefel mit hohen Absätzen. Er schien sich äußerst unwohl zu fühlen, und es war sehr schwierig, sich mit ihm zu unterhalten. Er kam mir jetzt wesentlich offener und entspannter vor.«

BURROUGHS: David Dalton, der ein Buch über James Dean geschrieben und eins über die Rolling Stones herausgegeben hat, ist mit mir in Kontakt getreten. Er bat mich, einen etwa 2000 Wörter langen Text unter dem vorgeschlagenen Titel *Their Satanic Majesties* über die Stones zu verfassen. Dies war als Beitrag für einen Jubiläumsband vorgesehen, der bei Stonehill Press erscheinen würde – zeitgleich mit dem zwanzigjährigen Bestehen der

Burroughs trinkt Coke, Bianca schaut zu. In der Factory, New York, 1979. Foto: Bobby Grossman

Stones. Ich räusperte mich vielsagend. »Ach ja, da wäre dann noch die Frage nach meinem Honorar.« Das fand er, glaube ich, ein bißchen dreist, aber nannte eine Summe – 500 Dollar. Ich gab zu bedenken, daß ich kein Musikkritiker sei und daß ich mir nicht vorstellen könnte, irgend etwas zu schreiben, das nicht bereits geschrieben worden war. »Ach«, sagte er, »es sollte eigentlich etwas eher Persönliches werden.« Ich sagte ihm, daß ich die Stones nur flüchtig kennen würde. Aber: »Keith wäre sehr viel daran gelegen, daß ich etwas schreiben würde.« Die Stones haben Interesse an meiner Arbeit gezeigt, und ich fühlte mich in gewissem Sinne verpflichtet, aber als ich es dann zu Papier gebracht hatte ... Mein Gott – es sah so an den Haaren herbeigezogen aus: *Rock-and-Roll-Musik ist ein soziologisches Phänomen mit einer unvergleichlichen Reichweite und Wirkung ... Die Stones als Helden einer kulturellen Revolution ... Kämpfer an vorderster Front, die von Polizisten und*

Zollbeamten herumkommandiert werden. Ich meine, wer will in diesem Zusammenhang schon etwas von einer kulturellen Revolution hören? Das ist wie der Vietnamkrieg oder diese Sache in Irland. Ich brauche ungefähr zehn Tage, um einen Artikel wie diesen zu schreiben. Es bräuchte eine andere Ausgangslage, damit das Ding auch finanziell attraktiv wäre. Aber wieviel auch immer für diesen Job gezahlt wird, entweder mache ich meine Sache richtig, oder ich lasse es lieber bleiben. Und ich hatte kein Interesse daran, Platitüden über die kulturelle Revolution oder den weltweiten Einfluß von Rock and Roll aufzutischen. Deshalb schlug Victor vor, ein Abendessen mit Andy Warhol und Marcia Resnick zu organisieren. Allerdings ergab es sich, daß an diesem Treffen nicht Keith, sondern Mick teilnehmen würde.

Ein Essen mit Andy Warhol, Marcia Resnick und Mick Jagger: New York, 1980

BOCKRIS: Ich rief Liz Derringer an und sagte: »Könnten Sie Mick und Jerry fragen, ob sie Lust hätten, zum Abendessen zu William in den Bunker zu kommen? Wir werden es auf Tonband aufnehmen, aber es wird kein richtiges Interview, sondern einfach nur eine informative Unterhaltung.« Liz meinte, daß Mick diesen Vorschlag wahrscheinlich akzeptieren würde und rief ihn an. Er sagte zu. Er würde wirklich sehr gerne in Burroughs' Domizil an der Bowery vorbeikommen. Liz schlug vor, daß Marcia Resnick die Fotos machen sollte, da sie Mick bereits vorher für Interviews fotografiert hätte. Außerdem lud ich Andy Warhol ein.

Andy traf als erster ein und begann in Bills Loft umherzulaufen und bewunderte zu Williams Freude und Belustigung die weitläufigen Räumlichkeiten, die Zeichnungen von Brion Gysin, den Orgonakkumulator und die weißen Fußböden, Wände und Decken. Ich mixte ihnen die Drinks. Sie nahmen am großen Konferenztisch Platz und begannen eine Diskussion über Professor Shockleys umstrittene Theorie der künstlichen Befruchtung bei Frauen mit einem überdurchschnittlichen Intelligenzquotienten, um eine Superrasse heranzuzüchten.

»Bill, du solltest deinen verkaufen!«, schlug ich vor. »Man fragt sich, wer *Den Samen von William Burroughs* haben will.«

»Du könntest sofort loslegen«, schlug Andy vor. »Du müßtest es nur in den Kühlschrank stellen.«

»Ich werde sofort zur Tat schreiten!«, antwortete Bill und kam ins Grübeln. »Ich wette, daß Mick Jagger seinen Preis selbst bestimmen könnte!« Das Telefon klingelte. Es war Marcia Resnick, die mitsamt ihrer Fotoausrüstung in den Bunker hineingelassen werden wollte. Sie fing an, Stroboskoplichter aufzubauen, und sehr bald sah es aus, als würden wir einen Underground-Film drehen. Wir schimpften mit Marcia und baten sie, die Beleuchtung zu entfernen und sie in Bills Schlafzimmer zu verstauen und erst wieder herauszuholen, nachdem wir mit dem Abendessen fertig wären. Bis dahin wäre jeder entspannt genug, um sich fotografieren zu lassen.

Nach einer Reihe von »Wir-kommen-eine-halbe-Stunde-später-wir-sind-unterwegs«-Hinhaltetelefongesprächen, fuhren Mick Jagger, Jerry Hall und Liz Derringer in einem chauffeurgesteuerten Lincoln Sedan vor. Als sie das Loft betraten, stand William vom Tisch auf und durchquerte den Raum mit ausgestreckter Hand. Andy war bereits mit allen bekannt. Ich versuchte Liz und Jerry mit William bekanntzumachen, während ich ihnen die Mäntel abnahm und mich vergewisserte, daß sich auch jeder auf dem für ihn bestimmten Platz am Tisch niederließ. Bill saß am Kopfende. Ich plazierte Mick zu seiner Rechten, mich selbst zu seiner Linken und Andy neben mich. Die Männer saßen an einem Ende des Tisches, die Frauen am anderen.

BURROUGHS: Es wurde bald klar, daß Mick Daltons Projekt nicht nur nicht gutheißen würde, sondern schlicht keine Ahnung davon hatte. Er nahm eine argwöhnische Haltung ein, so als ob ich ihn in irgendeine Position manövrieren wollte, obwohl in Wirklichkeit ich es war, der nach und nach das untrügliche Gefühl bekam, aus der Sache *raus* zu wollen. Ich ging die Aufzeichnungen durch, die ich gemacht hatte, und stellte fest, daß Mick das Projekt ebenso langweilte wie mich selbst mittlerweile. Mick hatte sich offensichtlich sagen lassen, daß ich ihm einen Vorschlag zu machen hätte. Mir war durch Dalton mitgeteilt worden, daß die Stones mich bitten würden, etwas für ihr Buch zu schreiben. Deshalb war ich der Ansicht, daß die Stones mir einen Vorschlag machen müßten. Das Ergebnis war eine endlose Verkettung von Mißverständnissen, eine Kommödie der Irrungen (Shakespeare!), die alles andere als lustig war. Als Mick fragte: »Gibt's in diesem Laden ein Telefon«, dachte ich, das Gespräch sei auf dem Nullpunkt angelangt, aber ich hatte mich getäuscht.

Irgendwann sagte Victor, daß Andy angeschossen worden wäre und ich jemanden erschossen hätte, und Jagger fragte, wen ich denn erschossen hätte. Es gab eine kurzes peinliches Schweigen. Ich sagte: »Ich habe in letzter Zeit niemanden erschossen, Mick. Ich habe mich von meiner besten Seite gezeigt.«

Die Verabschiedung verlief dann auch sehr förmlich. Das ist ein Beitrag, den ich nicht zu schreiben brauche, dachte ich bei mir.

BOCKRIS: Nachdem Mick, Jerry und Liz endlich gegangen waren, standen Andy, Bill, Marcia und ich da wie die begossenen Pudel. Um ein Gespräch in Gang zu bringen, sagte ich: »Bei diesen

Burroughs und Joe Strummer nach dem Abendessen im Bunker. New York, 1980. Foto: Victor Bockris

Interviews verhält es sich immer so, daß jedesmal wenn ich hinterher das Gefühl hatte, daß es gut gelaufen ist, es in Wirklichkeit der absolute Reinfall war, und wenn ich mich im Gegenteil wirklich mies gefühlt habe, es in der Regel gut gelaufen ist. Dies wird also wahrscheinlich sehr gut werden!«

»Du warst echt furchtbar«, sagte mir Andy frech ins Gesicht.

»Es war furchtbar. Nichts ...«, begann ich.

»... ist passiert«, schloß Andy.

»Da war überhaupt kein Zusammenhang!«, begann ich erneut. »DAS WAR ÜBERHAUPT KEINE UNTERHALTUNG! Es gab keinen ... Wieder mal ist nichts gelaufen.« Ich konnte nicht anders, als daran zu denken, daß Bill gegenüber Susan Sontag genau dasselbe bezüglich ihres Treffens bei Beckett geäußert hat.

»Also, ich habe gar nicht erwartet, daß irgend etwas *passiert*«, bemerkte Bill vollkommen ungerührt.

»Ich würde gerne etwas über Mick Jagger sagen«, meldete sich Marcia Resnick zu Wort. Aber ich konnte es nicht leiden, über die Idee nachzudenken, was es zu bedeuten hatte, wenn irgend jemand jemanden anderes kennenlernte, deshalb drehte ich mich einfach um und schrie: »Marcia, du solltest doch während des Gesprächs keine Fotos machen. Da kann sich doch kein Schwein konzentrieren! Wie sollen sich denn die Leute miteinander unterhalten können, wenn ständig jemand rumrennt und Fotos macht?«

Der nächste Tag

BURROUGHS: Ich habe darüber nachgedacht und bin zu der Erkenntnis gelangt, daß man hier die Chance verpaßt hat, etwas wirklich grundlegend Neues über Rock and Roll und die Stones, in bezug auf die Wurzeln und die Funktion der Sprache zu sagen. Ständig wird ein Begriff wie »kulturelle Revolution« in die Debatte geworfen, bis er sich am Ende total abgenutzt hat. »Hat hier irgend jemand etwas von einer kulturellen Revolution mitbekommen?« wollte Victor wissen. »Nein, ich hab davon nichts bemerkt«, sagte Mick. Die kulturelle Revolution ist irgendwie eine öde Sache. Mag sein, daß Mick die kulturelle Revolution nicht bemerkt, weil er mittlerweile betriebsblind geworden ist. Vor 50 Jahren spielte sich der Jazz ausschließlich in Nachtklubs ab oder in Countryklubs und Ballsälen und hin und wieder in einer Konzerthalle, falls man ein Vertreter des klassischen Jazz war. Wenn man 200 Dollar die Woche verdiente, konnte man von Glück reden. Der Jazzmusiker galt nichts außer bei eingefleischten Jazzanhängern. Da gab es keine Bix-Beiderbecke-T-Shirts, kein Gekreische und keine Groupies. Die soziologischen und politischen Auswirkungen von Musik waren schlicht kein Thema. Heutzutage ist Rock and Roll ein Massenphänomen, das vor einem riesigen Publikum zelebriert wird und mit einer weltweiten kulturellen Revolution einhergeht. Der Vergleich zwischen einem Publikum bei einem Rock-and-Roll-Konzert und einer Wahlveranstaltung der Nazis ist gar nicht mal so sehr an den Haaren herbeigezogen. Alles, was eine derartige Massenanziehungskraft hat, ist Politik. Deshalb liegt Mick gar nicht so verkehrt, wenn er sagt, daß er in die Politik gehen will.

Angenommen, daß Rock and Roll eine potente Kraft ist, wo hat diese Kraft dann ihren Ursprung und welche Richtung schlägt sie ein? Die simpelsten Fragen sind oft am schwierigsten zu beantworten. Ich erinnere mich, wie ich 1967 mit Jasper Johns in der Connaught Hall in London zu Abend gegessen habe und ihn fragte: »Was bedeutet Malen eigentlich wirklich? Und was machen Maler wirklich?«

Er antwortete: »Was bedeutet denn Schreiben?«

Ich habe bis heute noch keine Antwort darauf. Oder vielleicht nicht sämtliche Antworten. Was ist mit Rock and Roll. Rock and Roll war einer der Schlüsselfaktoren innerhalb der kulturellen Revolution, bei dem stets Konfrontation im Spiel war und ist.

Der junge englische Wissenschaftler schüttete etwas von dem Sirup in seinen Kaffee.

»Gibt es ein *SIE* in England?« wollte ich wissen, »oder ist es genauso verworren wie in Amerika? Jeder Mafia-Capo denkt doch, er wäre ein *SIE*.«

Er schaute verträumt auf eine scheußliche Hinterglasmalerei. »Ja«, sagte er, »wir sind SIE.«

»Oh«, sagte ich, »so ist das also?«

Er konterte mit einer Frage. »Was ist es für ein Gefühl zu wissen, daß du einer der letzten Vertreter der menschlichen Spezies bist?«

»Ich erwarte eine andere Botschaft«, antwortete ich ihm geziert. Wir unterhielten uns, so wie es Agenten tun würden, und ich sagte ihm, daß ich dachte, daß das Singen vor dem Sprechen da war.

»Ja«, säuselte er, »ich bin sicher, daß es sich so verhält.«

»Also ist das, was die Popgruppen machen, die *Wiederbelebung der Wurzeln der menschlichen Sprache*.«

»Ganz genau.«

»Oder, besser gesagt, in manchen Fällen die Wurzeln der Sprache. Singt ein Sänger in den Gehirnen seines Publikums, in der Weise, daß er die Sprachreflexe aktiviert?«

»Es mußte ja von irgendwoher kommen. Irgend jemand mußte die Maschine programmieren.«

»Ja, natürlich. Ich denke im Augenblick an den eigentlichen Prozeß, der gerade im Gange ist. Ich sehe es als eine Krankheit, als ein Virus an. Diejenigen Affen, die zu Forschungszwecken untersucht worden sind, haben den Großteil ihrer Körperbehaarung verloren. In ihrer Kehle haben sich Veränderungen vollzogen, die die menschliche Sprache erst möglich machten. Die Sterblichkeitsrate bei der Sing-Seuche ist sehr hoch. Und die geschwächten Affen fielen Raubtieren zum Opfer. Oder sie starben an Hunger und Durst. Diejenigen, die die SS überlebten, erlangten die Fähigkeit, wie Menschen zu sprechen. Veränderungen abgehakt, der Bio-Ingenieur kann sein Werkzeug wieder einpacken. Sein Gesichtsausdruck spiegelt die tödliche Langeweile eines Menschen wider, der sich seit einer Million Jahren denselben dummen Witz anhören muß.

Auf einer Lichtung im Dschungel springt ein Überlebender auf und fängt an zu *singen*. Blut spritzt ihm aus Nase und Mund. Er *singt Blut*. Aber der Laden muß ja weiterlaufen. Die anderen springen mittlerweile herum und schreien unter wilder Aufregung immer wieder die Wörter *Blut* und *Eiter* heraus und reinigen dadurch ihre Stimmbänder für den bevorstehenden Sprechmarathon der kommenden Millionen Jahre.«

»So ungefähr kann man es sagen.«

»Ja, und was passiert als nächstes, nachdem man die Leute zu den Wurzeln dieser ganzen Scheiße zurückgepfiffen hat?«

»Das sollte lieber was Vernünftiges sein.«

»Ist es. Die Schweige-Seuche. Das Potential für schweigende Kommunikation ist vorhanden. Die Schweigenden werden es zum Leben erwecken.«

Zuerst singt er sich die blutigen Stimmbänder aus der Kehle und macht dann das Unmögliche und *singt schweigend*. Und dann singt sein Millionenpublikum mit ihm, und gibt schweigende Töne von sich, die durch Mark und Bein gehen.

Die Rolling Bones haben zwei Erkennungsmelodien. Sie improvisieren und schleudern einem die Wörter und die Musik um die Ohren:

> When it gets too hot for comfort
> And the music softly moans
> T'aint no sin to take off your skin
> And dance around in your bones.
> Stay all night and stay a little longer
> Take of your coat and throw it in a corner
> Don't know why you don't stay a little longer ...

Marcia Resnick sitzt auf Burroughs' Schoß. Zum ersten und letzten Mal. Foto: Victor Bockris

Susan Sontag, Victor und Bill nach dem Abendessen, New York City, 1979. Foto: Gerard Malanga

Ein Publikum von schätzungsweise 10 Millionen Zuhörern, Unmengen von Hängematten und Betten und Zelten bis in den Himmel. Die Bones preschen in einem Khaki auf die Bühne, das entfernt an eine Uniform erinnert.

> When it gets too hot for comfort
> They are stripping of their clothes
> And the music softly moans ...

Sie leiten zum Hula-Tanz über. »Es ist keine Sünde.« Sie werfen ihre Klamotten ins Publikum. »Die Haut abzulegen.« Sie schälen schimmernde Lagen von Fleisch ab, die durch die Luft fliegen und sich in lila Rauchwolken und einen modrigen Ozonhauch auflösen. »Und zu tanzen.« Ein Tornado aus durchgeknallter Volkstanzmusik.

»Zieh dir die Haut ab und schmeiß sie in die Ecke ...«
»Und tanz herum in deinen Kno/
Weiß nicht, warum du nicht ein wenig länger blei/«
Es gibt einen silbernen Blitz und die Stille bricht herein wie ein Donnerschlag. Ja, da hat man eine Gelegenheit nicht beim Schopfe gepackt.

Nachwirkungen

Während der nächsten paar Wochen, bekam Bill Besuch von Joe Strummer, dem Leadsänger und Gitarristen von The Clash, und David Bowie. Obwohl er sich anderthalb Stunden verspätet hatte, brachte Strummer eine Flasche Whisky mit und eine Flasche Tequila, zwei Sixpacks Heineken Bier und acht gigantische Joints. Er sprudelte wegen des Besuchs bei Burroughs förmlich

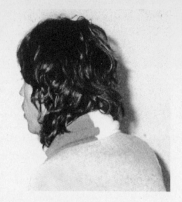

William Burroughs verabschiedet sich von Mick Jagger nach einem Abendessen im Bunker, 4. März 1980. Foto: Victor Bockris

über vor Eifer und unterhielt sich mit ihm sehr entspannt und angeregt über englische Polizisten. William schleppte sein ganzes Arsenal an Totschlägern, japanischen Wurfsternen und Messern an, und Joe machte eine Reihe von Polaroids von ihm, wie er Pappkartons malträtierte und zur Abwechslung ein extrem breites und böses Grinsen aufsetzte. Strummer ging total zufrieden nach Hause.

Als David Bowie an einem anderen Abend auf einen Drink vorbeischaute, war er das Paradebeispiel des höflichen Gentleman, und sein ganzes Auftreten war von großem Respekt geprägt. Er befragte Burroughs nach dessen Aktivitäten. Sie sprachen darüber, daß New York die exotischste Stadt der Welt wäre.
BURROUGHS: Ich gab Bowie eine Ausgabe der Zeitschrift *Knife*, in der die Geschichte des Bowie-Messers abgedruckt war. Colonel Bowie, ein Gentleman aus den Südstaaten und ein Glücksritter, wurde die Erfindung des Bowie-Messerdesigns zugeschrieben. Experten weisen allerdings darauf hin, daß es Messer mit die-

sem Design bereits Jahrhunderte vor Bowie gegeben hat. Auf jeden Fall aber hätte der Colonel für sein Messer keinen besseren Namen finden können. An einer einsamen Straße warteten drei Männer mit Messern. Sie waren nicht einfach nur gekommen, um ihn zu sehen. Ein paar Sekunden später waren alle drei tot. Mit einem kräftigen Überhandschlag spaltete der Colonel den Schädel eines der Angreifer wie eine Kokosnuß. Bowie starb in der Schlacht von Alamo.

Als wir gingen, um nach einem Taxi Ausschau zu halten (Bill und ich waren zum Dinner bei Debbie und Chris Harry-Stein eingeladen) nahm Bowie Burroughs fürsorglich beim Arm und geleitete ihn über die breite Straße.

ÜBER ALLE BERGE UND WEIT AB VOM SCHUSS

Für Bill ist der Bunker der angenehmste Ort, den er je bewohnt hat, aber er träumt von einem Leben auf dem Lande: ein Fischteich, jagen und schießen, ausgedehnte Spaziergänge. Schließlich hat er sich in Florida, in der Nähe von Tallahassee 5 Hektar Land gekauft. Seine Nachbarn werden Leute wie Ärzte, Rechtsanwälte und Professoren sein. François Bucher hat dieses Projekt organisiert. Kein Grundstück ist kleiner als 5 Hektar, eher größer. Und es gibt bestimmt keine Wohnwagen.

BURROUGHS: Mein Haus in Florida präsentiert sich als schillerndes Geheimnis. Es ist an einem bewaldeten Abhang gelegen und gibt den Blick auf einen schmalen Fischteich frei, der gleichzeitig die Grenze meines Grundstücks markiert und an den Wassergraben eines Schlosses erinnert. Das Haus ist aus gelben Hohlziegeln gebaut. Die Vorderseite bildet eine Mauer mit einer massiven Eisentür und zwei vergitterten Fenstern. Die Türen öffnen sich zum Wohnzimmer, zum Eßzimmer und zum Küchenbereich. Auf der rechten Seite befindet sich ein großes Schlafzimmer hinter einer Trennwand aus Lehmziegeln und mit einer soliden Tür. Das Badezimmer ist gleich hinter der Küche, um die Installation der Wasserleitungen zu vereinfachen. Die Wasserversorgung erfolgt mittels einer Zisterne, die draußen, direkt neben dem Badezimmer in 3 Fuß Höhe über der Erde liegt. Die Zisterne ist mit Regenwasser gefüllt, das vom Dach herunterläuft. Das Wasser wird natürlich gefiltert, aber eine Sache, vor der wir uns höllisch in acht nehmen müssen, Jungs, sind Geier, oder was das angeht, vor jedem verdammten Vogel, der uns auf's Dach scheißt. Aus den zwei hinteren Winkeln des

350

Hauses entspringt eine 8 Fuß hohe Mauer mit Stacheldraht oben-
drauf, ungefähr 50 Fuß vom Haus entfernt, die einen Innenhof
bildet und am hinteren Ende eine Eisentür hat. Das Haus ist auf
diesen Innenhof ausgerichtet, in dem Limonen-, Orangen- und
Pfirsichbäume, Gardenien, Mimosen und Rosen wachsen und
wo es einen Fischteich mit exotischen Goldfischen gibt, von
denen vielleicht zwei der größeren zwischen 40 und 50 Zentimeter lang sind. Aber von exotischen Haustieren lasse ich lieber die Finger, denn sie sind, um mit der blumigen Sprache von
Scientology zu reden, eine »PWÜ: eine potentielle Wurzel des
Übels«.

Mein lieber Schwan, Shredni Vashtar, das zahme Frettchen
des Hauses, ist aus seinem Käfig entwischt, das war eines seiner
leichtesten Übungen, und zerfetzte die Kehle eines Säuglings,
der in seinem Kinderwagen lag. Ich versuchte zu erklären, daß
Shredni einfach nur spielen wollte. Er führte nichts Böses im
Schilde. Doch die Mutter wurde zickig. Und Shredni konnte
erfolgreich entwischen und ward nie mehr gesehen. Und dann
kam der schreckliche Nachmittag, an dem Klein-Uttie verschwand.

Klein-Uttie, oder Ruthie, war ein schreckliches zweijähriges
Mädchen, das unter den Tischen herumkroch und den Erwach-
senen in Knöchel und Waden biß.

»Uttie? Hat jemand UTTIE gesehen?« Wir öffnen den Geräteschuppen, und da ist Quetzalcoatl, meine zahme Python und
windet sich um ihr aufgeblähtes Mittelteil. Und anhand der
Umrisse und der Größe kann man genau erkennen – daß in dieser Schwellung, um die sie sich windet und die auf ganz obszö-
ne Art wie eine Schwangerschaft aussieht, eindeutig Klein-Uttie
steckt.

Das Reptil hebt seinen Kopf und läßt einen müden Rülpser
los, der so stinkt wie die Pissoirs der Hölle. Ganz ruhig und sach-

lich versuche ich der trauernden Mutter zu erklären, daß ein Kind für eine Python logischerweise ein gefundenes Fressen ist. »Kleine Mutti.«

Diese Titulierung hatte allerdings nicht die besänftigende Wirkung, wie ich es mir erhofft hatte. Bar jeglicher Logik und jeden psychologischen Geschicks und einem erschreckenden Mangel an Bewußtsein den anderen Gästen gegenüber, fängt sie an zu schreien: »DU DRECKIGER MÖRDERISCHER SCHWANZLUTSCHER!«

Ich bedeutete meinem Fahrer, mir bei der Abwehr dieser Furie zu helfen. Ein peinlich berührter Hilfssheriff hatte inzwischen die Gefiederte Schlange im Hof erlegt, während mein Fahrer auf seinem Jagdhorn zum »Zapfenstreich« blies und ich anordnete, es solle Halbmast geflaggt werden. Die nagende Ungewißheit, inwieweit diese Trauerzeremonie für Quetzalcoatl oder Klein-Uttie abgehalten wurde, sorgte bei den Gästen für Verwirrung.

Dann entstand eine unangenehme Pause. Wer wird Klein-Uttie aus Quetzcalcoatl herausschneiden? Ich hatte diese Frage noch nicht ganz zu Ende formuliert, da hatte die Natur auch schon die grauenerregende Antwort parat: Mit einem ohrenbetäubenden furzenden Geräusch, begleitet von einem Gestank, der sich nicht in Worte fassen läßt, schiß Quetzalcoatl unter Todeskrämpfen halbverdaute Teile von Klein-Uttie aus.

Oder das Mal, als der Minidalmatiner der Gräfin ... hab ich da ein leises Wimmern gehört? Sie nannte ihn Hum.

»Hum!«

»HUM!«

Wieder im alten Geräteschuppen. Hum war ein fetter Köter. Die Gräfin attackierte den armen Quetzalcoatl mit ihrem Regenschirm, und Quetzi riß ihr mit seinen steilen nadelscharfen Zähnen einen Riesenfetzen aus dem Oberschenkel. Einen sei-

352

ner steckengebliebenen Zähne mußten wir ihr rausreißen, während ihr jugoslawischer Gigolo aufgeregt umherrannte und schrie: »Ihr Oberschurken! Ihr verdammtes Lumpenpack! Ihr verdammten Schlangen!« Affen sind genauso schlimm. Nach der Pubertät neigen sie zu Gewalttätigkeit. Sobald ein Schimpanse anfängt, sich mit Wichsvorlagen aufs Klo zu verziehen, dann lauft nicht, sondern rennt zur nächsten Telefonzelle und ruft den zuständigen Zoo an.

Wüstenfüchse? Sterne sprenkeln den Himmel »wie welkende Gardenien« – ein Zitat von William Faulkner aus einem Frühwerk über New Orleans. Ich habe eine geschmackvolle kleine Oase angelegt, mit einer Sanddüne, einem Teich und einer Palme. Ich bitte meine Gäste um Ruhe, da mein kleiner Wüstenfuchs wie ein scheuer Geist angeschlichen kommt. Sie sind in der Tat so scheu, daß sie sterben, wenn man sie nur berührt – das hat mir ein weiser alter Araber in einem Hotel in Biskra erzählt. Dort hatten sie im Hof zwei angekettete Fenneks, und als ich mich einem von ihnen näherte, rannte er in dummer blinder Panik ans Ende seiner Kette, und der alte Araber sagte: »Nicht anfassen, Mister, sonst sterben sie.«

Das könnte natürlich eine Menge Ärger auslösen, und ich habe selbstverständlich Schilder aufgestellt: *Finger weg von den Fenneks!*

Aber mir ist klar, daß früher oder später irgendein Kasper *nicht die Finger von meinen Fenneks lassen* wird.

»Schon passiert.«

»Also, Clem, du hast gestern Abend meinen Wüstenfuchs angefaßt, und das arme Tierchen ist durch den Kontakt mit einer Arschgeige wie dir krepiert.«

»Das hab ich nicht gewollt.«

»Konntest dich wohl einfach nicht beherrschen, stimmt's? Konntest deine abartigen geilen Wichsgriffel nicht von meinem *wunderschönen*, reinen, sensiblen und empfindlichen Fennek lassen, oder? Für Leute wie dich, die durch die Gegend schleichen und den *Fennek* eines unbescholtenen Bürgers anfassen, müßten in der Hölle Ehrenplätze eingerichtet werden!«

Mir kommen außer ein paar erlesenen Katzen keine anderen Tiere ins Haus. Ich bevorzuge die feinnervigen schwarzen siamesischen und äthiopischen Katzen, die so herrlich unheilsverkündend aussehen. Aber auf keinen Fall Wildkatzen. Mit denen habe ich in New Mexico schlechte Erfahrungen gemacht. Da ist mir dieser Ozelot auf den Schoß gesprungen, und immer wenn ich versucht habe, ihn herunterzuschubsen, fing er an zu knurren und vergrub seine Krallen in meine Oberschenkel. Ich zog meine .380 Beretta aus dem Innenholster und sagte zu meinem Gastgeber: »*Schaff mir dieses Tier vom Hals oder ich bring es um!*«

Ich biete meinen Gästen eine sichere Umgebung. Ich habe schon daran gedacht, mir im Hof ein paar Stinktiere zu halten, weil das Stinktier für mich, als Anhänger des freundlichen Umgangs, eines der angenehmsten Tiere überhaupt ist. Auch würde ich so einem niedlichen Stinktier nicht diesen entwürdigenden Akt der Drüsenentfernung zumuten. Wenn man ein Johnson ist, werden einen meine Stinktiere nicht bespritzen. Deshalb muß sich jeder dem Stinktiertest unterziehen. Wenn man von meinen Stinktieren bespritzt wird, fängt man auf der Stelle zu stinken an und wird vom Stinktierausschlag befallen. Ich hab da was, womit ich ungebetene Gäste heimlich besprühen kann. »Oh, Lydia Anne, wie schön, dich zu sehen«. Spritz, spritz, nämlich eine Substanz, die meine Stinktiere reizt. »Es tut mir wirklich leid, Lydia Anne, aber ich kann in meinem Haus keine *Stinkerin* dulden. Das wäre eine Zumutung den anderen Gästen gegenüber.«

Daraufhin verhängten wir einen Haustierfürsorgestopp. Es gab einfach zuviel Schwund. Ich persönlich begnüge mich mit zwei Siamkatzen, die in einer Tour jammern und schreien.

Hier in diesem abgelegenen Garten habe ich ein überaus luxuriöses Ambiente geschaffen. Draußen erklingt ein dezentes Potpourri aus Tierstimmen aus den Mikrofonen entlang der Gartenmauer. »Ist das nicht der wilde Truthahn, was ich da höre?«

»Aber sicher, ist er das, Senator. Ich sehe, Sie kennen sich mit Ihren Vögeln aus.« Außerdem habe ich für meine Gäste einen überdachten Schießstand, wo sie mit Luftpistolen schießen können. Verursacht kaum ein Geräusch. Sie dürfen die Goldfische füttern. Ich besitze zwei dieser gigantischen Art, die zwischen 40 und 50 Zentimeter lang sind, wertlose Luxusgeschöpfe, die in Japan von einem alten Meister der Goldfischkultur gezüchtet wurden.

Hierher lade ich bestimmte einflußreiche Leute ein. Würden Sie mir glauben, wenn ich Ihnen sage, daß mein Haus in Tallahassee weniger als 50 000 Dollar gekostet hat? Und wir haben sowohl echte als auch auf Tonband aufgenommene wilde Truthähne und außerdem einen lebendigen Bären, obwohl unser Heim nur 25 Minuten vom Zentrum von Tallahassee entfernt ist.

Als ich heute Morgen zu meinem Fischteich ging, mußte ich feststellen, daß an meiner über Nacht ausgeworfenen Angelschnur ein dicker, 20 Pfund schwerer Wels zappelte, der bösartig nach mir schnappte. Ich jagte ihm eine Kugel durch den Kopf und beschloß, daß ich diesen edlen Fisch zum Abendessen zubereiten würde. Ein ziemlich köstliches Gericht: Wels, Hafergrütze, Steckrüben und Bratapfel und zum Nachtisch Dattelpflaumenpastete.

Der Richter trifft als erster ein und wie immer schon halb betrunken. Das Abendessen ist ein voller Erfolg. Es ist sehr wichtig, die Gäste vor dem vierten Drink zum Essen zu bewegen. Also kommen wir nach dem Essen zur Sache, und der Richter mustert mich, die schmierigen violetten Adern auf seiner Nase und den Wangenknochen glühen unheilsschwanger, und seine grauen Augen taxieren mich abschätzig. »Also, ich denke, diese Denkrichtung wird sich als produktiv erweisen, *sehr* produktiv sogar.«

Ich habe mir außerdem Häuser in New Mexico und Lawrence, Kansas, angeschaut, aber bislang sind meine Häuser wie die glitzernden Städte der Geruchsfresser aus der tibetanischen Mythologie, die vom Regen weggewaschen werden.

Jean-Michel Basquiat, William Burroughs und Allen Ginsberg diskutieren über die Kommentierte Ausgabe von Das Geheul, *New York City, 1986. Foto: Victor Bockris*

DIE BESTE DINNERPARTY, DIE ICH JEMALS GAB, 1986

Am Samstag, dem 20. Dezember 1986, kamen William Burroughs und James Grauerholz zu einem Essen mit Debbie Harry, Chris Stein, Allen Ginsberg, Jean-Michel Basquiat, dem Besitzer des Mudd Club, Steve Mass, und Richard Hell zu mir nach Hause. Richard war gerade aus London zurückgekehrt, wo er der Boy-George-Heroin-Story nachgegangen war. Er sagte, daß viele Popstars heroinsüchtig würden, weil ihr Leben langweilig und stressig sei, und die Mentalität eines Popstars darauf ausgerichtet sei, das Leben bis an seine äußersten Grenzen auszureizen. Ich sagte, das sei der schrecklichste Lebensstil.

»Schrecklich?« fiel William mir ins Wort. »Das hängt ganz davon ab. Für mich wäre es schrecklich.«

»Für die meisten Leute wäre das schrecklich«, erwiderte ich.

»Ich würde nicht sagen, für die *meisten* Leute«, insistierte Bill, »einen so vagen und verschwommenen Begriff wie ›die meisten‹ würde ich niemals in den Mund nehmen. Aber ich würde sagen, daß wenn man jemand Beliebiges auf der Straße ansprechen würde, die sagen würden, daß sie gern Popstars wären, jedenfalls die meisten ...«

Bill und James waren direkt aus der Factory gekommen, wo sie mit Chris Stein eine Filmsequenz für *Andy Warhol's TV* aufgenommen hatten. James machte sich Sorgen, weil sie ein Stück Holz mit drei Kugeln darin als Geschenk für Andy dagelassen hatten, und er fragte sich, ob das nicht falsch interpretiert werden könnte.

»Ich schrieb einen Zettel, auf dem ich erklärte, daß dergleichen bei William eine lange künstlerische Tradition hat und keine Äußerung willkürlicher Gewalt ist«, sagte Chris. »Andy wird damit schon umgehen können.«

Wieder beim Thema Boy George angelangt, sagte William: »All diese Idole werden entlarvt, und das ist gut so, denn Idole sind absoluter Mist. Je schneller sie entlarvt werden desto besser. Das ganze Konzept von Idolen ist einfach furchtbar! Man muß schon sein eigenes Idol sein.«

Chris erzählte uns, daß er und Debbie die Subway benutzt hatten und niemand sie erkannte, weil: »Man ist so gründlich von allem abgeschnitten, daß man auf dramatische Art und Weise in sich gehen muß.« Ich erwähnte, daß Jean-Luc Godard William eingeladen hatte, eine kleine Rolle in seiner Verfilmung des *King Lear* zu übernehmen. Debbie erinnerte sich, daß Godard, als sie und Chris ihn getroffen hatten, um eine Neuverfilmung von *Alphaville* zu besprechen, vorgegeben hatte, kein Englisch zu können und durch einen Dolmetscher hatte fragen lassen: »Warum wollen Sie diesen Film machen? Sie sind ja verrückt.«

»Hat er nicht vor ein paar Jahren einen Autounfall gehabt?« fragte James. »Einen schlimmen Unfall, und ist er nicht beinahe ums Leben gekommen?«

»Doch«, sagte Debbie, »ich glaube schon. Aber man weiß schon gar nicht mehr, ob man den Zeitungen glauben darf. Die bauschen das alles zu solchen Sensationen auf. Er hätte sich den Finger brechen können, und schon hätte es geheißen: ›Sein Finger wurde aufgebahrt‹ oder so was Ähnliches.« Alle lachten.

Den ganzen Abend lang gab es niemals eine Pause in unserem abwechslungsreichen Gespräch, das sich um die Affäre zwischen Malcom McLaren und Barbara Hutton drehte, um Florence Nightingale, die Kunstszene, die Couch für Rollenverteilung und darum, was zu tun sei, wenn alles in die Brüche ginge, über die Irankrise und den Gehirntumor von CIA-Direktor Casey.

»Gottverdammichnochmal! Diese Behörde wird von einem absoluten Irren geleitet«, schrie William, dessen Onkel Ivy Lee (Hitlers Spezialist für Öffentlichkeitsarbeit in den Vereinigten Staaten) an einem Hirntumor gestorben war. »Vielleicht haben die Russen irgend so eine Art Strahl, die sie auf seine Gehirnfrequenz einstellen und ihm alle seine Geheimnisse rauslutschen! Zum Teufel nochmal, genau so kann es sich abgespielt haben! Er war der allerheikelste Mensch auf Erden, mit einem Tumor so groß wie ein Golfball. Und er wußte warum! Aber wie dem auch sei, welche Standpunkte vertrat er?«

»Er hatte die Ansichten eines Polizeiköters«, erwiderte Steve.

Jean-Michel verbrachte den größten Teil des Abends zusammengerollt auf einem s-förmigen Sofa, wo er still vor sich hin in einem Notizbuch zeichnete, das er zwischendurch immer wieder William reichte. Ich war verblüfft, William, der diesem Handwerk normalerweise nicht sehr aufgeschlossen gegenübersteht, zu sehen, wie er Jean-Michels Seiten mit kräftigem Strich seine eigenen zeichenhaften Gebilde hinzufügte. »Gestern hatte ich eine Ratte in der Wohnung«, ließ Jean sich mit dünnem Stimmchen vernehmen. »Ich habe so viele Ratten im Haus, manchmal denke ich dann, sie sind nicht da, aber dann tauchen sie doch wieder auf.«

»Ich weiß, wie das ist! Ich weiß, wie das ist!« stimmte Bill zu. »In meiner Wohnung in Tanger mußte ich immer wieder Ratten mit einem Stock totschlagen! Das ist fürchterlich! Die kreischen so! Au nein, mein Gott! Nie wieder im Leben will ich eine Ratte mit einem Stock totschlagen!«

»Ich habe eine Maus in meiner Wohnung«, flüsterte Allen, aber das schien niemanden zu beeindrucken.

»Eine ganze Zeit lang hatte ich keine Ratte mehr gesehen, und dann sah ich wieder eine, und es war ganz fürchterlich«, fuhr Jean-Michel fort. »Sie steckte ihren Kopf herein und knabberte an einem Berliner, also ging ich los und besorgte noch mehr Berliner und schmierte Rattengift dran und legte es unter dem Abfluß aus.«

Allen gab Jean-Michel ein Exemplar der Kommentierten Ausgabe von *Das Geheul*. »Was ist das?« fragte Debbie, voller Bewunderung für diesen schönen Bildband.

»Es ist sein größter Hit«, sagte Jean-Michel.

»Wie du siehst, ist Jean-Michel ein aufmerksamer Schüler«, sagte Allen.

Nachdem alle ein hervorragendes marokkanisches Gericht heruntergeschlungen hatten, das Steve Mass zubereitet hatte, kehrten die meisten von uns auf ihre Plätze um den Couchtisch zurück, und ich legte eine Platte auf. »Oh, Scheiße nochmal, wer ist'n dieser Typ, der da singt?« fragte Bill.

»Elvis Presley«, erwiderte Allen, und sofort stimmten beide in den Song mit ein. Leider hatten sich Richard Hell, Debbie Harry und Chris Stein bereits auf die Socken gemacht, sonst hätten wir eine ganz einzigartige neue Beataufnahme machen können. Schnell legte ich Debbies Hit »French Kissing in the USA« auf. Dann fügte Allen Jean-Michels und Bills Zeichnungen ein paar Striche hinzu, während Jean-Michel loslief, um einen Nachtisch zu besorgen. Ich fragte Bill, ob er einen Joint wollte, und er sagte: »Damit wäre ich völlig einverstanden. Ich rauche nämlich Joints.«

»Und das in deinem Alter?« wollte Allen wissen.

»Ja! Jawohl! Jawohl! Jawohl!« lachte Bill. »Aber euch junges Volk werde ich nicht dran ziehen lassen.«

»Junges Volk?« rief ein ungläubiger Allen. »Guckt ihn euch an: ein sechzigjähriger Hippie!«

»Och, mir macht das überhaupt nichts aus«, sagte Bill.

»Du wirst gleich überall Pickel bekommen!« gab Allen kurzangebunden zur Antwort.

Jean-Michel kehrte mit seinen Einkäufen zurück – einem riesigen Behälter mit Eiskrem, irgendwelchen Kremschnittchen und einer Schachtel mit Berlinern (!) –, stellte daraus einen leckeren Nachtisch zusammen, und wir beendeten unser Mal zu den Klängen von Lou Reeds bunt zusammengestoppelter Version seines großartigen Songs »Rock 'n' Roll« von der letzten Velvet-Underground-Platte.

WILLIAM BURROUGHS: COOL CATS, KUSCHELIGE KATZEN UND AUSSER-IRDISCHE, ABER KEIN SCHNURREN, LAWRENCE, KANSAS, 1991

BOCKRIS: Bist du in deinem Leben jemals ein ängstlicher Mensch gewesen?

BURROUGHS *[setzt sich mit einem Ruck gerade hin und blickt den Frager streng, beinahe pikiert über den Tisch hinweg an]*: Sag mal, hast du sie noch alle?

BOCKRIS: Nun – nein, eigentlich kann ich mir nicht vorstellen, daß du jemals ängstlich gewesen bist.

BURROUGHS: Wie die meisten Menschen lebe ich in einem Zustand ständiger Panik. Den meisten Menschen, die ihre Sinne einigermaßen beieinander haben, geht es so. Möglicherweise denken sie, daß es sich nicht so verhält, aber es ist trotzdem so. Im Grunde genommen werden wir unablässig bedroht. Die neunziger Jahre sind ein Jahrzehnt, das alles andere als komisch ist, ein ausgesprochen trostloses Jahrzehnt. Trostlos und voller Gefahren.

Wir sitzen um den Wohnzimmertisch in William Burroughs' Haus in Lawrence, Kansas – James Grauerholz, Bill Rich, der neue Assistent, Burroughs und ich. William arbeitet stets mit einer kleinen Gruppe zusammen. Grauerholz, der seit 1974 sein Sekretär gewesen ist, ist unterdessen ein unerschütterlicher Veteran so vieler Unternehmungen, daß man sie gar nicht mehr aufzählen kann; Rich ist jemand, der hier geboren ist. Katzen sitzen einem auf dem Schoß oder haben sich auf dem Fußboden ausgebreitet. Dies hier ist Williams Kokon und gleichzeitig sein Hauptquartier, von dem aus er seit 1982 eine Reihe von

Büchern und Bildern lancierte, die sein internationales Publikum, das er seit 1959, seit der Veröffentlichung von *Naked Lunch* in Erstaunen versetzte, weiterhin haben anwachsen lassen. In den achtziger Jahren hat Burroughs den Umfang seiner Aktivitäten beträchtlich erweitert. Eine erfolgreiche zweite Karriere als Maler hat zu zahlreichen internationalen Ausstellungen geführt. Kontakte zu anderen Künstlern führten zu Kollaborationen, wie beispielsweise mit Robert Wilson und Keith Haring. Anderen hat er Besuche abgestattet, so etwa Whitley Strieber. Am Vorabend unseres Tonbandgesprächs drückte William mir ein Exemplar von Striebers *Majestic* in die Hand. 1989 besuchte er den Autor und versuchte, mit jenen Außerirdischen in Kontakt zu treten, über die Strieber in seinen Büchern *Communion* und *Transformation* schrieb.

BOCKRIS: Wie hast du Whitley Strieber kennengelernt?

BURROUGHS: Das war einfach. Ich interessierte mich sehr für seine ersten Bücher und war überzeugt, daß sie authentisch waren. Ich hatte das Gefühl, daß er weder ein Betrüger noch ein Scharlatan war. Dann gab ich Bill – der ein sehr, sehr skeptischer Bursche ist – die Bücher zu lesen, und er sagte: »Nachdem ich sie gelesen habe, glaube ich jedes Wort.« Ich sagte, ich wäre überzeugt, daß es in den Büchern um ein Phänomen ginge. Daraufhin schrieb ich also einen Brief an Whitley Strieber und teilte ihm mit, daß ich gern einmal versuchen würde, Kontakte zu diesen Besuchern herzustellen. Seine Frau, Anne Strieber, schrieb mir zurück: »Nun, wir müssen uns vergewissern können – wir erhalten jede Menge Briefe von Spinnern –, daß Sie wirklich Sie sind.« Also schrieb ich einen weiteren Brief und versicherte: »Ich bin wirklich, wer ich bin.« Als sie mir dann antwortete, schrieb sie: »Nachdem wir uns besprochen haben, würden wir sie wirklich gern einladen, uns in unserer Hütte zu besuchen.« Also verbrachten wir dort ein gemeinsames Wochenende. Ich führte mit Strieber zahlreiche Gespräche über seine Erfahrungen und war einigermaßen überzeugt, daß er mir die Wahrheit sagte.

BOCKRIS: Wie sieht er aus?

BURROUGHS: Nun, er ist ziemlich groß, über 1 Meter 80, und von mittlerer Statur. Auffallend an ihm ist, daß dieser Teil seines Gesichts [von der Stirn bis hinab unter die Nasenspitze] etwas sehr Maskenähnliches hat.

BOCKRIS: Ist er eine eher ausgeglichene Erscheinung?

BURROUGHS: Nein, besonders ausgeglichen ist er überhaupt nicht, obwohl das auch nicht weiter beunruhigend ist. Erstens ist er ein Mensch mit einer ungeheuren Energie, und er ist immer mit irgendwas beschäftigt. Seitdem ich ihn besucht habe, hat er ein ganzes Buch geschrieben, *Billy*, was offenbar auch verfilmt werden soll. Er ist unentwegt an der Arbeit, immerzu beschäftigt, spaziert auf seinem Grundstück herum, ein sehr aktiver Mensch, klar im Kopf und ziemlich resolut. Er scheint ein sehr gastfreundlicher und sensibler Mensch zu sein. Ich kann nicht sagen, daß ich irgendwas gespürt hätte. Er erzählte mir, daß, wenn man es spürt, es sehr eindeutig und sehr physisch sei; nichts Verschwommenes, nicht wie bei Halluzinationen. Sie sind einfach da. Aber ich habe nichts dergleichen erlebt.

BOCKRIS *[wegwerfend]*: Unter derlei Umständen hättest du das auch nicht.

BURROUGHS: Wie? Was meinst du damit?

BOCKRIS: Du warst ein Besucher, der sich dort als Journalist aufhielt. *[Der Interviewer, den mehrere Tage als Journalist unterwegs ziemlich geschafft haben, beginnt zu kreischen.]* Du warst Teil der Presse!

JAMES GRAUERHOLZ *[beruhigend]*: Stimmt genau.

BOCKRIS: Du redest immerzu von der Presse. »Ich hasse die Presse!« Du *warst* die Presse!

364

BURROUGHS [*völlig ruhig*]: War ich nicht.

BOCKRIS [*spöttisch*]: Warst du doch. In der Situation warst du der *Journalist*, und diese Leute ließen sich nicht dazu herab, überhaupt mit dir zu sprechen.

BURROUGHS [*würdevoll*]: Ich bin niemals Journalist gewesen.

BOCKRIS: Ach, komm mir doch nicht so; du redest doch immerzu von der Presse, der Presse, der verdammten Presse.

BURROUGHS: Menschenskind, ich glaube, du bist verrückt!

BOCKRIS: Natürlich bin ich verrückt! Aber was ich sage, hat Hand und Fuß.

BURROUGHS: Nein, nein, nein.

BOCKRIS: Nein, aber William, entschuldige –

GRAUERHOLZ: William war ein Suchender; er hat zu genau hingeschaut.

BOCKRIS: Natürlich hat er das!

GRAUERHOLZ: Schau ein bißchen zu genau hin und du kannst es nicht finden.

BOCKRIS: Nein. Was ich mir vorstelle, ist, daß du ihn als Schriftsteller besucht hast; offensichtlich warst du ihm als Schriftsteller bekannt. Unter solchen Umständen erscheint es mir unwahrscheinlich, daß sich irgend etwas Großartiges ereignen würde.

GRAUERHOLZ: Es ist so, als würden sie beobachten, sie hocken in ihren Untertassen, sie ...

BOCKRIS: Genau. Wenn wir Whitley Striebers Bericht wirklich akzeptieren – und ich bin gewiß bereit, ihn zu akzeptieren –, warum, zum Teufel, sollten sie es dann so eilig haben und sich zeigen, nur weil ein Schriftsteller ein paar Tage zu Besuch da ist?

BURROUGHS: Aus vielerlei Gründen. Sie hätten allen Grund.

BOCKRIS: Was soll das heißen? [*Wiederum in spöttischem Ton.*] Mann, du glaubst doch wohl nicht im Ernst, daß die wüßten, wer du bist?

BURROUGHS: Ich glaube, daß ich einer der wichtigsten Menschen auf dieser ganzen verdammten Welt bin –

BOCKRIS [*fällt ihm ins Wort*]: Dem stimme ich zu –

BURROUGHS: – und wenn die auch nur über ein Fünkchen Grips verfügten, dann hätten sie sich offenbart.

BOCKRIS: Da stimme ich dir wieder zu.

BURROUGHS: Weiter sage ich ja gar nichts.

GRAUERHOLZ: Nun, Strieber gegenüber haben sie sich offenbart.

BOCKRIS: Meine Rede! Ich sage: Also! Wenn Person X auftritt, wirklich offen, und sagt: »Ich bin gekommen, um einen Kontakt herzustellen«, und er macht keinen Kontakt ... Denken wir doch mal drüber nach, was das bedeutet!

GRAUERHOLZ: Ich glaube, das bedeutet, daß der Swami Kopfschmerzen hat.

BOCKRIS: Nein, ich glaube nicht, daß es das bedeutet.

BURROUGHS: Nun mal sachte –

BOCKRIS: Das ist doch Scheiße, Mann, das ist eine Scheißantwort.

BURROUGHS: – immer mit der Ruhe, einen Moment bitte. Sei nicht so dumm und so öde. Es könnte eine ganze *Reihe* von Dingen bedeuten. Es könnte bedeuten, daß es für sie ungünstig war, runterzukommen und mich an dem bestimmten Tag auszuguk-ken. Es könnte bedeuten, daß sie mich zu einem späteren Zeitpunkt kontaktieren würden, oder es könnte bedeuten, daß sie mich als einen Feind betrachten.

BOCKRIS [*unterwürfig*]: Ich sehe eigentlich nicht, warum sie so vorgehen sollten.

BURROUGHS: Nun, warum denn nicht? Wir wissen nicht, wer sie sind. Wir haben keinerlei Möglichkeit herauszufinden, was ihre eigentlichen Absichten sind. Vielleicht empfinden sie meine Einmischung als störend ihren eigenen Absichten gegenüber. Und ihre Absichten könnten alles andere als freundlich sein. Ungefähr so wie die großen weißen Götter, die Spanier, die zu den Indianern Mittelamerikas kamen. Die Indianer sagten: »Da kommen sie«, und die Spanier schlugen ihnen die Hände ab. Also weiß man nie, welche Absichten sie hegen.

BOCKRIS: Ich hätte gedacht, daß Williams Absichten mehr oder weniger eindeutig waren. Ich hätte gedacht, daß jeder Außerirdische, der den Planeten besucht, Williams Besuch gegenüber offen wäre.

BURROUGHS: Nicht unbedingt. Du meinst, daß sie so denken wie wir, wie ich. Wir haben nicht die geringste Ahnung, wie sie denken könnten oder wie sie die Dinge sehen oder was sie wollen! Darauf haben wir keinen Hinweis. Einer der Außerirdischen in Striebers Buch sagte: »Wir recyceln Seelen.« Wir tapsen da mehr oder weniger im Dunkeln.

BOCKRIS: Nein, nun hör aber mal zu, du brauchst mich nicht zu überzeugen. Ich bin völlig –

BURROUGHS *[ruhig]*: Okay.

BOCKRIS *[hebt die Stimme]*: Aber –

BURROUGHS *[spricht leise und deutlich in der ruhigen, geduldigen, aber bestimmten Art eines Arztes]*: Nun beruhige dich erst mal, beruhige dich. Du echauffierst dich viel zu sehr und wirst viel zu laut. Ich finde, du solltest dich erst einmal beruhigen und das alles nicht zu ernst nehmen. Dieses ganze Thema macht dir viel zuviel zu schaffen und nimmt dich viel zu sehr mit. Also beruhige dich erst mal und sprich ganz ruhig, du wirst –

BOCKRIS: Diese ganze Invasionsgeschichte regt mich einfach auf, weil ich das deutliche Gefühl habe, selber das Opfer einer Invasion zu sein.

BURROUGHS: Wem geht das nicht so? Du bist nicht mehr Opfer einer Invasion als jeder andere auch. Wenn ich mal in mich gehe, begegne ich an einem gewissen Punkt einer sehr feindseligen, äußerst starken Kraft. Das ist dann so konkret wie jemand, der mich in einer Bar angreift. Normalerweise kommt es zu einem

Unentschieden, aber ich habe nicht unbedingt das Gefühl, zu gewinnen oder zu verlieren.

Deshalb habe ich dir gesagt, du sollst dich *beruhigen*, weil ich weiß, daß du Probleme hast. Und nun, hör mir mal gut zu, *[flüstert]* sei ganz ruhig. Nur her damit *[zuckt die Achseln]*, ich bin der alte Doktor. Schließlich bin ich ... Hör zu, mein Junge, ich habe mich damit so viele Jahre rumgeschlagen. Ich weiß, daß diese Invasion stattfinden wird. Sobald einem etwas Wichtiges bevorsteht, genau dann spürt man diese Invasion, und das sagt einem dann auch, daß da etwas ist. Ich selbst habe mich in die Enge getrieben und genötigt gefühlt, loszugehen und etwas zu tun, was mir aber bloß Beleidigungen oder Demütigung einbrachte. Ich hatte keine Kontrolle mehr. Und dann der eigentliche Traum, den ich träumte, ich sah meinen Körper aus einem Zimmer hinausspazieren – es war in Chicago – mit gebeugtem Rükken zu einem tödlichen Botengang, und ich befinde mich, mich irgendwie auflösend, unter der Zimmerdecke und habe keinerlei Macht über mich. Das ist die äußerste Form von Besessenheit. Das kommt ständig vor. Das einzige, was zu tun bleibt, ist, sich der Besessenheit hinzugeben. Aber dazu ist man nur in der Lage, wenn man Wörter ausgelöscht hat. Argumentieren nützt da gar nichts. Man sagt einfach nicht: »Oh, ähm, ich ... Das ist unfair! Blah, blah, blah.« Man stellt sich der Invasion. Wenn man sich selbst fest unter Kontrolle hat, wird das –

GRAUERHOLZ: Man gesteht es sich ein, man läßt es zu, daß es einen herausfordert, auf daß man die Herausforderung zurückweist. Man muß es sich eingestehen. Solange es bewirkt, daß man zappelt und um sich schlägt, um es sich vom Leib zu halten, solange stellt man sich ihm nicht.

BURROUGHS: Das Letzte, was die Instanz, die die Invasion betreibt, bezwecken will, ist, einen direkt zu konfrontieren, weil das das Ende wäre. Aber Invasionen dieser Art sind die Basis der Angst;

es gibt keine Angst wie die vor einer Heimsuchung. Also, du hast beispielsweise einen Schutzengel, der dir sagt, was du tun oder lassen sollst: »Tu dieses nicht, tu jenes nicht.« Es gibt nichts Schlimmeres als die Umkehrung eines Schutzengels, den du in dir hast und der dir immer nur zu den schlimmsten Dingen rät und dich natürlich in die schlimmsten Situationen hineinmanövriert.

BOCKRIS: Die einzige Möglichkeit, die ich kenne, um so was abzuwehren, ist, »Nein, nein, nein, nein« zu sagen.

BURROUGHS: »Nein, nein, nein«*[lacht]* funktioniert nicht. Du mußt es durch dich hindurchgehen lassen. Das ist schwierig, sehr schwierig, aber ich sage dir: Du löst dich davon und läßt zu, daß es durch dich hindurchgeht, daß es hindurchgeht, statt daß du es aufzuhalten versuchst, was dir nicht gelingen wird. Jeder muß das für sich selbst erledigen, wenn er kann, aber nur wenige können es. Gut, und das ist die ganze liberale Position: Also, da gibt es welche, die sind besessen, aber ihr Intellekt ist nicht besessen, und so können sie sich dem entgegenstemmen, was da in ihnen ist und von dem sie besessen sind; sie können sich dem intellektuell entgegenstemmen. Aber das wird mit dem noch nicht auf der ganzen, sagen wir mal, psychologischen und schließlich auf der molekularen Ebene fertig. Man kann sich nicht einer Sache intellektuell entgegenstemmen, das einen emotional überwältigt hat. Die Befehlskette, oder die Abfolge von Handlungen, steigt aus den inneren Organen bis zum Hinterhirn auf und schließlich bis zum Vorderhirn. Aber das Vorderhirn kann das nicht umkehren und dem Hinterhirn und den inneren Organen Befehle erteilen; das funktioniert einfach nicht. »Reiß dich zusammen!«, *[lacht]* heißt es immer. Aber, das kann man nicht. Je mehr man versucht, sich zusammenzureißen, desto mehr geht's mit dir auseinander. Du mußt lernen, die Sache durch dich hindurchzulassen. Ich bin ein Mann von Welt, ich kenne mich in so was aus.

Das geht uns allen so. Was zu tun bleibt, ist, sie zu begreifen oder sie als das zu sehen, was sie sind, das ist alles. Denk also nicht, daß du damit alleine bist, das bist du nicht. Marihuana ist *sehr* hilfreich, sich dem zu stellen und zuzulassen, sich selbst zu lösen. Deshalb wird auch so massiv dagegen vorgegangen. Es gab da mal eine Stadt in Georgia, wo irgendwelche Leute Yogasitzungen abhielten, und die Stadt hielt sie davon ab. Es wurde einfach gesagt: »Nun, wenn ihr eueren Verstand entspannt, dann wird sich der Teufel Zugang verschaffen!« Mein Gott, daß der Herr dort Zugang finden könnte, das kam ihnen nicht in den Sinn. Oh, nein, der Teufel kommt rein! Wenn du deinem Verstand eine Minute Entspannung gewährst, schon kommt der Teufel an! *[Spricht zu einer seiner Katzen, die soeben ins Zimmer gesprungen kam]*: »Wie bist du denn hier hereingekommen, du kleines Biest?«*[und an mich gewandt]*: Das ist Spooner. – In diesem Land hat es einen ganz massiven Rechtsruck gegeben! Nun gut, die Rechten marschieren nicht auf der Straße, aber sie marschieren. Und sie haben den, ähm, Liberalen, oder wie immer sie genannt werden, den Marsch abspenstig gemacht. Ich hasse diese Bezeichnung, »Liberale«. Das klingt so vage. Ich denke einfach, daß Liberale, nun, Johnsons sind – vernünftige Leute, die über ein gewisses Maß an Mäßigung und gesundem Menschenverstand verfügen und sich nicht in einem Zustand hysterischer, selbstgerechter Wut befinden.

BOCKRIS: Glaubst du, daß du möglicherweise Dinge getan hast, die deinem System einen Schock versetzt und dich selbst in ein bestimmtes Licht gerückt haben und dich veranlaßten, kreativ zu sein?

BURROUGHS: Ja, natürlich. Ich glaube, das ist – ich wage das mal zu behaupten – ein universelles Phänomen, das auf jeden Kreativen zutrifft. Kreativität rührt aus einer Serie von Schocks her, bei denen man gezwungen ist, sich selbst zu betrachten. Das ist eigentlich alles. Das Innerste ist nach außen gekehrt und umgekehrt, aber man selbst macht diese Aspekte seiner selbst in der Malerei, im Schreiben, Filmemachen oder was immer verfügbar. Aber das resultiert aus einer Reihe dieser Schocks, wenn man sich selbst dabei ertappt, daß man etwas ganz Schreckliches tut.

BOCKRIS: Aber sooft im Leben tut man ja nun auch wieder nicht wirklich Schreckliches.

BURROUGHS: Oh, doch; das tut man immerzu. Jeder tut das. Und wenn es nur in Gedanken geschieht. Man muß nicht Millionen Menschen massakrieren oder Nervengas einsetzen. Aber wieviele Leute in Saddams Land würden das und noch viel Schlimmeres tun, wenn ihnen dazu Gelegenheit geboten würde? Wo immer solche Leute sind, begehen sie ihre kleinen Missetaten. Ihr eigenes Verhalten kritisieren sie nicht, weil sie völlig besessen sind von ihren persönlichen, von Haß geprägten Gefühlen. Wenn man sich ertappt, daß man wie diese Leute handelt, dann ist man gezwungen, sich in allen Punkten selbst zu prüfen. Eine solche Prüfung und Erkenntnis sind ein integraler Bestandteil des gesamten kreativen Prozesses.

BOCKRIS: Ist auch Angst Teil dieses Prozesses?

BURROUGHS: Natürlich. Angst ist ein integraler Bestandteil des Prozesses, weil Besessenheit die extremste Form von Angst darstellt. Wenn du merkst, daß du besessen bist, etwas zu tun, das du mit dem größten Entsetzen oder Abscheu oder Ekel betrachtest, dann ist das die Grundangst. Worauf es hinausläuft, ist eine Frage des Muts.

BOCKRIS: Des Muts, man selbst zu sein, zu tun, was man im Begriff ist zu tun?

BURROUGHS: Ja, der Mut, diese Ängste abzulehnen.

BOCKRIS: Ist das ein vom Bewußtsein dominierter Kampf gegen die Besessenheit?

BURROUGHS: Um Himmels willen, nein! Der Verstand ist eine deiner kläglichsten Waffen. Du mußt, was immer du an Kräften hast, aufbieten, und zwar nicht nur hier *[zeigt auf seinen Kopf]*, sondern in deinem gesamten Organismus. Sieh es in seinem gesamten psychischen Potential. Wir haben 14 Seelen, wie die Ägypter sagen.

BOCKRIS: Glaubst du, daß du durch das Zusammenleben mit deinen Katzen viel gelernt hast? [Zu den wesentlichsten Veränderungen in Williams Leben, seit er nach Kansas umgezogen ist, gehören seine Beziehungen zu Katzen, von denen in den letzten Jahren stets fünf oder sechs um ihn sind.]

BURROUGHS: Oh ja, und wie! Ich habe unermeßlich viel gelernt. Ich habe Mitgefühl gelernt. Ich erinnere mich, wie Ruski, als ich draußen in dem Steinhaus wohnte, eines der Kätzchen attakkierte. Ich versetzte ihm einen leichten Klaps, und er verschwand. Er war so verletzt. Und ich wußte, wo er war. Ich ging zur Scheune hinaus und fand ihn dort schmollend und nahm ihn hoch und trug ihn zurück. Einfach nur ein ganz leichter Klaps. Dies war sein Mensch; sein Mensch hatte ihn enttäuscht. Oh ja, ich habe von meinen Katzen gelernt. Sie spiegeln einen auf eine sehr tiefgreifende Art und Weise wider. Sie eröffneten in mir eine ganze Welt von Mitgefühl. Ich erinnere mich, wie ich mal in meinem Bett lag und weinte und weinte bei dem Gedanken, daß ein nukleares Desaster sie vernichten könnte. Ich sah Leute vor mir, die vorüberfuhren und riefen: »Töten Sie ihre Hunde und Katzen.« Ich verbrachte Stunden damit, einfach nur zu weinen. Oh mein Gott. Dann gibt es das ständige Gefühl, daß es zwischen mir und meinen Katzen eine irgendwie geartete Beziehung geben und daß ich sie verpaßt haben könnte. Einiges davon hat in *The Cat Inside* Eingang gefunden [eine damals noch limitierte Buch-Edition mit Tuschezeichnungen von Brion Gysin]. Einiges ist so extrem, daß ich es nicht einmal aufzuschreiben vermochte. Die Leute halten mich für kalt – irgendeine Frau schrieb mal, daß ich mir keinerlei Gefühle zugestehen könne. Mein Gott. Ich bin so emotional, daß ich die Intensität meiner Gefühle manchmal gar nicht aushalten kann. Oh mein Gott. Dann werde ich gefragt, ob ich jemals weine? Und ich gebe zur Antwort: »Letztes Mal wahrscheinlich vor zwei Tagen.« Ich bin sehr anfällig für heftige Weinkrämpfe, und das aus gutem Grund.

BOCKRIS: Hast du irgendwelche Erinnerungen oder Gedanken an Jean Genet? [Genet gehörte zu den wenigen Schriftstellern, für den Burroughs eine gewisse Sympathie hegte.] Wußtest du zum Beispiel, daß Genet während seiner letzten sechs Jahre an einem großartigen Buch, an *Ein verliebter Gefangener* schrieb? Er vertrieb sich seine Zeit mit jungen Soldaten in Syrien und Jordanien.

BURROUGHS: Nein, davon wußte ich nichts; das hört sich faszinierend an. Das letzte Mal, das ich ihn sah, war 1968 in Chicago. Aber Brion sah ihn danach noch; er war in Tanger, und sie hatten eine ganz besondere Begegnung. Aber von seiner Liebe zu syrischen Soldaten wußte ich nichts. Erzähl doch mal.

BOCKRIS: Nun, ich werde dafür sorgen, daß du das Buch zugeschickt bekommst. Es ist eine wunderschöne Meditation über die Not des jungen Soldaten.

BURROUGHS: Wie ich diesen Mann bewundere, daß er fähig ist, ein beinahe jugendliches Interesse aufrechtzuerhalten. Das ist wirklich großartig. [William steht auf und geht aus dem Zimmer. Als er ein paar Minuten später wieder reinkommt, strahlt er und schwebt förmlich durch den Raum.] Gerade eben hatte ich ein so starkes Gefühl, Genet käme herein, als ich zum Pinkeln auf die Toilette ging. *Genet, Genet, Genet.* Oh mein Gott, es war überwältigend!

BOCKRIS: Wie, er war auf dem Klo?

373

BURROUGHS: Nein, *in mir drinnen.* Er lief nicht einfach nur so herum – er war *in mir. Genet, Genet, Genet. Oh!*

GRAUERHOLZ: Ich werde geboren. »Genet« auf Französisch heißt, »ich werde geboren«.

BURROUGHS: Das stimmt, aber gerade eben hatte ich ein solch überwältigendes Gefühl seiner spirituellen Anwesenheit. Wow!

GRAUERHOLZ: William, wenn Genet heute Abend in dich gefahren ist, dürfen wir ihm dann ein paar Fragen stellen?

BURROUGHS *[förmlich]*: Aber, natürlich. Fangt einfach mal an.

GRAUERHOLZ: Monsieur Genet, was bedeutet dieser Satz: »Es gab mich, und es gab die französische Sprache. Ich füge das eine ins andere und ...«

BURROUGHS *[als Genet]*: »*C'est fini.* Das war alles, das zu tun ich befähigt war. Ich konnte mich nehmen und mich in die französische Sprache einfügen. Es ist die einzige Sprache, in die ich mich einfügen konnte, genauso wie ich auch nur ein französischer Dieb sein konnte. Und nachdem ich das getan hatte, hatte ich alles getan, was ich vermochte.« *[Kehrt zu sich selbst zurück.]* Er starb in einem Hotel. Er lebte stets in einer Art anonymen ...

BOCKRIS: Hast du ein gutes Gedächtnis?

BURROUGHS: Ja, ich habe ein beinahe fotografisches Gedächtnis.

BOCKRIS: Selbst wenn du 50 Jahre zurückdenkst, hast du lebhafte Erinnerungen an bestimmte Ereignisse?

BURROUGHS: Moment mal, das stimmt so nun auch wieder nicht. An bestimmte Dinge erinnere ich mich ganz deutlich, und an andere erinnere ich mich überhaupt nicht. Mein Gedächtnis für etwas, das Jahre zurückliegt, ist viel besser als mein Kurzzeitgedächtnis. Meine erste bewußte Erinnerung ist diese: Ich komme die Treppe runter, und da war ein Spiegel, und ich war drei Jahre alt, und ich sagte zu dem Spiegel: »Drei, drei«. Es gab da noch eine andere, ich weiß nicht, ob das früher oder später

374

war, da trank ich Whistle, diese Orangenlimonade, hinter dem Haus, und es war sehr heiß. Ich erinnere mich an den Geschmack von Whistle. Ich kann die Whistleflasche vor mir sehen.

GRAUERHOLZ: Würde ich dir heute eine Flasche Whistle besorgen, dann könntest du also, wie Proust, eine richtige Rückblende haben.

BURROUGHS: Das bezweifle ich. Es war einfach ... es wäre nicht dasselbe Whistle. *[Mit halbgeschlossenen Augen und einem ruhigen Gesichtsausdruck sieht William aus, als würde er etwas weit in der Ferne Liegendes, schwach Beleuchtetes erblicken. Er summt:]* Whistle, Whistle, Whistle, Whistle. Yes.

DIE PERSONEN IM BUCH

DON BACHARDY ist bildender Künstler, der unter anderem Porträts und Zeichnungen von Burroughs und James Grauerholz anfertigte. Er hat viele Jahre in Los Angeles mit Christopher Isherwood zusammengelebt.

PETER BEARD ist Anthropologe und Fotograf. Er hat mehrere Dokumentarfilme und Bücher über Afrika produziert, insbesondere *The End of the Game*. Er war mit Burroughs in dessen Londoner und New Yorker Jahren bekannt.

VICTOR BOCKRIS ist Schriftsteller und Fotograf. Er hat Porträts und Biografien zahlloser führender Persönlichkeiten aus den Bereichen Sport, Kunst, Musik und Literatur verfaßt. Gegenwärtig arbeitet er an Büchern über Patti Smith und John Cale. Bockris lebt und arbeitet in New York.

BOCKRIS-WYLIE war ein Interviewteam, das diesen Namen in den Jahren 1973 bis 1975 benutzte und 1974 beim ersten Burroughs-Interview als solches auftrat. – Andrew Wylie ist mittlerweile einer der erfolgreichsten Literaturagenten der Welt.

UDO BREGER ist Übersetzer und Publizist; veröffentlichte als Expanded Media Editions-Verleger in den siebziger Jahren die englisch-sprachige Zeitschrift *Soft Need*.

ANDREAS BROWN ist Inhaber von The Gotham Book Mart in New York City und war ein Freund von Burroughs.

RAYMOND FOYE war Interviewer für *Search & Destroy* (San Francisco); als er Burroughs interviewte, arbeitete Foye unter dem Pseudonym Ray Rumor. Er hat mit City Lights-Verleger Lawrence Ferlinghetti an zahlreichen Buchprojekten zusammengearbeitet und lebt und arbeitet unter anderem als Archivar und Chronist in New York City und Woodstock im Staat New York.

PAUL GETTY JR. [der berühmte einohrige Enkel des verstorbenen Ölmagnaten] ist Burroughs in London, New York und Los Angeles begegnet. William war ihm sehr zugetan und sprach von ihm stets als »Jung-Paul«.

ALLEN GINSBERG war der berühmteste Dichter der Welt. Seine Freundschaft mit Burroughs ist für letzteren, beruflich wie privat, vielfach ausschlaggebend gewesen.

JOHN GIORNO ist Dichter, praktizierender Buddhist und Gründer des Labels Giorno Poetry Systems, das zahlreiche Platten mit amerikanischen und internationalen Dichtern und Schriftstellern veröffentlichte. Soeben (Frühjahr 1998) ist die 4-CD-Box *The Best of William S. Burroughs* erschienen. Giorno und Burroughs bewohnten ein und dasselbe Gebäude an der New Yorker Bowery; nachdem Burroughs nach Kansas umzog, übernahm Giorno den legendären »Bunker«. Überdies hat sich Giorno über nahezu ein Jahrzehnt als Seele des AIDS Treatment Program einen Namen gemacht.

MAURICE GIRODIAS war der französische Verleger, der in den fünfziger Jahren in Paris The Olympia Press betrieb, in der Nabokovs *Lolita*, Southerns *Candy*, Burroughs' *Naked Lunch* und Becketts *Murphy* erstmals veröffentlicht wurden. Girodias verstarb, nach erfolgreicher Veröffentlichung seiner Autobiographie, in den frühen neunziger Jahren in Paris.

JEFF GOLDBERG ist Wissenschaftsautor.

JAMES GRAUERHOLZ war Burroughs' langjähriger Assistent und ist weiterhin der Direktor der William Burroughs Communications und des Estate of William Burroughs. Er stammt aus Coffeyville, Kansas, und korrespondierte bereits als Schüler mit Ginsberg und Burroughs. Als Burroughs 1974 nach New York zurückkehrte, begab es sich, daß auch Grauerholz dort eintraf und, eingeführt von Ginsberg, Burroughs' Bekanntschaft machte. Im Anschluß an die von ihm, Giorno und Lotringer organisierte Nova Convention (Spätherbst 1978), kehrte Grauerholz nach Kansas zurück, wo er sich in dem Universitätsstädtchen Lawrence niederließ. Burroughs folgte ihm 1982.

DEBORAH HARRY ist Popsängerin, Songschreiberin und Schauspielerin. Sie ist Leadsängerin bei Blondie und The Jazz Passengers.

RICHARD HELL ist Songwriter, Sänger, Dichter und Filmschauspieler, dessen Klassiker »Blank Generation« die Nationalhymne der US-amerikanischen Punk-Rock-Szene war. Vor wenigen Jahren veröffentlichte er seinen ersten Roman, *Go Now*.

CHRISTOPHER ISHERWOOD war Romancier, dessen Berlin-Porträts ihm in den dreißiger Jahren Ruhm einbrachten. Am Vorabend des Zweiten Weltkriegs emigrierte er in die Vereinigten Staaten und lebte fortan in Los Angeles. In den siebziger Jahren machte er sich für das Gay Rights Movement stark und verhalf östlichen Religionen zu mehr Verständnis, indem er

Bücher über Ramakrischna und seinen eigenen Guru schrieb.
Er starb in den achtziger Jahren.

FRED JORDAN war zwei Jahrzehnte lang Herausgeber bei Grove Press, New York. Auch kümmerte er sich um herausgeberische Belange des *Evergreen Review* und ist weiterhin im Verlagsgeschäft tätig.

ANDRÉ LEON-TALLEY lebt als Mitarbeiter von Condé Nast in Paris und ist führender Trendsetter.

SYLVÈRE LOTRINGER ist Professor für französische Literatur an der Columbia University und Herausgeber der Zeitschrift *Semiotexte*. Er war treibende Kraft der Nova Convention.

GERALD MALANGA ist Dichter und Fotograf. Er hat zahlreiche Bücher veröffentlicht, rund um die Welt Fotos ausgestellt und in der Anfangszeit von Andy Warhols Factory und der Gruppe Velvet Underground eine maßgebende Rolle gespielt. Malanga lebt und arbeitet in New York City.

LEGS MCNEIL ist einer der führenden Autoren der New Yorker New Wave Scene. Gemeinsam mit John Holmstrom rief er das *Punk Magazine* ins Leben und tat sich als Gründer und Manager der Gruppe Shrapnel hervor. 1996 erschien sein erstes Buch, *Please Kill Me*, das weithin Anerkennung fand.

STEWART MEYER ist Schriftsteller und war regelmäßiger Gast an Burroughs' Bunker-Tafel. Sein Roman *The Lotus Crew* zählt zu den interessanteren Veröffentlichungen des New Yorker Underground.

MILES [oder Barry Miles, der stets nur beim Familiennamen gerufen wird] ist Pophistoriker, Archivar und Zeitschriftenherausgeber. In seinem Londoner Buchladen Indica Books lernten sich John Lennon und Yoko Ono kennen. Er verfaßte Biographien über Ginsberg und Burroughs und lebt in London und Südfrankreich.

GLENN O'BRIEN ist einer der erfolgreichsten New Yorker Schriftsteller, Musikjournalisten und Werbetexter, der im Umfeld von Calvin Klein, Island Records, Tom Forcade und Andy Warhol tätig ist.

PETER ORLOVSKY ist Dichter und war jahrzehntelanger Lebensgefährte von Allen Ginsberg.

LOU REED gilt als der William Burroughs des Rock and Roll.

MARCIA RESNICK ist eine der führenden Fotografinnen der New Yorker Szene. In den siebziger Jahren machte sie mit ihrem Buch *Re-Visions* auf sich aufmerksam, ihr zweites Buchprojekt, *Bad Boys*, wird seit Jahren mit Ungeduld erwartet.

NICHOLAS ROEG ist ein in Australien geborener, in England lebender und arbeitender Filmemacher. Zu seinen größten Erfolgen zählen *Performance* (mit Mick Jagger), *Walkabout*, *Wenn die Gondeln Trauer tragen*, *Der Mann, der vom Himmel fiel* (mit David Bowie) und viele andere mehr.

PATTI SMITH war die Rocksängerin der siebziger Jahre, eine der wenigen Musikerinnen, für deren Arbeit sich Burroughs erwärmen konnte. So war es nur folgerichtig, daß sie 1978 an der Nova Convention teilnahm. Nach gut 15 Jahren Abstinenz vom Showgeschäft ist sie kürzlich mit dem Album *Gone Again* und ihrem Buch *The Coral Sea* wieder auf der Bildfläche erschienen.

SUSAN SONTAG ist Autorin mehrerer Romane, darunter *The Benefactor* und *Death Kit*. Als Drehbuchautorin und Regisseurin zeichnet sie für bislang drei Filme verantwortlich: *Duet for Cannibals* (1969), *Zwillinge* (1971) und *Promised Lands* (1974).

TERRY SOUTHERN war derjenige unter den Romanautoren der Vereinigten Staaten, dem es in den sechziger Jahren gelang, durchzusetzen, daß über Sex in der Literatur wieder gelacht werden durfte. Ein herausragender Mann, was Wissen und künstlerische Fähigkeiten betraf, schrieb er unter anderem das Drehbuch zu »Dr. Strangelove oder wie ich lernte, die Bombe zu lieben«. Southern und Burroughs waren über Jahrzehnte hinweg befreundet und hätten ein vorzügliches Varieté-Team abgegeben; die beiden gemeinsam erleben zu dürfen, war ein ganz besonderer Vorzug.

CHRIS STEIN ist Gitarrist und Motor der Rockband seiner Freundin Blondie – oder Deborah Harry. Er wirkte in *Glenn O'Brien's TV Party* mit, produzierte die Gruppe The Lounge Lizards und Walter Stedding. Seine Fotografien erschienen unter anderem in *Making Tracks: The Rise of Blondie*.

ANNE WALDMAN ist eine der herausragenden und gleichzeitig jüngsten Dichterinnen der ursprünglichen Beatgeneration und Mitarbeiterin am Naropa Institute in Boulder, Colorado. Ihre Poetry performances gehören zum Feinsten, was die literarische Szene zwischen San Francisco und New York, Frankfurt am Main und Wien zu bieten hat.

ANDY WARHOL war der größte und berühmteste bildende Künstler in Amerika nach dem Zweiten Weltkrieg.

CARL WEISSNER ist seit den frühen siebziger Jahren einer der führenden Übersetzer US-amerikanischer Undergroundliteratur und hat sich insbesondere als »deutsche Stimme« von William S. Burroughs einen unvergeßlichen Namen gemacht.

TENNESSEE WILLIAMS war Bühnenschriftsteller, den mit Burroughs eine enge Freundschaft verband, seit sie sich im Tanger der fünfziger Jahre erstmals begegnet waren.

DANK

Unter den vielen hilfreichen Seelen, die am Zustandekommen des vorliegenden Buches beteiligt waren, gilt mein ganz besonderer Dank James Grauerholz, der das Projekt von Anfang an tatkräftig unterstützte; des weiteren Terry Southern für unschätzbare Ratschläge und Tips sowie der *éminence grise* – dem großartigen, groovy und vielgeliebten William Seward Burroughs.

Dank gebührt auch dem National Endowment of The Arts, das mich 1978 mit einem Stipendium unterstützte; dem verstorbenen Tom Forcade, ehemaligem Gründer und Besitzer von *High Times*, dessen großzügige Unterstützung es mir ermöglichte, Burroughs zu den verschiedensten Anlässen nach Colorado, Los Angeles, Berlin und London zu begleiten, und *Andy Warhol's Interview*, das mir bei der Konzeption meines Buches auf die Sprünge half und frühe Teile daraus gesondert veröffentlichte. Dank geht insbesondere an die Herausgeber, an Bob Colacello und Robert Hayes. Was die endgültige Manuskriptfassung angeht, bin ich Jeannette Seaver und Jim Fitzgerald in ganz besonderer Weise zu Dank verpflichtet.

REGISTER

A., Carl 305
Ah Pook Is Here
  (Burroughs) 312
Ali, Muhammad 26, 331
Angel in the Alcove, The
  (Williams) 181
Anslinger, Harry 44, 185
Apocalypse Now (Film) 299
Asher, Peter 130
Asimow, Isaak 332
Auden, Elsa Mann 87
Autobiography of a Wolf,
  The (Burroughs) 19, 26

Bacall, Lauren 204
Bachardy, Don 153
Balch, Anthony 126, 133 f.,
  336
Ballard, J. G. 139
Bangs, Lester 14
Barnes, Djuna 89
Barris, Chuck 196, 198
Basquiat, Jean-Michel 13 ff.,
  356 f., 359 ff.
Baudelaire, Charles 23, 52,
  168 f., 302
Baum, Timothy 253 ff.
Beach, Mary 88, 230
Beard, Peter 48, 175, 179 f.,
  216, 234 f., 376
Beatles, Die 129
Beautiful and the Damned,
  The (Fitzgerald) 195
Beauvoir, Simone de 51
Beckett, Samuel 33, 51, 213,
  241 f., 363, 320-329, 342

Bellow, Saul 210
Benedict, Ruth 266
Dorian Gray, Das Bildnis
  des (Wilde) 23
Billy (Strieber) 364
Biologische Zeitbombe, Die
  (Taylor) 176
Birthday Book on Bill
  (Bockris) 242
Black, Jack 24
Bowie, David 14, 347 ff.
Bowie, Colonel James 348
Bowles, Jane 89, 99
Bowles, Paul 117, 181, 183,
  305
Bradbury, Ray 332
Brando, Marlon 299
Breger, Udo 244, 310, 313
Breschnew, Leonid 82, 268
»Brian Jones Presents The
  Pipes Of Pan At Jajouka«
  (LP) 334
Brighton Rock (Greene) 46
Brookner, Howard 11, 160,
  244
Brown, Andreas 138
Brown, Jerry 205
Bryant, Anita 279
Bucher, François 350
»Bugger the Queen«
  (Burroughs) 9
»Bunker-Mafia« 10, 11
Burgess, Anthony 132
Burroughs (Dokumentar-
  film) 12, 160
Burroughs, Ilse 87

385

Burroughs, Mortimer
(Burroughs' Vater) 19, 22
Burroughs, Laura Lee
(Mutter) 19
Burroughs, Mortimer, jr.
(Bruder) 19 f., 22
Burroughs, William jr.
(Sohn) 219

Calder, John 67, 315, 318,
322, 326
Carr, Lucien 311
Carter, Jimmy 268
Carter, Rubin Hurricane 77
Cartwright, Louis 311
Cassady, Carolyn 199, 201,
204
Cassady, Neal 199 ff., 204
»Cassandra« (Robinson) 263
Cat Inside, The
(Burroughs) 372
Chomeini, Ayatollah 269,
273
Céline, Louis-Ferdinand
50 ff.
Céline 50 f
Chappaqua (Film) 40
City of Night (Rechy) 55
Clash, The 347
Cocteau, Jean 50, 103, 182
Colacello, Bob 13
Coleridge, Samual
Taylor 182
Colette 89
Communion (Strieber) 363
Connell, A. J. 106
Conrad, Joseph 52, 60, 94,
146, 299
Cook, Peter 331 ff.
Corso, Gregory 51, 97, 242
Cronenberg, David 15
Crowley, Aleister 190 f.

Cumming, Anne (Felicity
Mason) 88, 100

Dalí, Salvador 331
Dalton, David 336, 340
Davis (früherer Polizeichef
von Los Angeles) 44
De Gaulle, Charles 261
De Quincey, Thomas 182
Dean, James 207, 336
Dean, Loomis 302 ff.
*Denn sie wissen nicht was
sie tun* (Film) 207
Derringer, Liz 338 ff.
Dutschke, Rudi 37
Dewey, John 266
Dickens, Charles 18
Didion, Joan 89
Donovan, Bill 25
Dostojewskij, Fjodor M. 266
Drugstore Cowboy
(Film) 15
Dunbar, John 129
Dudjom Rinpoche 253, 306
Duncan, Robert 241, 329
Dunne, J. W. 225
Dunsany, Lord 192
Dylan, Bob 77 ff.

Eberhardt, Isabelle 89
»Eleanor Rigby«
(Beatles-Song) 130
Eliot, T. S. 158
Elovich, Richard 215
Elvins, Kells 101
Encyclopedia of Occultism
(Spence) 289
Endspiel (Beckett) 326
Esquire 64
Evans, Mary 20
Experiment with Time
(Dunne) 225

Exterminator
(Burroughs) 74, 83, 136
Eyelids of Morning
(Beard) 216

Factory, Die 255 f., 313, 336
Faithful, Marianne 129, 131
Faulkner, William 353
Film Notebooks (Film) 79
Finch, Nigel 38
Finnegans Wake (Joyce) 59
Fitzgerald, F. Scott 168, 195
Forcade, Tom 199, 206
Ford, Ford Madox 146
Fortune, Dion 290 f.
Fortune 302
Fournier, Alain 227
Foye, Raymond 175, 178,
206 f., 230
France, Anatole 23
Fremont, Vincent 256
Freud, Sigmund 42, 221,
223, 227, 290
Fulton, Robert 215

Gatsby, Der große
(Film) 195
Gatsby, Der große
(Fitzgerald) 196
Gefangener, Ein verliebter
(Genet) 373
Geheul, Das (Ginsberg) 51,
347, 360
General Semantics
(Korzybski) 225
Genet, Jean 26, 30, 49, 51 f.,
57, 120 ff., 373 f.
Getty, J. Paul 213
Getty, J. Paul, jr. 110, 112 f.,
195 f., 199, 213
Gide, André 23, 50, 168 f.
Ginsberg, Allen 11, 14 ff.,

17 f., 27, 50 f., 58, 60, 65 f.,
81 f., 85 f., 89, 97, 109 f.,
128, 131, 137, 179, 200, 204,
230, 239 f., 250, 267,
269-275, 281, 306, 308, 311,
313 f., 318, 321, 325 ff., 359 ff.
Giorno, John 11, 14 f., 98,
100, 155, 231, 239 f., 243,
245, 269, 297, 306, 308 ff.,
313

Girodias, Maurice 66 f., 108,
320, 323, 328
Godard, Jean-Luc 358
Goldberg, Jeff 110 f.,
183-187, 189, 230
Goldberg, Mike 231, 242
Goldstein, Al 334
Grauerholz, James 11, 14,
17, 31, 75 f., 118 f., 137,
144, 147 f., 154 f., 199 f.,
209, 216, 219, 220, 307,
331, 334, 337 f., 362,
364 ff., 374 f.
Greene, Graham 46, 70, 243
Grossman, Albert 77
Gysin, Brion 15, 36, 46, 49,
57, 66, 115, 126, 133 ff.,
135 f., 145, 302, 335, 339,
372 f.

Haben und Nichthaben
(Film) 204
Hall, Jerry 338 ff.
Hammond, John, jr. 77
Handbuch für Suchende
(Fortune) 291
Haring, Keith 14 f., 363
Harris, Frank 110
Harry, Deborah 13, 150 f.,
153, 158 f., 261, 349, 357 f.,
360

Hassan i Sabbah 190 f.
Heard, John 200
Herzschläge (Film) 199
Hell, Richard 220 f., 357,
360
Hemingway, Ernest 30, 168,
301 f.
Herz der Finsternis
(Conrad) 299
High Times 46, 96, 118,
187, 199
Hitler, Adolf 33, 263, 307,
359
Höllerer, Walter 318
Hughes, Howard 213, 320
Hujar, Peter 27, 144
Huncke, Herbert 89, 265,
311
Huxley, Aldous 216
Huxley, Francis 216

Inheritors, The
(Conrad/Ford) 146
»Inspektor, Der«
(Burroughs) 74
International Times 129
Isherwood, Christopher 13,
152, 154 f., 195 f., 199,
316
Ivil, Anni 332

Jacobson, Max 183
Jagger, Bianca 336
Jagger, Mick 13, 131, 319,
336, 338 ff., 342, 348
Jaynes, Julian 36, 42, 222,
225,
Job, Der (Burroughs) 145
John, Jaspers 343
Jones, Brian 334
Jordan, Fred 247, 318,
326 ff.

Jorkens borgt sich einen
Whisky (Dunsany) 192
Joyce, James 247, 321 f.,
327, 329
Julius Cäsar
(Shakespeare) 195
Junky (Burroughs) 48, 51,
56, 190

Kammerer, David 141
Kennedy, Robert F. 261 f.
Kerouac, Jack 13, 25, 42,
57, 59, 63 ff., 89, 141, 152,
199, 189 f., 250, 268
»Kerouac« (Burroughs) 47
Killers of the Sea 210
King, Martin Luther 37
Kissinger, Henry 269, 272,
274
Knife 348
Koestler, Arthur 210, 216
Korzybski, Alfred 225
Kowalski
(deutscher Künstler) 253
Kristol, Irving 274
Kurosawa, Akira 54

Last Exit to Brooklyn
(Selby) 56
Last Tycoon, The (Film) 195
Letzten Worte von Dutch
Schultz, Die
(Burroughs) 48, 136
Laszlo, Carl 311
Leary, Timothy 177, 199,
278
Leon-Talley, André 110,
113, 115, 275, 277
Lewis, Sinclair 30, 52
Life 200, 302
Light Reading for Light
Years (Burroughs) 34

Lotringer, Sylvère 158, 307
Lotus Crew, The (Meyer) 11
Lowe, Steven 16, 229

McCarthy, Mary 88 f., 227
McCartney, Paul 129 f.
McCullers, Carson 89
McNeil, Legs 26, 220 f.
McNeil, Malcolm 156
Mailer, Norman 26 f., 179
Majestic (Strieber) 363
Malanga, Gerard 30, 32,
    34, 46, 52 f., 55, 66, 68,
    73 f., 79, 110 ff., 114, 116,
    124 f., 135, 138, 143,
    149, 157 f.
*Mann mit den zwei Leben,
    Der. Reisen außerhalb des
    Körpers* (Monroe) 286
Mann, Elsa 87
Marathon-Mann, Der
    (Film) 196
Marker, Lewis Adelbert 91
Marx, Karl 266
Mason, Felicity 88, 100, 220
Mass, Steve 191, 337, 360
Maugham, W. Somerset 60
Mayfair 136
Mead, Taylor 257
Meyer, Stewart 11, 26, 30 f.,
    78, 80 f., 244, 308, 310
Michaux, Henri 51
Miles 57, 94, 126, 130, 132,
    136, 240, 250
Miller, Henry 205 f., 213
Moby Dick (Melville) 303
Monroe, Robert 286 ff.
Morgan, Ted 12, 16, 250

Naked Lunch
    (Burroughs) 15, 26, 42,
    55, 59, 61, 66 f., 78, 106,
128, 188, 196, 205, 268,
    302 f., 363
Naked Lunch (Film) 15, 336
Nasser, Gamal Abdel el 275
New York Times, The 268
Nixon, Richard M. 262
Nolte, Nick 201 f.
Nova Convention
    (New York, 1978) 10, 160,
    199
Nova Express
    (Burroughs) 10, 135

O'Brien, Glenn 66, 68, 183,
    188, 275 f., 303
O'Connor, Flannery 89
O'Grady, Panna 88, 131
One Arm (Williams) 183
O'Neill, Eugene 154
Oppenheimer, J. Robert 103
Orbison, Roy 170
Orlovsky, Peter 97, 109,
    179, 269 f.
Orwell, Sonia 88, 308
Owens, Iris 324

Palmer, Robert 14
Parker, Dorothy 89
Pasolini, Pier Paolo 220 f.
People 10
Perse, St.-John 52
Picasso, Pablo 168
Pini, Sr. 228
Pique-Dame (Puschkin) 69
Pivano, Fernanda 88, 311
Place of Dead Roads, The
    (Burroughs) 14, 250
Podhoretz, Norman 274
Port of Saints
    (Burroughs) 133, 136
Presley, Elvis 11, 360
Proust, Marcel 50, 375

Rashomon (Film) 54
Reader's Digest 303
Reagan, Ronald 82
Rechy, John 55 f.
Reed, Lou 13, 15, 46 ff., 55 ff.,
  60, 65, 189 f., 328 f., 333,
  361
Reich, Wilhelm 34, 116
Reinhold, John 258
Renaldo and Clara
  (Film) 77
Resnick, Marcia 27, 87, 97,
  140, 163, 179, 260, 319,
  338 ff., 342, 346
Resa Pahlawi, Schah von
  Persien 269
Rich, Bill 362 f.
Richard, Keith 12, 249,
  335 ff., 338
Richter, Damita 250, 285,
  314, 316
Rimbaud, Arthur 50, 169
Robbe-Grillet, Alain 246
Robinson, Edwin Arling-
  ton 263
Rockefeller, David 269, 272,
  274
Roeg, Nicholas 13, 46 ff.
Rolling Stone 199, 336
Rolling Stones, Die 10, 133,
  249, 340, 342
Romance
  (Conrad/Ford) 146
Rooks, Conrad 40
Roosevelt, Franklin
  Delano 128, 268
*Roosevelt After Inauguarti-
  on* (Burroughs) 128
»Rubber Soul« (LP) 130
Ruskin, Mickey 170

Sartre, Jean-Paul 49, 51

Schakal, Der (Forsyth) 261
*Schatz der Sierra Madre,
  Der* (Traven) 196
*Schnee vom Kilimandscha-
  ro, Der* (Hemingway) 301
Schnell, David 107, 302 ff.
Schultz, Dutch 49
Search & Destroy 206
Secret Mullings About Bill
  (Kerouac) 13, 25, 317
Selby, Hugh 56
Seventh Seal, The (Film) 53
Sex Pistols 9, 207
Shakespeare, William 18,
  47, 61, 195, 340
Shockley (Genetiker) 339
Sieg (Conrad) 94
Sinclair, John 265
Smith, Patti 9, 13, 15, 26,
  89, 96, 98, 140, 207
Soft Machine, The
  (Burroughs) 67
Soft Need 376
Solschenizyn, Alexandr 146
Sommerville, Ian 127, 129 f.,
  305, 317
Sontag, Susan 30-35, 88 f.,
  98 f., 138 f., 189 f., 262 f.,
  265 f., 318, 320-327, 342,
  346
Southern, Terry 13, 15,
  117 f., 161-174, 195 f.,
  198, 240
Spacek, Sissy 204
*Spätsommernächte: Intime
  Bekenntnisse*
  (Cumming) 88, 100
Spence, Lewis 289, 305
Städte der Roten Nacht, Die
  (Burroughs) 14, 31, 44,
  48, 74 ff., 100, 148, 218 f.,
  223, 250

Stalin, Josef W. 265
Starkey, Ray 204
Starr, Ringo 129
Stein, Chris 102, 150 f., 153,
   349, 357 f., 360
Stein, Gertrude 49, 168,
Stille Amerikaner, Der
   (Greene) 46
Strieber, Anne 363
Strieber, Whitley 363-367
Strummer, Joe 13 f., 341,
   347, 349
Suche nach der verlorenen
   Zeit, Auf der (Proust) 50
Syberberg, Hans-Jürgen 33

Taylor, Gordon 176
Tibetanische Totenbuch,
   Das 303, 306
Ticket That Exploded, The
   (Burroughs) 67
Time 90, 106 ff., 146, 302
Tithonos 317
Toller, Ernst 87 f.
Tolstoi, Leo 266
Towers Open Fire
   (Film) 126
Town & The City, The
   (Kerouac) 141
Trafficante, Santo 262
Transformation
   (Strieber) 363
Trinity (Uris) 300
Truman, Harry 267
Tynan, Kenneth 199

Uhrwerk Orange
   (Burgess) 132
Ulysses (Joyce) 59
Unser Mann in Havanna
   (Greene) 304
Ursprung des Bewußtseins

durch den Zusammen-
bruch der bikameralen
Psyche, Der (Jaynes) 36,
42

Verdiglione (Psychoanalyti-
   ker) 226, 228
Vidal, Gore 110
Villon, François 169
Vollmer, Joan 89

Waits, Tom 15
Waldman, Anne 14, 89, 209,
   311, 313
Warhol, Andy 12 ff., 15, 26,
   54, 79, 87, 103, 106,
   108 ff., 113-116, 123,
   126, 185, 192 f., 220, 255-
   258, 260, 275, 277 f., 197,
   199, 313 f., 336, 338-341,
   257 f.
Watt (Beckett) 329
Waugh, Evelyn 70 f.
Webber, Peter 53
Weissner, Carl 40 f.
Welch, Denton 47, 60
Welty, Eudora 89
West, Jim 88
Western Lands
   (Burroughs) 14
White, Phil 184
Wild Party, The (Joseph
   Moncure March) 235
wilden Boys, Die
   (Burroughs) 133, 135 f.
Wilde, Oscar 23, 106
William Burroughs
   Communications 402
Williams, Tennessee 13,
   70 ff., 181 ff., 187 ff.,
   316
Wilson, Robert 363

391

Woolf, Virginia 139
wüste Land, Das (Eliot) 158
Wurzeln des Zufalls, Die
(Koestler) 210, 216
Wyman, Bill 10, 331 ff.
Wyman, Ingrid 332

Yage, Auf der Suche nach,
(Burroughs/Ginsberg) 306

Yeats, William Butler 293,
301
You Can't Win (Black) 24

Zappa, Frank 14, 160, 297,
300
Zwischen Mitternacht und
Morgen (Burroughs) 147,
210, 305